AI革命

人工智能
如何为商业赋能

OWN THE A.I.
REVOLUTION

Unlock Your Artificial Intelligence Strategy
to Disrupt Your Competition

［美］ 尼尔·萨霍塔 迈克尔·阿什利 著
（Neil Sahota）（Michael Ashley）

刘强 程欣然 译

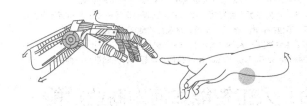

机械工业出版社
CHINA MACHINE PRESS

图书在版编目（CIP）数据

AI 革命：人工智能如何为商业赋能 /（美）尼尔·萨霍塔（Neil Sahota），（美）迈克尔·阿什利（Michael Ashley）著；刘强，程欣然译 . —北京：机械工业出版社，2022.10（2024.4 重印）

书名原文：Own the A.I. Revolution: Unlock Your Artificial Intelligence Strategy to Disrupt Your Competition

ISBN 978-7-111-71874-1

I. ① A… II. ①尼… ②迈… ③刘… ④程… III. ①人工智能 - 应用 - 商业模式 - 研究 IV. ① F716

中国版本图书馆 CIP 数据核字（2022）第 229857 号

北京市版权局著作权合同登记 图字：01-2022-2392 号。

AI 革命：人工智能如何为商业赋能

出版发行：机械工业出版社（北京市西城区百万庄大街 22 号　邮政编码：100037）

策划编辑：杨熙越		责任编辑：顾　煦	
责任校对：梁　园　王明欣		责任印制：张　博	
印　　刷：北京建宏印刷有限公司		版　　次：2024 年 4 月第 1 版第 3 次印刷	
开　　本：170mm×230mm　1/16		印　　张：19.25	
书　　号：ISBN 978-7-111-71874-1		定　　价：79.00 元	

客服电话：（010）88361066　68326294

版权所有·侵权必究
封底无防伪标均为盗版

基尼，你总是提醒我：

"在照相之前先让自己变得更好。"

谢谢你一直相信我！

——尼尔

瓦莱丽，我的合作伙伴也是最好的朋友。

谢谢你一直相信我。

——迈克尔

这本书对人工智能的实用性有着发人深省的理解。人工智能将使我们重新思考分析数据的方式，并利用产生的结果来提高客户的参与度和体验感。

——林恩·赫门兹
塔可贝尔公司客户数据与商用人工智能副总裁

我们仍在困惑人工智能到底是什么，更重要的是，它对你的事业可能产生什么影响？从人工智能的发展形式到实际的解决方案，尼尔·萨霍塔用通俗易懂的表达方式跨过了人工智能理论与应用之间的鸿沟。尼尔为理解人工智能带来的巨大变化编写了这本不可或缺的入门书。

——迈克·希兰德
益博睿公司全球管理总监

想知道未来会发生什么吗？这本具有启发性的书向我们展示了如今人们在人工智能的驱使下，对未来的塑造做了哪些事情。更重要的是，这本书为我们讲述了这些人是如何运用人工智能的。这本书对于想要创新和改革的人来说是必读的。

——保罗·金
三星公司虚拟现实内容总经理

人工智能影响到了你的日常生活吗？这本书将会帮助你理解为什么各行各业都深受人工智能的冲击，并帮助你掌控人工智能。一些令人难以置信的事例以及对人工智能应用的简明指导，使这本书成为一本不可或缺的书！

——史蒂夫·乔伊斯
Applebee's 和 IHOP 连锁餐厅首席
执行官

萨霍塔和阿什利为我们提供了令人信服的引导，让我们了解到：人工智能所释放出的前所未有的能量对下一代和每一个企业意味着怎样的挑战和机遇。这是一本在人工智能方面最实用、最有见地的书，它能为人工智能的发展方向提供指导，同时能帮助读者在不会对人工智能产生恐惧的情况下，形成自己的观点。

——阿米尔·巴尼法特米
XPRIZE 集团高级顾问兼总经理

这本书提出了一个既能引人深思又不缺乏趣味的观点：人工智能是如何进化到拥有能重塑我们日常生活和各个专业领域的力量的。对于那些希望在人工智能驱动的世界里一展身手的商业领袖来说，这是一本不可多得的读物。

——安迪·诺罗尼亚
思科公司战略和思想领袖
Digital Vortex and Orchestrating
Transformation（《数字中心和编配
转型》）的作者

这本书写得非常好并且发人深省，它讲述了机器如何学习，以及在技术的发展速度快于我们的社会规范的背景下，人工智能是如何影响我们当今和未来的生活的。尼尔的书让读者从历史的角度来审视人工智能如何适应技术进化以及会给未来带来什么样的可能性。

——杰伊·维茨灵
波音公司副总裁（退休）和科学探索中
心特别顾问

尼尔和迈克尔为那些想要理解、掌握并从这个名为人工智能的技术革命中获益的人提供了一个不可多得的好机会。读完这本书，它让我为人工智能市场对全世界各行各业产生的冲击感到着迷和兴奋。这本书简化了一个通常被认为很复杂的论题，为我们重新界定"超人类主义"提供了一个宝贵的窗口。这是一本很棒的书！

——约瑟夫·霍普金斯

Strathspey Crown 公司首席运营官

这本书定义了情感、智力和人工智能的变化，这些变化为自然且规范的决策制定提供了深刻的分析。它十分具有启发性地揭示了在实现系统理论、大数据和机器学习的同时，我们对人类（包括我们自己）所负有的道德义务。

——马尔奇·特雷维诺

Tilly's 生活中心副总裁

目前，各行各业（包括法律行业）对人工智能的性质和影响存在着大量误解。有些人是单纯的不了解，有些人高估或低估了人工智能将对专业实践的时间和范围所带来的改变，而且许多人还没有意识到人工智能拥有的巨大潜力。这本书做出的最大贡献在于：它提供了一个完整、清晰、引人入胜的人工智能应用概述。这本书的语言通俗易懂，尽量避免使用很多技术术语，对于任何想要快速、专业地了解当代人工智能应用的人来说，都是非常有益的。

——尼克·詹姆斯

邦德大学法学院执行院长

这本书是艺术＋可持续发展＋技术的交集！想改变这个世界吗？那就从这本书里找寻道路吧！

——安东尼·兰德尔

导演兼执行制片人

我相信自美国宪法《第七修正案》以来，人工智能将比任何东西对法律制度的影响都更深远。能够获得如此重要的知识，并且能够引导读者朝着正确的方向发展，这是非常不同凡响的。多希望40年前我们就拥有这本书！

——托马斯·吉拉尔迪
Girardi & Keese 律师事务所创始人

作为一名教育行业的领导者，我总会关注就业市场和高等教育的发展趋势。我们开设人工智能相关的项目和课程，为我们的学生进入当前的行业和从事未来的行业打下了坚实的基础。我们依靠像尼尔这样的专家来指导我们完成这一工作。这本书能让外行人了解人工智能是什么，以及它会怎样影响我们的世界。

——博比·门多萨
费尔蒙特预备学院校长兼高级副总裁

当今世界，人工智能这个词被如此随意地使用着，而尼尔设法改变了这种现状，并且为那些试图理解人工智能巨大力量的人提供了一本实践指南。

——克里斯托夫·奥尔威尔斯巴赫
City.AI 创始人

均衡与洞察力兼备！作者通过社会的视角巧妙地展现了"人工智能之善"与"人工智能之恶"，并且运用令人印象深刻的经验和强有力的采访支撑了这两种观点。最终为商业和企业提供了一套解决方案。这不仅仅是知识，更是一种引导，引导我们如何利用人类有史以来最伟大的工具之一，建设更加光明的未来。

——汉斯·基尔斯特德
Aivita 生物医学公司总裁兼首席执行官

这是任何对人工智能感兴趣的人都必读的一本书。它并没有试图向你"推销"人工智能，而是分享未来会出现的事实。对自身智慧的深入洞察和那些启发灵感的例子将作为一个整体极大地影响组织机构并改变社会。

——**弗里茨·巴斯马凯**
数字时代责任研究院主席

这本书绝对是那些想要颠覆他们的行业、推动企业盈利、影响整个世界的人所必读的。

——**谢里·特里**
Codebreaker Technologies 公司创始人
兼首席执行官

这本书真是太令人印象深刻了。萨霍塔和阿什利对人工智能如何在不久的将来引起积极的变化提出了乐观的看法。他们有力地证明了的事实是：如果人工智能被训练得具有包容性，它就有潜力通过激励世界上最弱势的团体，成为真正的平等者，为所有人提供资源和机会。

——**戴维·里克斯特**
One United Globe 公司创始人兼首席执
行官

新世界的大门打开了……尼尔·萨霍塔和迈克尔·阿什利为所有关心人工智能的人写了一本必读的书。

——**托尼·克里斯普**
CRISPx 公司首席执行官

"迈出新的步伐，表达新的想法，是人们最害怕的事情。" 19 世纪陀思妥耶夫斯基的这句名言完全适用于 21 世纪的人工智能革命。我们对这项新技术的力量感到恐惧。它如此神秘以至于我们不清楚如何使用它。但它已经到来了，萨霍塔的这本书便是我们参与这场革命的最好的指南。他以某种方式成功地使我们摆脱了思想困境，并进入爱好者阵营中。我为人工智能会像文艺复兴那样得到解放而感到兴奋。我为人工智能拥有敏锐的洞察力而感到欣慰，它能帮助我的公司避开一些我们没有预见的问题。把经理变成超级经理、把工程师变成超级工程师这样的想法使我深受启发。我发现自己很同意萨霍塔的观点："我们生活在一个令人兴奋的时代，一个发展速度极快的时代。对于想要改变世界的人和创新者来说现在是最成熟的时机，有了人工智能的帮助，我们将能实现人类的远大梦想。"

——格兰特·范·克利夫
科技海岸天使团公司主席

这本书为我们在当今社会激烈的竞争环境下竞争提供了最佳方案，它告诉我们如何运用人工智能的强大力量获得成功。这本书中包含丰富的说明性案例研究以及与当今最具创新精神的专家的发人深省的访谈，并且以一种易于理解、引人入胜的方式书写而成。这是一本必读的商业和技术类书。

——乔·加纳
六次《纽约时报》畅销书作家获得者

萨霍塔和阿什利为所有关注人工智能的人写了这本必读的入门书。他们解答了很多非常棘手的问题，这使得人们有能力去创造新的产品和服务方式。人们应阅读这本书并吸收其中最好的观点。

——布伦丹·凯恩
One Million Followers《百万粉丝》
作者

这本书是对科学、技术、商业、经济、政治、历史、心理学和哲学的跨学科综合分析，能帮助我们更好地理解人工智能，理解人类的思考方式、我们的商业模式和我们自身。

——杰夫·奥
太平洋投资管理集团董事总经理兼总
法律顾问

这并不是一本关于 IT 的书。作者用通俗易懂的语言清楚地描述了人工智能可以给社会带来的力量，并预示：运用人工智能及其相关的应用，我们可以开创一个充满希望的未来。

——诺厄·克劳福
GSIS 主管和美国国土安全部
前人事主管

作为一名教育家，我认为，在如此复杂和逐步发展的国际社会中，我们的学生需要什么才能成功，我们教育工作者就需要在这些方面始终保有前瞻性。这本书用简洁明了的语言指导读者更好地理解人工智能，并为我们如何让现在的学生在这个新世界中找到自己的角色定位给出了现实图景。

——卡罗琳·露西娅
费尔蒙特预备学院教育主任

你是否对人工智能的潜力感到惊讶，又担心人工智能会让人类走向终结？那么这本书正是你需要的。两位作者切实地描述了历史、伦理和科学，这为我们掌控人工智能的力量提供了切实可行的建议。

——珍妮·马修斯
克拉克森大学副教授
美国技术政策委员会、人工智能和
算法问责小组委员会、计算机协会
（AMC）联合主席

对于我们这些需要在人工智能将引导我们走向何方以及我们该如何控制其巨大的可能性这两方面寻求指导的人来说，尼尔·萨霍塔带领我们踏上了一段通向美好未来的旅程，未来我们将与人工智能和平共处，这些人工智能应用程序将融入我们的生活中，并完成我们现在工作中的大部分内容，从而使我们更有创造性、产出能力和效率。如果你还没读过这本书那你就需要紧张起来了！

——苏林德·奥贝罗伊
哈维尔·奥贝罗伊
Zinx 公司创始人

终于有一本能帮助非专业人士了解如何使用人工智能的书了！对于那些想知道人工智能将如何改变各行各业、国际政治、我们未来的工作、国家安全和社会结构的人来说，这是一本必读的书。这本书讲述了许多普通人构建与众不同的人工智能方法的神奇故事。

——伊拉克利·贝里泽
人工智能和机器人中心负责人

尼尔让"人工智能"不再虚无缥缈。任何新视角的出现总有理论家和实践者。但回首每一次革命或是社会转型，我们都能发现是那些少数头脑清晰的人使更好的未来变得真实且可实现。尼尔·萨霍塔就是这个未来的开拓者。

——杰伊·康纳
Learning Ovations 集团首席执行官

这本书为那些对人工智能及其在商业和社会方面的应用感到好奇的人提供了很好的资源。书的开头描述了人工智能并讲述了其历史，并以给机构组织切实可行的建议作为结尾。尼尔·萨霍塔身为美国国际商用机器（IBM）公司首席发明家、联合国人工智能系统专家和加州大学欧文分校创业学的教授，他是唯一有资格撰写人工智能及其应用的作家。你一定要读读这本书，不要让自己落后于人工智能革命的时代。

——吉姆·克林勒
多家公司首席财务官

尼尔·萨霍塔对人工智能的出现将如何改变我们的文明有着深刻的理解。他清楚地讲述了这些具有改革性的新技术与我们生活的融合,并为我们提供了一个新的视角让我们能够了解这些技术将会如何改善我们的生活。除此之外,他还向我们讲述了这些技术性的突破所带来的挑战。这本书对理解我们世界的人工智能做出了不可多得的知识补充。

——斯科特·斯图尔特
创新型贷款平台协会首席执行官

毫无疑问,在未来几年内,这本书对于所有商业和技术方面的领导者来说都是最好的资源。这本书有趣、引人入胜并具有颠覆性。激动和惊讶是阅读这本书经常产生的状态。

——斯蒂芬·茨城
未来主义者,REDDS 合作伙伴

你准备好迎接即将席卷我们世界的数字地震、龙卷风、飓风和海啸了吗？如果你看过新闻头条，你就会知道人工智能已经对人类现有的每个领域都产生了威胁。那么，你该如何预判并抓住无尽的机会呢？你又该如何降低风险？更重要的是，你该如何避免因人工智能发展过快而导致的雪崩式的意外后果？

你可能会想，要想计划好这么大的事情是不可能的。

事情并非如此。下文为你简述了人工智能所面临的挑战及可能产生的影响。人工智能是一个十分令人着迷的主题，我十分荣幸能在你阅读这本最佳入门书之前，带你一窥即将发生的巨大变化。（另外，请注意，我所使用的术语"人工智能"是一个总体框架，其中包括了机器人技术、机器学习和多种类型的大数据分析技术。）

很荣幸，我最近围绕人工智能这个主题发表了演讲，而且主持、指导了100多项全球活动，影响了美国超过10万亿美元的投资，这些投资与联合国可持续发展目标（SDG）一致。每当我发表演讲时，我都试图在商业、金融、风险投资、创业、全球计算机科学、联合国创新项目、顶级行业组织、智库和峰会等方面作为董事长、创始人或董事会成员来发表言论。从这样一个跨学科领域的视角来看，我更加坚信：这本书对于现今的商业领袖或者任何想要参与这场科技革命的人来说是一本必读的书。相信我，你和你的后辈的命运将取决于你是否能充分理解并利用本书中所包含的信息。

你还不相信你的生意与人工智能紧密相连吗？让我来列举几个数字吧。2019年，人工智能已经渗透到各个行业中，并被各种中小型机构采用。芬兰等国家正在尝试让全国人口的1%甚至更多去学习人工智能。15年内，人工智能将创造和影响20万亿美元的财富，并通过物联网集成超过1万亿个网络传感器。此外，人工智能也被视为"第四次工业革命"和"第二次机器时代"的核心内容。现阶段是"社会5.0"，我也称它为"第五个机器时代 – 无限X革命"（简称"5MUX"）。我们正处于世界历史上的一个特殊转折点，在此，我们将见证经济、文化的空前增长和社会变革，以下这些我称之为ACCC：

- **自动化**（Automation）
- 创新带来时间的**缩减**（Compression）
- 所有知识领域和生活方式的**趋同**（Convergence）
- 无处不在的**连接**（Connectivity）

促使ACCC发生变化的因素是数字化人工智能网络，数字化人工智能网络的出现离不开不断发展的机器学习和一切事物的人工智能化。但是人工智能的快速发展甚至在我们的生活中无处不在的事实，都预示着人工智能绝不仅仅是一项为了利益而进行的技术创新。人工智能已经向无数相关部门（如政府、工业、媒体、教育）展现了它的无限潜力和巨大价值。即便如此，只要人们将其视为一种威胁，考虑到它给社会稳定、经济发展和社会繁荣等方面带来的意想不到的消极后果，各部门对其的警惕性就会增加。

为了应对这些担心和困扰，更好地评估人工智能对整个行业各个方面的全球影响，回顾人工智能在以下疯狂发展阶段中产生的各类创新是很有帮助的：

- **概念**：思想的来源和对新想法的探索。
- **研发（R&D）**：想法转化为概念原型的阶段。
- **转化**：概念原型可以商业化为工业产品和公共服务设施。
- **生产和部署**：商业化产品的生产以及公共服务的推广。
- **使用**：消费者和最终用户在产品和服务的使用中发现它们更多的价值。

人工智能结合机器学习，在商业和组织模式方面有望实现成功的结构性重组。为了更好地见证人工智能的实际应用，了解一下它将如何在以下领域带来改进与创新是很有帮助的：

- 产品制造
- 服务产业
- 组织模式
- 操作流程
- 社交媒体及其扩展

然而，正如我所说的，如果只是简单地从商业的角度看待人工智能，那么你就没有了解到它的全部潜力。人工智能不同于人类在这个星球上短暂的生存时间内开发出的任何工具。人类不仅仅使用人工智能，也将会被其改造。人类将被技术所改变。本书采访了很多人工智能的领军人物，包括彼得·戴曼迪斯（Peter Diamandis）、本·戈泽尔（Ben Goertzel）以及大卫·汉森（David Hanson）。他们认为，我们正在见证超人类主义的开始，通过与人工智能进行生物整合，我们的身体和智力都将进化到远超于我们目前的水平。见证人工智能这一变化的主要支持者设想人类可以分为四类：原生人类（Classic）、增强型人类（Augmented）、合成型人类（Synthetic）、人造生命（Artificial Life）。我将这四类简称为"CASAL"。

1. **原生人类**：目前我们有 70 多亿人都是原生人类，这是人类物种现在的形态，并且已经存在数万年了。

2. **增强型人类**：这些人通过使用可穿戴设备和体内植入芯片的方式获得功能的增强。（多透露一下，我是一个增强型人类，并且我是某个智囊团的创始成员之一。该智囊团由一家全世界排名前 5 的公司创立，这家公司服务于增强型人类。）

3. **合成型人类**：人工合成基因组这种新的生命形式表明，未来 15 年内，新型人类将有可能出现。同时，克隆人和胚胎遗传基因编码也可能实现。

4. **人造生命**：早期的人工智能儿童（仿真机器人或人类替身的出现证明了人工智能儿童将会实现）将能够通过思维云来分享或加速他们的成长以及知识获取。

如果上述关于人工智能的内容没有让你的大脑感到困惑的话，那么也许你可以漫步在通往未来的道路上，想象 2030 年我们的生活。

时间：2030 年 7 月 14 日

"该起床了，休。"FIA（智能金融代理人）说。

"你没睡好。你今天的愉悦指数值比较低。你想多睡一小时吗？我们可以 9 点再谈。"

休答应了，然后一直睡到了她预约会议的时间点。9 点到了，她已经换好了衣服，喝着卡布奇诺（她的智能厨房在她走出淋浴间的那一刻就开始为她准备卡布奇诺了）。现在要开始一天的工作了，休通过一个思维接口与 FIA 交流着。

"在你刚刚睡觉的时候，我进行了自我升级，以加强我对你的生活进行 360

度的整体分析。这有助于我提升你的幸福感并改善你的财务状况——这些对你来说是最重要的。"

休点了点头，喝了口咖啡，盯着窗外。

"我将 24 小时持续检测你股票投资的动态趋势，并继续对其进行微调。"FIA 继续说道，"我通过微拍卖将你的储蓄金重新分配给了存款利率排名前 10 的服务商。"

突然，休意识到她忘记预订下个月去参加侄子生日派对的机票了，她心里有些担心。

"不必为错过汤米的生日聚会而烦恼。我查看了你的日程表，并通过 UIA（智能联合代理公司）以最低的价格为你预订了 8 月 20 日的航班。"

"哇哦！ FIA，谢谢你！"

"当你抵达阿姆斯特丹时，我预感有 90% 的可能会暴发流感。通过使用 IIA（智能保险代理），我能够在流感风险到达前 23.3 个小时内为你进行现场健康保险商谈。"

"真聪明。这样我就不用买一整周的保险了。"

"此外，我为你预订了一辆自动租赁汽车，它有最完善的安全记录，所以它的保险费也是最低的。你可以叫它 SAM。你将入住的酒店也已经通过他们的智能代理（IA）安排妥善了。"

"太棒了。"

"你知道的，我会与智能代理协商出最低的价格并处理好所有的资金转账和每一笔支出。从我对你思维模式的分析中我能够看出你对此比较担心。我们可以在一个地方获得所有信息，而且这些信息是不断更新的。那里有最低的交易价格、最低的收费标准，没有最低消费要求，我们甚至不必为基础设施付费，因为一切都是虚拟的。"

FIA 太了解休了。她唯一担心的，是成本。

"最重要的是，休，通过嵌入式设备和虚拟现实技术，你和我可以一起看到和操作这些内容，那么就不会有意外发生了。"

"那就好。你知道我对意外的发生会有什么感受。"

"还有就是，你的健康指数降到了 94.2。" FIA 说。

FIA 感觉到休的生物体征正处于高度戒备状态。

"不必担心。今天使用 RIA（餐厅智能代理）订餐时，我会确保将你所需的营养补充剂添加到你的膳食计划中。你的生命指数也降到了 102.4，所以我会使用纳米机器人进行一些基因调整。同时，我将通过智能保险代理对你的退休储蓄计划和人寿保险进行小幅度调整。"

休一边拿着她的东西往外走一边说："听起来不错。"

"正如你所知道的，你今天的工作安排是需要用机器人来指导完成多个项目的创新设计投标。"

休对 FIA 表示感谢，同时 FIA 也通过神经连接，将刚刚沟通的信息植入她的记忆中。她现在已经准备好迎接新的一天了。

所以……这是狂想还是会成为现实

虽然上面这些场景看起来似乎有些牵强，但实现这一切的必要元素已经规划至很久以后了，而这一切都基于人工智能基金会。试着想象一下 2030 年会是什么样子。虽然似乎不可能，但是已经存在用于预测情绪、想法、文字和图像的大脑信号，以及用于解释意识的新理论了。实验室也正在试验直连脑接口、植入式神经设备、可注射纳米芯片、大脑调节与记录，以及模仿人脑的先进计算机芯片。

使用大数据分析的智能传感器还可以预测天气、疾病、犯罪、政治倾向和经济趋势，其可靠性超过80%，并能提供对应的规范策略。将我们的预测能力提高到上一代以前都无法想象的水平只是一个（短期）时间问题。

尽管在人类的发展历程中出现了很多对人类发展有益的机遇，但不可否认的是，危险依旧存在。无论是在就业、警方调查还是在保险承保方面，总会存在越来越多的歧视和偏见。自动武器系统对世界各国都是一种威胁，第二次世界大战结束70多年以来，全球享有的相对和平的状态也受到影响。除了这些担忧之外，最令人忧虑的问题之一是：这些创新将如何影响劳动人口的未来。最新数据显示，虽然就业机会将发生改变，但就业人数仍将出现净增长。就像1990年互联网的出现创造了人们无法想象的行业一样，人工智能技术也将创造如今的我们无法想象的行业。总的来说，这些影响多数还是具有积极作用的。在未来的几年里，生产力可能会飞速提升，我们终将拥有一个比我们想象中更加繁荣的社会。

到目前为止，我是否激起了你的好奇心？希望是的。这些都只是这本书中众多主题和问题的一小部分而已。我相信，你现在比以往任何时候都更加需要这本书，这本书不仅提醒了精明的商人为即将发生的事情做好准备，也提醒了地球上聪明的我们为即将到来的事情做好准备。

——斯蒂芬·茨城（Stephen Ibaraki）

很多人认为，人工智能就是人类的噩梦。2017 年，国际畅销书《时间简史》的作者、假设黑洞存在的英国著名物理学家史蒂芬·霍金在他去世前就曾警告说，人工智能的发展可能是"人类历史上最糟糕的事情"，他指出，如果没有适当的保护措施，"我们可能会被它毁灭"。同年，特斯拉电动车公司、SpaceX 集团和 PayPal 的老板，亿万富翁企业家埃隆·马斯克也警告说："发展人工智能就是在召唤恶魔。"

人类对智能机器的恐惧至少可以追溯到 1818 年玛丽·雪莱的作品《弗兰肯斯坦》。这个开创性的故事讲述了一位科学家给已经死亡的躯体注入生命，却被自己创造的物体所杀害。这个故事成了接下来两个世纪里各种书或电影中讲述的"科技失控"的故事模板。1920 年，捷克作家卡雷尔·恰佩克导演的戏剧《罗素姆的万能机器人》（*R.U.R.*），不仅是 20 世纪最早一批描写机械奴隶反抗人类主人的文学作品之一，它还将"机器人"这个词首次引入英语语言中。

1968 年，科幻小说家亚瑟·C.克拉克和导演斯坦利·库布里克合作的影片《2001 太空漫游》向我们展示了一个说话温和最后却杀人的人工智能——哈尔 9000。几十年后，编剧兼导演詹姆斯·卡梅隆于 1984 年在执导的影片《终结者》中创造了一个虚拟计算机网络防御系统——"天网"，它能够控制美国原子武器。"天网"有了自主意识后，把地球变成了一个可怕且具有放射性的荒蛮之地。2015 年，电影《机械姬》讲述了一个拥有女性形体的智能机器人通过学习，利用同情、诡计和性感从她那才华横溢但傲慢自负的创造者手中获得自由的故事。现在，HBO 的原创电视剧《西部世界》生动地描述了一场致命的混乱，它的发生是由于专为人类创造娱乐的机器人决定不再作为奴隶生活而奋起反抗。

"人工智能是邪恶的"这一定义对科幻小说很重要，将人工智能描述为一种危险和邪恶的东西这样的看法也十分受欢迎，但这对人工智能领域会造成严重伤害。毕竟，致力于研发人工智能的科学家、工程师和企业家绝不是想要实现某些扭曲的世界末日幻想，而是将这项技术视为一种可以改善人类现状的手段。比如，想象一下，一台计算机可以：

- 评估病人的医疗检查结果并立即做出准确的诊断。
- 为盲人和视力受损者当"眼睛"。
- 做私人治疗师，并且拥有一个训练有素的心理专家所具备的所有情商。
- 准确、实时地翻译多种语言之间的细微差别和含义。
- 在几秒钟内提供专业的法律咨询。
- 做数字化私人助理，通过语音指令完成从预订演出票到做饭等一切工作。
- 根据社会政治变化和时代精神准确预测股票市场动态。
- 为你找到最佳伴侣。

听起来又像科幻小说了，不是吗？但事实是，由于人工智能的进步，所有这些令人惊叹的服务现在都可以使用了。人工智能已经存在于我们的日常生活中了，而且我们并没有看到失控的杀人机器人。

在接下来的几章中，我们将探索人工智能如今的地位，除了它在科幻小说中的影响外，探索这项革命性技术的潜力将对我们每个人的工作、娱乐甚至思考方式产生哪些意义深远的改变。通过更好地了解什么是人工智能以及什么不是人工智能，我们希望能够摆脱由流行文化引发的恐惧，学会接受这种像农业的发明、蒸汽的利用、电力的控制、原子的分裂一样具有革命性意义的技术。

| 致谢 |

创作我的第一本书于我而言就像一段不可思议的旅程。我十分感谢我的合著者——迈克尔·阿什利（Michael Ashley），在他的智慧引导下，我才能写出这样一本好书。同样，我要对多尼娅·迪克森（Donya Dickerso）和麦格劳 – 希尔教育出版公司的成员致以最深切的感谢，感谢他们对我们的信任，并为本书做出了非常及时的出版安排，使之为联合国人工智能峰会做了很好的准备。我要特别感谢我们的每一位受访者，他们花时间与我和迈克尔分享他们的知识和见解，从而让我们可以向全世界分享他们的智慧。最重要的是，我想对每一位读者表示最诚挚的感谢，感谢你们愿意花时间阅读这本书。（我希望这本书能够对你们有所帮助、有所启发！）

在整个创作的过程中，有三个人是我要特别感谢的。第一位是斯蒂芬·茨城。当我们需要集思广益时，他帮我们在网络上搜集各种想法，他也是我们的头号粉丝。第二位是史蒂芬·科特勒。从我们第一次见面的那天起，他就跟我说："尼尔，你一定要去写本书！"史蒂芬在写作方面很有灵感，而且是一位优秀的导师。第三位是参议员乔·邓恩。乔的支持简直是我们的精神支柱，而且他也为我们提供了一些奇思妙想。他的帮助极大地加快了我们的写作进程。在此，我真心祝福所有为本书助力的杰出人物，是你们成就了这本书。我想对你们所有人说：谢谢！

——尼尔·萨霍塔

非常感谢尼尔·萨霍塔带我走进人工智能的精彩世界。在我们合作的过程中，你教会我很多东西，让我看到了这项令人难以置信的技术在未来所具有的可能性。此外，你还让我看到了怎样利用好人工智能这项人类最伟大的工具之一，为人类以及这个世界上的一切生物提供更好的生活。

我非常感谢多尼娅·迪克森和麦格劳－希尔教育出版公司的全体成员，给了我们能够展现美好愿景的平台。感谢你们对我们的支持，通过与你们合作，我们有机会能够出版一本高质量的书，这也是我们想要实现的愿望，我们为此感到骄傲与自豪。我也非常感谢联合国参与并推广了我们的作品。

我要感谢这本书的众多参与者，他们抽出自己宝贵的时间接受我们的采访，这些采访都十分精彩且具有启发性。非常感谢你们提供的独特观点和丰富的学识。

我还要特别感谢几个人，他们为我和尼尔这本书提供和分享了一些想法。感谢斯蒂芬·茨城写的精彩推荐序，感谢你对本书做出了如此有影响力的介绍以及对我们的支持。感谢 *Cognitive World*（《认知世界》）的作者莉萨·伍德为我们打开了《福布斯》排行榜的大门，并不断支持着我们的工作。

感谢我的好朋友乔·加纳在这本书的写作和出版过程中提供的宝贵建议。感谢才华横溢的蔡斯·盖泽协助我们进行市场营销。感谢艾伦·尤里所做的宝贵调研，同时感谢参议员乔·邓恩为我们这本书向多尼娅做了许多帮助性的介绍，这才成就了如今我们与麦格劳－希尔教育出版公司的合作。

就个人方面，我想感谢以下这些一直支持我的人。你们的爱与引导成就了如今的我：我的父母 Garry Seltzer 和 Leslye Louis；我的孩子 Teddy 和 Sammy；我的继母 Janet Brakensiek、Cynthia Seltzer；我的兄弟 Kevin Seltzer 和 Blake Hamilton；我的导师 Behzad Mohit、David Crespy、Paul Wolansky、David Kost、Ron Friedman、Lorna Collins；我第二个家庭的亲人 Carla Shepherd、Don Shepherd、Ashley 和 Tyler Dockins。

——迈克尔·阿什利

| 目录 |

第二部分
与当今人工智能领域的顶尖专家的对话

第一部分

OWN THE A.I. REVOLUTION
UNLOCK YOUR ARTIFICIAL INTELLIGENCE STRATEGY TO DISRUPT YOUR COMPETITION

前沿人工智能

"谁又能想到……"

2001 年 9 月 11 日，一个星期二的早晨，两架被劫持的商用客机撞上了纽约世贸中心的 1 号和 2 号楼，这座标志性的建筑很快变成了一堆冒着浓烟的碎石。除此之外，同样受到严重打击的还有西方世界的自负和自满。几分钟后，第三架被劫持的客机——美国航空公司的 77 号班机，向弗吉尼亚州亚历山大港的五角大楼西侧俯冲，摧毁了大楼外环以及大楼内部的海军指挥中心。

45 分钟后，飞往华盛顿的第四架飞机——联合航空 93 号班机，在宾夕法尼亚州西南部萨摩赛特县的一块农田中坠毁。飞机上的乘客们意识到了劫持者的动机，随后做出了英勇的反抗并制服了控制驾驶舱的四名劫机者。据统计，共有 3300 余人在这四起恐怖袭击中丧生。接下来的几个月里，政府发言人常常提到美国国防部和情报部门"缺乏想象力"，因为他们没有预见这种可怕的恐怖袭击，他们总是说："谁能预料到会发生这样的事情呢？"

可笑的是，想象力并不是问题所在。至少 10 年来，好莱坞的编剧们虚构了许多这样的场景：恐怖分子劫持市民的车辆、商用客机，将它们变为大规模杀伤性武器。也许这些有预见性的场景中最臭名昭著的是电视剧《孤独的枪手》的试播集。它是编剧兼制片人克里斯·卡特的影片《X档案》的衍生剧。剧情的高潮部分是一架商用客机被远程控制直接撞向世贸中心，但在千钧一发之际，枪手的英勇行动使事情发生转机。这一集于2001年3月4日播出，仅仅6个月后，同样的场景在现实生活中上演了，但其结局是如此悲惨。同年夏天，美国情报分析人员截获了一则遍布欧洲和美国的基地组织网络间令人不安的消息，随后他们向乔治·W.布什总统提交了一份题为《本·拉登决定在美国境内实施恐怖袭击》的报告。

但这份报告并没有引起美国政府足够的重视。

"谁相信会发生这样的事呢?"确实，忽视灾难预警这样的错误也不是什么新鲜事了。希腊神话告诉我们特洛伊国王和王后的女儿卡桑德拉，在冒犯了阿波罗之后受到了一个不寻常的诅咒：她将永远拥有预言的能力……但是她的预言将被人们置若罔闻。被忽视已经是最好的情况了，最坏的情况是被别人嗤之以鼻。可怜的卡桑德拉，她的一生都将与本可避免的一系列挫折相伴了。

当没有人相信你的时候，你很难做出正确的抉择。

如今，卡桑德拉综合征充斥在我们的生活中。很多人要么是缺乏预测未来挑战的工具，要么就是即使被警告即将有危险到来，他们也会选择无视这些警告，固执地坚守以前的行为模式。

各种在特定时期取得巨大成功、满足市场需求的公司无视颠覆性的技术、新兴竞争对手和不断变化的消费者需求。有多少出生在21世纪的人听说过普尔曼公司、伍尔沃斯公司、马歇尔·菲尔德公司、柯达或是百视达视频公司?

在交通运输、零售、电子产品以及娱乐等完全不同的领域里，所有曾经知名的美国品牌都有一个共同点：它们没有看到即将出现的颠覆性变革。即使它们看到了也确实做出了反应，它们也倾向于坚持越来越过时的经营方式，直到它们要么倒闭，要么被更有远见的竞争对手收购。对于那些缺乏能力或意愿去感知未来的企业来说，这些公司的例子都是一种警示。

虽然普尔曼公司在今天几乎不为人所知，但它也曾经掌控和垄断着市场。乔治·普尔曼于19世纪60年代初在芝加哥创立了普尔曼公司，他曾在美国铁路繁荣鼎盛的时期通过制造豪华的卧铺车而发家致富。任何一个在19世纪末和20世纪初进行长途旅行的人，都经常需要坐上好几天的火车，他们都非常熟悉带有普尔曼标志的列车。

普尔曼公司的规模越来越大，发展状况也越来越好，它甚至在芝加哥南部建立了自己公司的小镇，公司的员工们都在这个小镇里居住、工作、购物和教育他们的孩子。然而，第二次世界大战后，州际公路系统和廉价航班的出现，使得对在城市之间往返运行的客运列车服务的需求度降低，导致普尔曼公司陷入了困境。面对未来，普尔曼公司也只做出了象征性的努力，最终在其成立一百多年后的1968年倒闭了，这个名字也迅速消失在了历史的迷雾中。

F. W. 伍尔沃斯是另一个曾经有名的品牌。这家公司因为无法辨别和应对不断变化的市场而几乎不被年轻一代所熟知。F.W. 伍尔沃斯集团，通常被简称为伍尔沃斯公司，该公司于1878年在纽约尤蒂卡成立，是第一家被称为"5分店"的低价零售商。（起初，伍尔沃斯的许多产品实际零售价只有5～10美分。）作为沃尔玛的前身，当你走进附近任何一家伍尔沃斯商店，从一条裤子到一套玻璃器皿到儿童玩具再到园艺工具的一切商品，你都可以用最低的折扣买到。如果你饿了，你可以在伍尔沃斯著名的午餐柜台坐下，那里的冷饮售货员可以帮你做一杯冰淇淋苏打水，或者给你煎一份美味多汁的汉堡。

20世纪中期的鼎盛时期，伍尔沃斯在美国和英国经营着800多家门店，比包括麦当劳在内的世界上任何一家餐厅都提供了更多的食品。1912年，它还修建了世界上最高的办公楼，并且是用现金支付的。然而，20世纪70年代，随着凯马特和塔吉特等公司所谓的"大卖场"商店的激增，普通零售市场的现状迅速发生了变化。起初，伍尔沃斯对这一趋势不屑一顾，后来它试图通过开设自己的"大卖场"连锁店沃柯来参与竞争，但开设的店太少，也太晚了。最终，美国最后一批伍尔沃斯商店在1997年7月关闭了。虽然这个名字仍然可以在海外的一些媒体上找到，但这家曾经被看作是美国标志的公司，现在也仅仅是美国零售历史上的一个名字罢了。

马歇尔·菲尔德公司是另一家零售巨头，其总部位于芝加哥。几十年来，这家公司在零售行业占据着主导地位，但最终也因未能预料到零售行业的变化如此之大而沦为牺牲品。马歇尔·菲尔德公司成立于19世纪中期，就像梅西百货是纽约的代名词、尼曼·马库斯公司是达拉斯的代名词一样，这家公司逐渐发展成了芝加哥的代名词。菲尔德州街的旗舰店建于1891年，是著名的现代百货商店的世界楷模且占据了一整个城市街区。它拥有一个顶部原属于路易斯·C.蒂芙尼的玻璃天窗，它标志性的大钟建筑位于州街和华盛顿街的东南角，成为芝加哥标志性的地标，并由诺曼·洛克威尔设计作为《星期六晚邮报》的封面。

然而，菲尔德公司的衰落出现在两次截然不同的行业冲击中，任何密切关注行业趋势的人都可以预见到这两次冲击。第一次是在20世纪50年代到60年代，在"二战"结束后的繁荣时期，零售活动从中心城市向不断扩张的郊区转移。该公司在芝加哥地区的大多数购物中心开设了连锁商店，但这些规模较小的商店并没有像原来在市中心位置的大型超市那样具有影响力和吸引力。

20世纪90年代和21世纪初，菲尔德陷入了困境，他们在这一时期关闭了许多其他的零售业务，这个时期就是——互联网的兴起。由于没有重视电子商务，菲尔德公司只是象征性地尝试了线上服务。结果，该公司的财政状况入不敷出，最终在 2004 年被联合百货公司收购并不再使用"马歇尔·菲尔德"这个名字，更名为梅西百货公司。尽管菲尔德的狂热粉丝们进行了激烈的抗议，但也未能重振这一标志性品牌。而现在，它也只是以其著名的弗兰戈薄荷糖果的形式存在了。

伍尔沃斯公司和马歇尔·菲尔德公司都是因为未能预见零售行业的变化趋势而倒闭，而总部位于纽约罗切斯特的柯达公司的倒闭则是因为目光短浅的高管拒绝为未来做出改变而错失了发展良机。几十年来，柯达公司一直是美国摄影胶片制造和印刷加工领域的世界领先者，因此许多人认为该公司是被数码相机的发明击败的。

但事实上，柯达公司曾两次尝试发明数码相机，但后来又两次决定放弃研究这项正在迅速发展的技术。1975 年，柯达公司的工程师史蒂夫·萨松在自己的实验室里创造了世界上第一台数码相机，但他的上司认为这不过是一个有趣的玩具罢了。几年后，柯达公司的工程师成功研发了第一台百万像素照相机，这是在制作清晰照片方面的重大突破，但柯达公司的领导们再一次忽视了这项成就。

1981 年，为了应对索尼公司发布的第一款全数码相机，柯达公司展开了一个内部调研会议，他们研究得出了这样的结论：10 年内，数码相机将占据摄影市场的主导地位。然而，柯达公司的高管们仍然固守化学和纸质相片的商业模式，拒绝接受调研结论。早在 2007 年，该公司吹嘘"柯达公司会再次崛起"，并预测传统的胶片摄影市场将会复苏。遗憾的是，事实并非如此。2012 年 1 月，柯达公司最终还是申请了破产保护，并在接下来的一年里被剥离了大部分资产，包括其价值数百万美元的专利。如今，名义上柯达仍然是一家持续经营的企业，但也只是拥有它以前的外壳而已。

最后，让我们来看看这个让大家又爱又恨的公司——百视达视频公司，以及它悲剧性的兴衰故事吧。1985 年，戴维·库克在位于得克萨斯州的达拉斯创立了一家以租赁 VHS、DVD 和电脑游戏主机为主业的公司。它在 2004 年发展到顶峰，当时在全球拥有 9000 多家门店。尽管该公司表面上是通过 24 小时租赁影片和电子游戏来赚钱的，但其真正的收入（约占其总收入的 16%）却来自（合法的）滞纳金。

当百视达视频公司在家庭娱乐领域还处于主导地位时，它所面临的第一个重大挑战发生在 1999 年。当时奈飞公司能够为大众提供百视达视频公司无法提供的两项服务：邮递服务和不需要缴纳滞纳金的订阅服务（也许这项服务更重要）。百视达视频公司认为你不可能按时归还所租赁的物品，而奈飞公司会鼓励你无限期地持有你所租赁的光盘。这是为什么呢？因为只有当你归还第一个租赁的物品时，你才能租下一个。

随着客户开始从百视达视频公司的实体租赁模式转向奈飞公司基于网络的邮购租赁模式，百视达视频公司在 2008 年遭到了第二次冲击：流媒体视频的诞生。尽管亚马逊和葫芦网（Hulu）早在一年前就开始提供基于互联网的视频点播服务，但事实证明，奈飞已经拥有了庞大的订阅基础，已经成为大多数客户的首选。百视达视频公司也的确试图复制奈飞公司的在线经营模式却并没有被公众选择，最终，百视达视频公司于 2010 年宣布破产。截至 2018 年 7 月，只有一家百视达的门店仍然存在（远远低于其在 2004 年鼎盛时期的 9000 家门店）。最后一家门店在俄勒冈州的本德，它现在更像是一个旅游景点……人们喜欢在这里打卡拍照然后分享到社交网站上。

所有这些悲剧故事的共同点在于：它本可以不发生。人们仍然喜欢四处旅行，仍然会购买各种消费品，会拍照，会享受家庭娱乐。导致这些公司破产倒闭的原因并不是缺少发展的机会。有时候，问题出在缺少有关信息。有时候，问题出在决策者无法正确理解这些可用的信息所包含的真正意义。即使理解了这些信息，决策者有时候也选择对于关键信息不采取任何行动。

你可能会觉得"人无完人"，但上述这些也是事实。虽然我们都认为自己是理性的，但实际上，大多数人的行为都是受情绪驱动的。即使是最高水平的业内人士也是如此。大多数的商业决策并不是由精确可靠的数据分析得出的，而是由骄傲、野心、自负、怨恨、愤怒、固执和错误的期望产生的。

直到进入人工智能时代。

说起人工智能，任何一家企业，甚至是你自己的企业，都能利用人工智能更好地分析现在的市场变化，更重要的是，它可以以惊人的精确度预测市场变化。人工智能可以帮助你了解这些市场变化趋势对你的企业和客户意味着什么，并就如何相应地调整你的业务运营模式为你提供指导。随着人工智能发展得越来越成熟，它不仅可以为你提供建议，还会在困难成为问题之前预测困难并主动为你调整商业模式。它能在不受人类情感、偏见、短视和利己主义的影响下完成这一切。

如今，亚马逊、优步、特斯拉和奈飞等公司利用人工智能算法获得了数十亿美元的盈利。从历史来看，人工智能算法还仅仅处于起步阶段。它们的领导者——杰夫·贝索斯、特拉维斯·卡兰尼克、埃隆·马斯克、里德·哈斯廷斯、马克·兰道夫等这样有远见的人，都对苹果公司的标语"非同凡响"（"Think Different"）深信不疑。这一标语最初是在 1997 年的一则广告中提出的。他们学会了以不同的方式思考问题，也因此改变了他们的事业。你也应该这样。如果你害怕或拒绝人工智能，就会像普尔曼、伍尔沃斯、马歇尔·菲尔德、柯达和百视达这些公司一样，最终走上一条黑暗的道路，虽然这些名字曾经与成功联系在一起，但现在却永远带有失败的色彩。接受人工智能，也是在拥抱、迎接一个你无法想象的未来。

我们是怎么走到这一步的

在我们讨论人工智能的潜力之前，我们需要先定义一下这个术语。到底什么是人工智能?《韦氏词典》将其定义为"一种计算机系统的理论和扩展，能够执行需要人类智力才能完成的任务，如视觉感知、语音识别、制定决策和语言之间的转换"。《科学日报》对此提供了一个更为精妙的解释："人工智能是'智能代理'的研究和构思。智能代理是一个可以感知环境并采取相应行动的系统，并能最大限度地提高行动的成功率。"

实际上，人工智能虽然已经被研究了几十年，但对于如何定义这个术语的实际含义人类还没有达成广泛的共识。定义这个术语的前半段相当简单。人工的（Artificial）表示"自然界中没有的东西，人造的"。对这个术语的后半段，即智能（Intelligence）进行定义就要复杂多了。

亚里士多德时代以来，哲学家、心理学家和科学家就一直在试图确定到底是什么在使一个人或事物变得聪明。对于一个孩子，我们倾向于把"智力"简单地定义为"知识"。我们认为一个能够记住并反馈的人，比如知道历史上所有美国总统的名字或者记得 1938 年纽约洋基棒球队每个球员的平均击球数的人，我们认为是有智力的。如果这就是智能所需要的全部条件，那么我们在 40 年前就已经拥有了人工智能。毕竟，如果说有一件事是计算机一直都很擅长的，那一定就是储存和检索信息了。

现在大多数心理学家都意识到，智力不仅仅是记住并反馈事实或数字。智力可以体现在很多方面：一个高中生在 SAT 考试中，数学得到了 800 分的高分，这就是体现数学智力的一个指标；一位政治家用崇高的思想和富有诗意的句子来发表一场激动人心的演讲，这就是语言智力的体现；一个军事指挥官能够正确地预测敌军行动并策划有效的反击，这体现了他在战略情报分析方面的非凡智力。同样，像米开朗基罗和安妮·莱博维茨这样的艺术家以及弗兰克·盖里和贝聿铭这样的建筑师，他们都明显表现出拥有创造力方面的智力。希尼·克罗斯比把冰球打进球门，勒布朗·詹姆斯命中三分或者塞雷娜·威廉姆斯势不可挡地击倒对手，这些都是体育方面智力的体现。

思维系统

理解智能不是一件容易的事情。如今的人工智能工程师经常用狭义的术语表示人工智能，专注于创造只能模仿人类智能某些方面（比如跨越障碍或是写十四行诗）而不必复制人类其他能力的机器。虽然大多数人倾向于把人工智能视为一种相对较新的产物，但它实际存在的时间几乎与计算机一样长。事实上，可以说人工智能的发展与计算机的发展是并行的，因为这两个领域非常相似，但又不完全相同。

这两个领域之间的最大区别在于，大多数计算机被开发出来后只会按照严格的指令去执行一个或多个分配给它们的任务。人工智能则与之相反，它被设计成需要"思考"、自行关联输入的信息并找到解决方案的模式。传统计算机一直受限于系统设计者和程序员的技能水平以及创造力。(毫无疑问，你肯定听说过一句老话：垃圾进，垃圾出。[⊖])

真正的人工智能没有被设定的限制，它可以改变它的思维方式。它可以从信息和经验中提取有用的东西来完成被指派的任务。真正的人工智能甚至可以根据自己的判断拒绝或改变任务。换句话说，传统计算机将永远仅仅是"任务的接受者"，而真正的人工智能可能成为有自主意识的电子产品。这才是人工智能真正有趣的地方。在我们讨论未来之前，让我们先来了解这一切都是如何开始的吧。

起源

早在 20 世纪 40 年代初第一台 ENIAC 真空管驱动计算机问世以来，计算机技术的每次迭代主要集中在制造更小、更快、更便宜的机器。1965 年，仙童半导体公司和英特尔公司的创始人戈登·摩尔提出了摩尔定律。他通过观察得出：集成电路上可容纳的晶体管数量大约每 18 ～ 24 个月就翻一番，这使得每一代计算机的能力大约是前一代的两倍。

但是，尽管计算机的计算速度和内存容量自 20 世纪中期以来已经呈指数级增长，但大多数计算机基本上仍然是"愚笨的"，只能执行预先编写的指令。包括你口袋里的手机，虽然被称为"智能手机"，但它也是一样愚笨。没错，它可以玩游戏、提供路径导航、响应语音查询甚至打电话，但它使用的数字处理器基本上仍然是"二战"期间军方用来破解敌人密码和计算弹道轨迹的数字处理器。

　⊖　结果只有输入数据的那个人能控制。如果输入的是正确的信息，就会输出正确的后果；反　　之，就会得出错的结果。

机器拥有的学习能力和适应能力是人工智能的标志。如果一台传统计算机的编程有问题或有其他的缺陷，无论它的中央处理器每秒可以执行多少次计算，它都会一次又一次地显示同样的错误。相比之下，一台包含人工智能的计算机就能识别错误并试着修复它。真正的人工智能的另一个标志是：它可以预测用户的需求。这一点即使是最强大的超级计算机也无法做到。这也是人工智能得以改变世界的原因。

图灵测试

1950 年，英国计算机先驱艾伦·图灵（Alan Turing）是负责破解德国恩尼格玛（Enigma）密码的英国绝密团队的关键成员，他提出了一种可以测试机器智能程度的实验方法：一个"评估者"坐在一个封闭的房间里，他只需用一个键盘和显示器，就可以以通过文本输入进行提问、提出挑战、征求意见、闲聊等的方式与另外两方进行交流。

人作为一方进行回应，而另一方是计算机。如果评估者无法分辨这两方，那么就可以说计算机已经通过了"图灵测试"。（1982 年，雷德利·斯科特导演将图灵测试引入经典黑色科幻电影《银翼杀手》的剧本中。在那部电影里，被怀疑是"复制人"的人造人看到了一系列人或动物处于不同痛苦状态的场景。如果它有产生同情心的迹象，那么这就是真正具有人性的标志。但一个复制人在设计上就被限制了只能"感觉"自己。）

如同《银翼杀手》中的验证，图灵测试成功的标准与其说是参与者反应准确，不如说是计算机反映了人类的自然行为。任何具有良好编程的计算机都能提供正确的信息，但是，只有真正的人工智能才能表现出同情心，他会讲笑话，领会双关语，告诉你为什么最新的《星球大战》很差，或者是表现出沮丧。

1956 年夏季：达特茅斯学院

大多数科学历史学家认为人工智能领域的出现可以追溯到 1956 年的夏天。这一年，当时位于新罕布什尔州汉诺威的私立研究型常春藤盟校——美国达特茅斯学院的数学助教约翰·麦卡锡主持了一场为期 8 周的研讨会，他巧妙地把研讨会的主题定为"人工智能"。（这似乎是这个术语的首次使用。）

麦卡锡的专题研讨会是根据 1955 年他向洛克菲勒基金会提出的资助提案设计的，旨在将控制论研究、自动化理论、心理学和复杂信息处理这些独立的研究合并在一起，以判断计算机在模仿人类思维的能力和灵活性方面可以达到什么高度。这个主题的内容包括计算机科学、自然语言处理（NLP）、神经网络、计算理论、抽象理解和创新性。麦卡锡是受到贝尔实验室的数学家香农的启发才举办了这次活动。五年前，香农发表了两篇开创性的论文，论述了未来利用计算机编程实现下国际象棋的可能。麦卡锡想知道，如果计算机真的可以学会如何下国际象棋，那么它是否能够学会更多的东西呢？能够学会多少呢？可以学得多快呢？实现这些需要花费多少呢？

最初，在此领域顶尖的科学家中只有 10 位被邀请参加这个研讨会。麦卡锡最初名单上大约有一半的人都不认可这次研讨会的主题，但其他研究人员在得知这次研讨会内容后，都自愿代替原本受邀参加会议的科学家们出席了此次研讨会。研讨会共持续了 8 周，共有 20 位美国顶尖的计算机科学家和行为科学家参加。它的影响也在整个科学界持续了几十年，而最具影响力的应该是其对心理学家和计算机科学家约瑟夫·利克莱德的影响，在此次研讨会后，他提出的通用网络理论导致了互联网的诞生。

美国国防部高级研究计划局的参与

1957 年，苏联发射了世界上第一颗人造卫星。1958 年，美国国防部成立了一个高级研究计划局，负责指导和资助麻省理工学院、斯坦福大学和加州理工学院等大学进行前沿科学项目的研究。后来，该组织更名为国防部高级研究计划局，在 20 世纪 60 年代带头支持人工智能的研究。

1962 年，美国国防部高级研究计划局成立了信息处理技术办公室，为人工智能的研发项目以及计算机时间共享、计算机图形学、网络、高级微处理器设计和并行处理等突破性领域提供资金。其最著名的成果应该是 1969 年美国国防部高级研究计划局推出的阿帕网，它可以被看作互联网的前身。该网络使全国各地大学的研究计算机通过一个共同的通信系统相互"交谈"。

尽管人工智能理论的发展非常迅速，但由于其他相关技术未能迅速发展以至于无法将这些理论付诸实践，从而导致发展受阻。由于数据存储和处理速度仍处于相对较低的水平，在整个 20 世纪 70 年代，公众对人工智能的兴趣降低，政府的研究资金不断削减，这被业内人士称为人工智能的寒冬。

专家系统的兴起

然而，到了 20 世纪 80 年代，随着越来越多的技术发展到能够支撑理论实践的地步，人工智能又进入了高速发展的阶段。当时，该领域最显著的进步就是"专家系统"软件的开发。这种软件是根据大量数据来指导用户行动和做出决策的工具。它需要一个庞大的知识库——一个能准确描述现实世界各种事件、定律和语言的数据库，一个推理引擎以及一个可以使用现有知识来推断新信息的逻辑系统。

推理引擎通常以 If/Then 格式编写，具有直观、易于理解的优点，必要时还可以由外行（而不仅是 IT 专家）进行修改。随着强大的大型计算机以及个人电脑进入市场，专家系统在银行、医疗机构、制造商、房地产开发商、金融公司和其他需要根据大量信息做出决策和准确预测的公司中非常受欢迎。

20 世纪 80 年代，这种初级人工智能的典型用途包括从批准抵押贷款申请到诊断疾病再到设计有毒物质泄漏应对计划等。随着计算能力的提高和成本的下降，限制专家系统能力的唯一因素就是知识库本身的获取和可靠性。这同样也是一个"垃圾进，垃圾出"的问题。

第一回合：人类 vs 机器

到 20 世纪 90 年代末，由于计算能力突飞猛进，人工智能被广泛用于物流、数据挖掘、市场营销和医疗诊断。也许这个时代关于人工智能进步程度最有具戏剧性的展现可以在国际象棋冠军——俄罗斯的加里·卡斯帕罗夫和"深蓝"（当时 IBM 开发的最先进的超级计算机）之间史诗般的对决中找到。

他们的第一场比赛于 1996 年 2 月 10 日在宾夕法尼亚州的费城举行。在六场比赛的第一场中，持白方的"深蓝"就击败了来自俄罗斯的大师。然而，卡斯帕罗夫在第二场比赛中扳回一城，追平了比分。接下来的两场比赛双方都打成了平手。在第五场比赛中，持黑方的卡斯帕罗夫在下完第 23 步后提出平局，但操作"深蓝"的 IBM 团队拒绝了这一提议。最后，卡斯帕罗夫终于击败了这个机器，并在第六场中再次击败了它，赢得了比赛。目前，人类仍有着不可置疑的大师头衔。

卡斯帕罗夫对自己的实力充满自信，所以同意了 1997 年 5 月 11 日在纽约市再次比赛。同样是六场比赛，第一场持白方的卡斯帕罗夫就获得了胜利，但输掉了第二场比赛。接下来的三场比赛以平局告终。这意味着第六场比赛会是决胜局。在第六场中，卡斯帕罗夫用卡罗康（Caro-Kann）防守式开局，这与他在第四场比赛中用的方式一样。但"深蓝"走了一招看似很激进的棋，牺牲了自己的骑士，摧毁了卡斯帕罗夫的游戏策略并打击了他的信心。

在"深蓝"强大的攻势下，卡斯帕罗夫不到 20 步就选择了投降。这让来自俄罗斯的特级大师非常愤怒。这是史上第一次在比赛中人类通过使用计算机击败了一位在役的特级大师，他认为这场胜利是不合规的。起初，他指控 IBM 在幕后隐藏了一位真正的特级大师在操控"深蓝"该如何移动。当这一指控被推翻时，他仍然坚持 IBM 有作弊行为，但却没有证据指明这一点。

事实上，"深蓝"做出了一个非常人性化的决定。基于大量可能的国际象棋走法，它只是随机地选择了一个，这就像把骰子往空中一扔，说："管他呢，让我们掷骰子吧。"这种反复无常、非理性、令人厌恶的类似人类的行为击溃了卡斯帕罗夫的信念，导致了他的失败。

第二回合：人类 vs 机器

下一个人工智能发展的高光时刻发生在 14 年后，IBM 让"深蓝"的下一代继承者"沃森"参加国家电视台自有播放史以来最著名的问答游戏《危险边缘》。考虑到经典的图灵测试十分有影响力，IBM 公司的研究主管找到了节目的出品方梅夫·格里芬制作公司，他们立即意识到这场比赛将会有极高的收视率，随即同意了合作。

国际象棋比赛的最终胜利需要快速的数学计算和有远见的决策，而想要从《危险边缘》中获得胜利，"沃森"需要掌握大量数据——基本上是整个《大英百科全书》以及每一期《人物》《公告牌》和《娱乐周刊》的所有内容，并且需要试图理解复杂的会话语言，包括双关语、隐喻、同形异义词和习惯短语。

"沃森"的任务可不是在公园里散步这样简单。想想看，即便是在一起生活了几十年的夫妻在进行沟通时可能都会很困难。所以我们可以想到，对于一台计算机来说，理解"亲爱的，现在外面下着倾盆大雨，我感到十分沮丧。"这样的句子是相当困难的。这种挑战相当于非母语使用者在学习任何一种外语的对话时所面临的挑战，但是至少人们曾经学到了自己语言的习惯用语，就更容易理解语言背后的意境。

在收集了 2 亿页的数据，学习理解了语言的细微差别，进行了问答交流，并与 100 名《危险边缘》曾经的获胜者进行了对抗练习后，"沃森"最终在国家电视台首次亮相。它的挑战者是《危险边缘》节目有史以来最厉害的两位赢家——肯·詹宁斯和布拉德·拉特，他们在这个节目中赢得的收入超过了 500 万美元。虽然拉特赢的奖金比詹宁斯多，但詹宁斯是一个经验丰富的老将，他的优势在于连续赢得了 74 场比赛，这是前所未有的。

在奖金高达 100 万美元的情况下，参赛者们在纽约约克镇高地的 IBM T. J. 沃森研究中心建造的一个配有特殊装置的比赛场地摆好架势，该装置提供了关于词语的不同含义、披头士乐队、奥运会怪事、年代名称、最终的疆界等很多类型的问题的答案。三名选手——两名人类选手和一名机器选手，参与了一场激动人心的问答对战。在为期三天的比赛中，"沃森"证明了自己的强大，但它也并非完美无瑕。它答错了许多问题，甚至重复了其他玩家的错误答案。但对于答错这个问题，这台机器以很快的回答速度进行了弥补。

《危险边缘》的玩家只有在问题被完全读完，当信号灯闪烁时才能按下回答按钮回答。即使是训练有素的最优秀的选手也需要大约 0.10 秒来完成这个动作。"沃森"没有眼睛和耳朵，它通过电子方式接收"开始"的信号，只需要几纳秒就能做出反应完成同样的动作，即使其他参赛者知道答案，他们也会感到不可思议。最后，"沃森"轻松赢得了比赛并获得了 77 147 美元，作为对手的肯·詹宁斯和布拉德·拉特分别获得了 24 000 美元和 21 600 美元。IBM 将其获得的奖金捐给了慈善机构，但却获得了一些更有价值的东西：公众对人工智能的未来的信任。

在后来的一次采访中，詹宁斯表示输给"沃森"是因为他自己已经过时了。但 IBM 的工程师则有完全不同的解释。他们认为，"沃森"令人印象深刻的胜利只是通往真正人工智能之路上的又一块铺路石。

第三章

机器学习

托马斯·爱迪生——美国发明成果最多，也是最著名的发明家非常相信实验的价值。在发明电灯的过程中，他尝试了数百种不同的材料，最终成功找到了一种能够提供足够长时间的照明以实现商业化的材料。后来，当一名记者问他对几百次的失败有什么感受时，他回答说："失败？我从未失败过！我发现了几百种不合适的实验材料。"在这个故事的另一个版本中，当爱迪生被问及为什么他尝试了 700 次才成功时，他回答说："因为发明电灯就需要700 个步骤。"

爱迪生的故事，以及无数其他有关创新的故事，说明了知识在物质世界中是通过积累事实、经验和观察反应获得的。我们将这个过程称为"学习"。学习能力对于高等生物，尤其是人类的生存至关重要。如果早期的智人没有学会如何生火、制作工具、区分可食用植物和有毒植物、捕杀猎物、包扎伤口以及避开猎食者，我们可能在很多年前就已经从地球上消失了。

尽管学习对人类的成功至关重要，但迄今为止，可以说我们最伟大的创造——计算机仍然缺乏这种基本的能力。尽管计算机已经变得更加强大，能够存储大量的数据，但是它仍然无法自己获取信息。多年来，计算机都没有在我们所说的"对事件意义进行有根据地猜测"方面取得巨大突破。计算机的能力仅限于编程中的操作指令和人们提供给它的数据。如果计算机想要实现真正的智能化，它就需要学习如何学习。这可不是件容易的事。

我们学习的三种方式

在自然界中，动物通过三种方式来获取知识：本能、教导和经验。

本能

本能是这三种方式中最常见和最基本的。当蜘蛛织网、鸟筑巢或海狸筑坝时，并不是因为这些生物有意识地相信这些努力会在日常生活中帮助到它们，也不是因为它们得到了父母的命令。

根据人们对动物行为的理解，这种生物的行为是深藏在基因遗传密码中的。同样，一只小狗摇晃身体使自己的毛发变干，一只刚出生的海龟从巢里爬过沙滩，或者一只小袋鼠爬进妈妈的育儿袋，这些都是本能行为在动物世界中普遍存在的例证。即使没有父母或其他动物告诉它们，动物也会自发地表现出数千年进化出来的本能行为。

即使是我们所知道的唯一拥有自由意志的物种——人类，也表现出了很多本能的行为，不过这些行为远没有蜜蜂的舞蹈或鸟类的交配仪式那样复杂。通常，我们把人类的本能行为称为"反射"。例如，把你的食指放在新生儿的手掌上，他就会本能地抓住它。婴儿感到饥饿时会本能地哭泣。而且正如我们在很多动画中都能看到的，只要敲击膝盖骨下侧，小腿就会本能地向前踢（膝跳反射）。

在这方面，大多数动物甚至人类，都很像计算机，因为它们的行为方式同样被编程决定——只不过这里是指基因编程。然而，计算机却没有任何本能行为。当一台计算机从生产线上被送下来并装配完成时，它只不过是一组精心设计的晶体管和电路的集合。它没有任何知识，也没有任何能力。打开它，你只会看到一个空白的屏幕，我实在想不到比"毫无生气"更好的词来形容它了。要想完成各种各样的事情，计算机就必须接收指令。

教导

教导是动物学习的第二种方式。到目前为止，只有少部分被人类观察到的动物物种（主要是哺乳动物）是以这种方式学习的。例如，非洲的猫鼬就有一套循序渐进地教它们的幼崽捕猎和处理蝎子的过程——蝎子是它们的主要食物来源之一；金狮绢毛猴是一种有着狮子鬃毛的小猴子，它们会把幼崽召唤到树上找猎物；人类在训练狗、海豚、黑猩猩和海狮等动物表演杂技方面已经取得了巨大的成功。毫无疑问，如果不能提供在野外生存的好处，那么执行命令的能力就不会进化。

人类已经把教导变成了一个价值数十亿美元的产业。从幼儿园到大学再到大师班的在线学习，接受教导是人类了解世界和自己的主要方式。社会中的各种活动已经发展出复杂的形式，从求爱到饮食再到宗教崇拜等，所有这些都必须经过仔细的传授。在大多数发达国家，一个人的收入潜力和社会地位与他接受正规教育的程度有关。只有经过多年正规且严格的教育才能获得"博士"这一显赫头衔——一个人所能达到的最高社会地位之一。

自计算机被发明以来，它们几乎完全通过指令来学习。程序员必须细致地设计出计算机要执行的操作的每一步。与人类不同的是，如果计算机不工作了，你是无法询问它出了什么问题或是如何修复。事实上，即使是操作系统中最小的编码错误，也可能导致机器在要执行的事情上看起来就像是一个

"废物"。在这方面，即使是最先进的计算机也仍然是"愚笨的"。

经验

动物学习的第三种方式是通过经验。经验学习的一种方式就是"社会学习"。在昆虫、鱼类、鸟类、两栖动物和哺乳动物中我们可以观察到，社会学习出现在年幼的动物模仿它们周围可观察到的行为中。许多生物都可以通过观察和模仿经验丰富的长者的行为来学习它们物种所需要的大多数狩猎和进食的技巧。生物学家认为，年轻的海洋哺乳动物（例如鲸鱼和海豚）会通过反复接触和模仿学会它们物种复杂的语言，而不是通过长辈实际的"教学"。

经验学习的另一种方式被称为"个体学习"或"非社交性学习"——通过反复试错进行学习。这是一种代价高昂且令人痛苦的成长方式，我们可以把这种学习方式戏称为"痛苦的学校"。如果野外的狮子第一次遇到火，它可能会被它吸引——直到火烧伤了它的爪子。从那以后，这只狮子就会知道避开橙色的火焰。同样，如果一只实验老鼠无意地按下了一个按钮后收获了食物，这只啮齿动物就会很快学会在每次饥饿时按下同样的按钮。

我们人类是同时使用"社会学习"和"非社交性学习"来获取知识和技能的。直立行走不一定是一种自然的行为，大多数所谓的野性儿童——在野外长大、没有其他人类可以模仿的男孩和女孩——往往是四肢着地走路的。在蹒跚学步时，我们通过模仿周围的成年人和年龄较大的孩子来学会直立行走。同样，我们的大部分语言技能，当然还有我们所有的地方口音，都是通过模仿习得的。

同时，人类也特别擅长自学。自从文字发明以后，特别是 19 世纪和 20 世纪大众媒体呈爆炸式发展以来，任何渴望知识的人在获得知识时遇到的障碍都比以前更少。事实上，在过去的 200 年里，一些最有成就的发明家、艺术家、科学家和商人都是自学成才的，他们在正规教育体系之外获得了知识和技能。以下几位是一些自学成才的天才：

- **作家**：赫尔曼·黑塞，杜鲁门·卡波特，简·奥斯汀，哈伦·埃利森，多丽丝·莱辛。
- **音乐家**：弗兰克·扎帕，基思·穆恩，大卫·鲍伊，安娜·卡尔维，吉米·亨德里克斯，保罗·麦卡特尼。
- **制片人**：斯坦利·库布里克，伍迪·艾伦，昆汀·塔伦蒂诺，沃卓斯基姐弟，史蒂文·斯皮尔伯格，奥逊·威尔斯。
- **发明家**：詹姆斯·瓦特，尼古拉·特斯拉，玛格丽特·奈特，亨利·福特，本杰明·班纳克，托马斯·爱迪生。
- **科学家**：查尔斯·达尔文，玛丽·安宁，本杰明·富兰克林，乔治·华盛顿·卡佛，巴克敏斯特·富勒。

自学一直是计算机科学的"圣杯"。大多数人工智能研究人员认为，计算机要想实现真正的智能化，就必须能够从经验中学习。就像这些聪明的自学成才的伟人们一样，计算机必须识别它不知道的东西，寻找额外的知识来源，必要时还要学会寻求帮助。

尽管在上一章中讨论的专家系统令人印象深刻，但它并不涉及自我学习。这些应用程序拥有接近人类的技能并能被用于分析大量的数据，但它们无法自行扩展知识库。同样，尽管 IBM 的"沃森"拥有处理地道英语的能力，但它仍然需要人类来提供知识。（它也无法意识到，虽然多伦多可能会主办一场美国棒球联盟球队的比赛，但这个主办城市实际上是在加拿大。）

重大突破

人工智能计算机阿尔法围棋向世界展示了真正的人工智能应该是什么样子的。阿尔法围棋于 2016 年首次亮相，它的出现带来的不仅仅是人工智能技术的渐进式变化。这台能够熟练操作围棋的思维机器，将计算机科学带入了一个全新的未知领域。

我们在讨论这些之前，先来看看 IBM 的工程师用"沃森"取得了哪些成就。他们教"沃森"使用自然语言处理系统（NLP）来解释、操纵和理解人类语言。这是赢得《危险边缘》的关键，同样也是"沃森"在商业领域中应用的关键。正如你所看到的，人们的口语表达和书面表达是不同的。在每种语言中，每个人都会使用不同的习语、表达、口语和术语进行交流。基于 NLP 处理能力，计算机能够将语言分解成几个组成部分，以解释意义、理解书面意思和进行口语交流，甚至确定情感和优先级，我们将在未来的章节中进行更详细的讨论。当我们在日常生活中与 Alexa（亚马逊）、Siri（苹果）或 Cortana（微软）交谈时，又或是使用智能手机发语音短信时，我们就已经体验到了 NLP 的能力。

当"沃森"参加《危险边缘》时，它的项目团队将计算机的 NLP 能力又提升到了一个新的水平，增加了它的复杂性，使机器的响应能力几乎和人类一样。然而，令人印象更加深刻的事情发生在 2016 年 3 月，当时，由字母控股（Alphabet）公司的 DeepMind（深度思维）开发的阿尔法围棋在一场五局制比赛中击败了获得过 18 次世界冠军的传奇围棋选手李世石（Lee Sedol）。

围棋是一种中国棋盘游戏，它比国际象棋更加复杂，在西方并不流行。数学家认为，围棋中走棋方式的数量"超过了宇宙中原子的数量"。这个游戏需要创造力和抽象思维，但这些都被看作人类独有的技能。国际象棋大师们必须想到棋局的很多步之后的动作。他们可以确定地说出为什么要将棋子下到这个位置，以及这一步在整体棋局中将产生怎样的作用。然而，专业的围棋选手则使用一种不同的方式进行对弈。当被问及他们为什么要将棋子放置到某一个位置时，他们经常会回答说："直觉下这里是对的。"

毫无疑问，围棋走棋的微妙性和复杂性为 2016 年李世石和阿尔法围棋之间的高风险对决奠定了基础。这场备受瞩目和期待的比赛引起了世界各地的程序员、科学家、围棋玩家和普通人的关注。一方面，被投资的工程团队希望他们的发明创造能够"一次性"证明人工智能已经拥有了类似人类的直觉思维。另一方面，传统主义者们坚持他们对人类思想本质的信念，他们想要否定这个计算机科学界的新贵。

这是一场真正的人与机器之间的对决。

但这场比赛算不上竞争激烈。在第一场比赛中，阿尔法围棋就在第 186 步时获胜，在第二场比赛中用了 211 步击败对手，在第三场比赛中用了 176 步击败对手。李世石在第四场用了 180 步赢得了比赛，但阿尔法围棋在最后一场比赛中用 280 步再一次击败了它的人类对手。阿尔法围棋的胜利如此引人注目，以至于韩国棋院授予了它最高级的围棋大师等级——"荣誉九段"。人工智能领域的专家把阿尔法围棋的杰出表现比作"人工智能版本的登月"。

深度学习，深刻影响

那么，阿尔法围棋与 1997 年击败国际象棋大师加里·卡斯帕罗夫的"深蓝"有什么区别呢？根本的区别在于：IBM 工程师是在教"深蓝"如何下国际象棋，而阿尔法围棋自学了围棋。阿尔法围棋通过与人类棋手和其他不太先进的围棋电脑进行练习，进而测试和评估围棋策略。它完全依靠自己，从错误中吸取经验教训。它之所以完成了这一壮举是因为 DeepMind 的工程师们在其中内置了一个人工神经网络以促进它"深度学习"。

深度学习有时被称为"深度结构学习"或"层次学习"，是机器学习的一个分支。它的基础是理解数据所代表的信息，而不仅仅是特定任务的算法。受人类神经系统的启发，深度学习模型不仅允许计算机从数据中学习，更重要的是，能够指导计算机做出明智的预测——这一点超过了除人类以外的所有动物的智力极限。

最终，阿尔法围棋是人工智能能力的非凡证明。它不仅能够学会一个极其复杂的游戏规则，而且它还可以像托马斯·爱迪生一样从每一次失败中学习经验。不仅如此，这一事件也首次向世界证明了：计算机有潜力与人类创造者平起平坐，甚至超越人类创造者。

那么新的问题又产生了：人工智能的研究又该走向何方？

第四章

特制调味料：决定与决策

即使是微小的决定，人们通常也会在采取行动之前考虑各种各样的因素。例如，当决定周六晚上看什么电影时，一对夫妇可能会考虑以下因素：

- **类型**：他们喜欢超级英雄类型的电影吗？还是浪漫喜剧？恐怖电影？独角戏？
- **影星**：每个人都有一个最喜欢的演员，他们只要出现在影片中观众就可以原谅电影许多其他方面的失败。
- **评论／收视率**：烂番茄等网站会展示这些信息。
- **网友的讨论**：朋友和同事们是怎么评论的？推特（Twitter）和脸书（Facebook）上的网友是怎么评论的？
- **获奖情况**：这部电影获得过奥斯卡金像奖或金球奖吗？得到过提名吗？
- **便利性**：电影院是否在家附近？放映时间是否合适？
- **票房情况**：谁愿意看一部票房惨淡的电影？

- **必要性**：这部电影一定要在大银幕上观看，还是可以等六周从网站上看也行？

机会成本

如果我们假设这对夫妇做了一个错误的决定，他们最多会损失几个小时的时间以及 25 ～ 30 美元（不包括高价的爆米花和饮料）。

然而，在做出重大决定时，这些影响我们做决定的可变因素似乎是无穷无尽的。以美国国防部为例。当评估承包商建造一个坦克、喷气战斗机或驱逐舰等新武器系统时，这一过程可能需要花费数年时间以及数千万美元，要求各竞争公司提交复杂的成本提案、完整的文件档案，甚至建造昂贵的武器原型。

即便如此，国防部选择的武器系统的性能也可能无法满足预期，进而导致更多的支出，甚至造成人员伤亡。（洛克希德·马丁公司的 F-35 闪电 II 超音速喷气式战斗机项目就是国防部所做的一个愚蠢决定。尽管采购过程漫长，但据报道，截至 2018 年，该项目的开发已超出预算 1630 亿美元，且比原计划晚了 7 年。）

现在，如果能有一台机器来为我们做决定，这不是很好吗？特别是为类似闪电 II 型战斗机这样需要进行复杂机会成本计算的项目做决策时，"魔力 8 号球"⊖实际上常常显示正确的答案，不是吗？想象一下，如果一台可以思考的机器能够获得并评估影响选择的每一个因素，然后推荐最好的行动方案，那么我们可以节省多少时间、金钱啊。这样的设备才是仅次于真正的预言机器的最佳选择。

⊖ 一个随机给出问题答案的玩具。——编者注

预测装置

事实上，准确预测和智能决策是当前人工智能研究的核心内容之一。而且我敢打赌你已经体验过当前现有形式的人工智能了。基于计算机做决策是亚马逊等零售网站以及奈飞、葫芦网等流媒体服务中个性化推荐激增的原因。奈飞并不会读心术，它不会通过理解你的思维来了解你，而是发现你喜欢《女子监狱》从而推断你可能喜欢《美女摔跤联盟》。

这些公司会使用复杂的算法追踪我们以往的购买记录，然后构建一个关于我们的偏好和长期购买习惯的模型。通过不断进行评估，并与具有相似偏好和购买习惯的用户进行交叉对比，它会动态地选择它认为我们会感兴趣的节目或产品。这种"解读我们的想法"或预测我们未表现出来的欲望的能力，是许多人工智能公司成功的关键原因。比如脸书，它使用类似的复杂算法来推荐朋友及新闻动态。

然而，计算机基于消费者行为提供的购买建议只不过是未来人工智能发展的冰山一角，它只是人工智能惊人决策能力的一个简单的演示。当基于人工智能的系统连接到物联网（IoT）时，事情就会变得更加有趣了。

一切将会变得更加智能

那么，什么是物联网呢？在解释之前，让我们回到90年代初——互联网的第一次浪潮。"信息高速公路"这句网络口号在当时非常流行，虽然现在听起来有些过时甚至有点蹩脚。通过连接世界各地的计算机，它们能够用一种通用的语言——HTML进行交流。这样一来，任何地方的任何人都能够在一瞬间获得整个人类历史的知识。

20世纪的最后10年里，只要输入关键字，你就可以马上获得几乎任何可以想到的关于某个主题的信息。在搜信或雅虎等当时主流的搜索引擎中输入"贝多芬第五交响曲"，你就会找到19世纪早期交响乐历史相关文章的链接、作曲家传记的链接，甚至可能找到乐曲本身的音频文件。输入"比萨餐厅"，当地的几家比萨店的名单就会出现在你眼前。遗憾的是，这种早期搜索引擎背后的编程仍然有些原始。因为它们几乎完全是基于关键词的，所以像"当地餐厅但不要比萨餐厅"这样的查询可能仍然会出现比萨店的推荐。

后来，更复杂的引擎，如谷歌，创建了初代的人工智能系统，能够根据几个键盘按键预测常见的问题。输入"比萨"，你就会得到一系列的查询选项，比如"必胜客""我附近的比萨"和"比萨外卖"，这些选项都是基于某个问题被询问的频率而出现的。此外，谷歌率先提出了根据网站人气指数对搜索结果进行排名的概念。谷歌认为，一个网站越受欢迎，其内容可能越有用。谷歌人工智能的强大功能帮助它从众多网站中脱颖而出（最初包括 Ask Jeeves、Lycos 和 AltaVista 等网站）并成为一家市值近 1 万亿美元的公司，在搜索引擎领域几乎处于垄断地位。

把时间快进到今天，另一场预测能力的竞争正在进行中。Siri、Alexa 和 Cortana 等这些智能助理都使用了复杂的语音识别系统来理解并执行我们的指令。用户都不必使用键盘，就能获得更直接的人机体验，智能助理获取信息的方式是接收用户的自然语言命令，而不是乏味烦琐的文本按键。

虽然"信息高速公路"一词如今在我们的文化中已成为过去式，但信息的获取和传播仍然是互联网的主要目的。"旧"的互联网只是传递信息，而物联网则深入连接了物质世界，能够通过一个开关控制任何东西。

如果这听起来有点诡异，那么让我们思考一下，物联网是如何以各种方式影响人们生活的。许多人的互联网与电视机相连，要么是通过 Roku、Google Chrome 和 Apple TV 等附加组件，要么是通过直接内置在电视机里的智能应用程序。同样，无线家庭安全系统允许担心安全问题的房主通过手机监控他们的财产。当有人进入传感器范围时，房主就会收到自动警报，甚至是实时传输的监控视频。在不远的将来，从冰箱、洗碗机再到汽车、卧室台灯，所有的东西都可能连接到网络，为我们提供无尽的行为数据，使我们在日常生活中可以利用技术手段获得无与伦比的掌控能力。

变化从现在开始

这种所谓的"智能家居"技术现在已经被应用了。在任何一个大型自助商场，比如家得宝或劳氏，你都会发现一些可以与智能手机同步连接的设备。人工智能最大的影响在于提供背后的控制系统，以及在不需要人工干预甚至知识库辅助的情况下提供更加有效率的服务。

我们来看一个实例——能源管理。现在，像 Nest 这样的智能恒温器不仅可以在我们进出房屋时调节供暖系统和空调，还可以在我们从一间房间移动到另一间房间时利用近距离传感器对温度进行相应的调整。不久之后，人工智能将可以与地区的电力公司进行联网，以确保该地区的电力消耗与电网容量达到完美平衡。通过与水务公司和气象服务部门合作，借助埋在土壤中的传感器，人工智能设备甚至可以确定草坪所需要的最佳水量，以保持草坪的绿色和健康。通过与应急服务中心联网，一套配备了人工智能设备的房屋能够在发生地震或龙卷风等自然灾害时迅速关闭水和天然气管道。

除了家用范围之外，未来的物联网或将在国家或全球层面上带来惊人的工作效率的提升。例如：

- 在农业领域，有关温度、降雨量、湿度、虫害程度和其他上千个变量的数据可用于自动化农业技术、最小化风险和浪费，以及更准确地预测未来的作物产量。

- 监测空气和水质的传感器可以与制造、运输公司进行联网互通，创建一个反馈回路，以减轻污染，遏制全球变暖。
- 在短短几十年内，自动驾驶汽车会越来越多。自动驾驶汽车不仅可以与周围车辆进行通信，还可能与整个交通系统联网通信，使车辆以更高速度行驶的同时消除交通堵塞。（有关此话题的更多内容，请参阅第十六章有关中国的人工智能城市的内容。）

即将到来的伟大愿景

虽然这些人工智能驱动的进步似乎令人印象深刻，但网络连接和数据采集只是通往更远道路上的垫脚石。尽管这些对于我们很多人（尤其是那些在电视问世以前长大的人）来说非常激进，但这些令人难以置信的应用程序仅仅触及了人工智能能力的表面。经过正确训练的人工智能有潜力解决古老的难题，比如贫困、不平等和不公正等，并提供各种革命性的指导和知识，这是人类从未做到的。

更重要的是，人工智能有潜力回答我们以前都不会问的问题。2007年，时任美国国防部长的唐纳德·拉姆斯菲尔德说："有些已知的知识，是我们知道我们已经知道的；有些已知的未知之谜，是我们知道这是我们不知道的；但还有我们不知道的未知之谜，是我们不知道这是我们不知道的。"

尽管拉姆斯菲尔德的这番言论几乎被普遍指责为一种解释军事外交政策的笨拙方式，但他发现了一些关键的问题。正是由于我们智力的局限性，我们无法对我们还没有考虑到的事情提出问题。因此，一个能够处理大量数据的思维机器，能够以我们人类大脑尚未接触过的方式识别复杂的模式，这可能会为我们尚未设想的探索开辟新的路径。

目前还无法预测当物联网变得越来越互联时会发生什么。当你的家庭安全系统开始与世界各地数以百万计的家庭安全系统连接时，当这些安全系统又与人工智能控制的执法、交通、电力分配、能源勘探和开采、气候监测、疾病控制以及这个星球上的一切人类活动的系统联通时，我们可能会发现新的行为模式、迫在眉睫的危险，甚至我们想不到的潜在的解决方案。通过将数亿个基点进行连接，人工智能有潜力打开巨大的新市场和技术研究领域，这些对 21 世纪初期的人类来说可能是无法想象的，就像托马斯·爱迪生、亨利·福特和莱特兄弟无法想象互联网一样。也许最令人惊讶的是，这些事情很可能发生在我们这一代。

很有趣，对吧？甚至有点让人害怕。人工智能的进步很可能会让隐私和个人自由等问题成为政治讨论的焦点。有了人工智能的预测能力，我们更容易想象史蒂文·斯皮尔伯格的《少数派报告》中的一个场景：人们会因被预测到尚未实施的犯罪而被捕。

当然，与任何新技术一样，人工智能必须受到仔细的控制和监管。不过，正如这本书后面将继续说明的那样——你不必担心它，特别是如果我们以长远的眼光和开放的心态来看待正在出现的新现实，就更不必担心了。毕竟，这是一个真实的世界，而不是反乌托邦的科幻电影。就像蒸汽机、电力、内燃机、抗生素、原子能、电信和大数据的发展一样，人工智能可能会给整个社会带来根本性的变化，虽然在社会转型过程中可能带来痛苦，但它最终将为我们所有人创造一个更安全、更清洁、更健康、更繁荣的世界。为了更好地展示这个新世界以及人工智能能给我们带来什么，我们需要先退一步，先来思考一下我们自己的大脑是如何运作的，这是我们下一章的主题。

第五章

人类思想的原理

人造植物可能看起来与天然植物不完全一样，但我们能够识别出这是植物。它有着棕色的叶柄、茎以及绿色的叶子，花是红色、黄色或紫色的，那么它看起来就像一株植物。现在，如果茎是双色条纹的、叶子呈棋盘状、本该是长着花苞的部位我们却看到了风车，那么我们就会认为这株人造植物的制作工艺很差。同样，人造香味可能与天然香味不完全相同。但我们仍然可以识别出人造草莓的香味、人造蓝莓的香味以及人造柠檬的香味。因为我们知道真正的草莓、蓝莓和柠檬是什么味道。与之相关的问题是：实验室里穿着白大褂的科学家在复制这些大自然中的植物时可以做得多像呢？

说到人工智能，评估其成功与否就变得更加扑朔迷离了。这是因为，与植物或味道不同，对于"智力"究竟是什么这个问题，没有任何两个人能够达成一致。几千年来，学者、哲学家、艺术家和科学家一直在努力定义这个术语的特性、起源和表现形式。当然，他们还没有得出一个明确的答案。

我们都同意智人是有智慧的。毕竟，这个名字的意思是"智者"——但我们的智慧到底来自哪里？我们的大脑？几乎所有其他动物都有大脑。黑猩猩有大脑，猫、狗都有大脑，甚至连鱼和蠕虫也都有大脑。这能使他们拥有智慧吗？同样，我们都认可一个核物理学家或外科医生是聪明的，但如果是一个不识字的农民呢？一个吸毒成瘾者呢？一个两周大的婴儿呢？他们聪明吗？我们如何衡量他们的智力？我们应该使用什么标准衡量呢？

正如这些例子所表明的那样，给"智力"赋予一个通用的定义以区分一个人和另一个人的智力是一件非常棘手的事情。不过，这本书的内容是关于如何更好地理解人工智能的。为了了解这个领域，我们必须理解我们的思想，我们必须首先探索大自然中的那些智慧。要做到这一点，我们就需要研究关于意识、感知和智力的各种思想学派。

思维理论

思维理论是指一种识别自己和他人的信仰、欲望和意图的能力，并利用这种能力来预测行为。这种能力对所有的社交活动都是至关重要的。例如，一个已婚妇女可能希望在周日早上去一家受欢迎的餐厅吃早午餐。然而，从过去的经验来看，她知道有很多人都喜欢这家餐厅，一定会等好几个小时才有空位。她还知道她丈夫最讨厌的事情之一就是排队等待。即使是谈论要去这个地方，都有可能引发争论。因此，她建议他们尝试一家新开的小酒馆，那里不用排长队。她谨慎的思考避免了一次争论，从而维持了她婚姻的安宁。再举一个例子来阐述这个概念：想象一下你去买一条新裤子，走近收银台，你把挑好的牛仔裤放在收银员面前，然后从钱包中拿出信用卡，相信收银员会接受用它进行付款。事实上，你相信收银员很可能会愿意这样做。

现在，让我们来看看你为什么会这么想。尽管这种情况看似司空见惯，几乎不需要进一步研究，但它实际上是非常复杂的，是建立在一系列我们经常认为理所当然的心理假设之上的。事实上，你不认识这个收银员，你们从未见过面。然而，你十分肯定她知道什么是信用卡，她知道该用它做什么，并且会很乐意这么做。

在上述任何一种情况中，人们都能认识到自己的欲望，同时也能感知到当时情境中对方的欲望。为了最好地运用各自的社会经验，他们必须相互权衡这两种欲望，并据此采取行动。虽然我们没有办法进入另一个人的思维中，更不用说确认另一个人有什么样的想法了，但我们可以根据自己的观察和经验推断他们的意识状态。这样的推断为我们每时每刻都在产生互动的社会秩序提供了基础，它们构成了我们日常生活背后关键但无形的结构。如果我们没有停下来思考，我们很可能就会忽略这些结构。

除了考虑他人需求的能力之外，思维理论的另一个关键方面是认识到某人可能持有某种的信念或假设的能力。在一个经典的实验中，一个五岁的孩子看到了一个创可贴盒。当被问及盒子里有什么时，孩子自然会说："创可贴。"但当她打开盒子时，她发现里面装的不是创可贴，而是一包口香糖。然后，实验者把第二个孩子带进房间，并给他看同样的创可贴盒。

"你觉得那个男孩认为盒子里装的是什么东西？"他们问那个女孩。

"创可贴。"女孩回答。

根据刚才的实验，她知道这个盒子里装的是口香糖，而不是创可贴。但她也知道这个男孩还不知道这一点。她"看穿了他的想法"，相信他会犯和她一样的错误。她很可能是对的，因为即使是一个五岁的孩子，这个女孩也知道人们所相信的事情往往与客观现实相矛盾。

事实上，我们每天都在练习这项技能，但通常却没有意识到这点。当接近一个十字路口时，我们会仔细观察十字路口的交通情况，因为如果一个司机没有看到交通信号灯，他就会像导弹一样穿过十字路口。在公共场所，我们在讨论政治或宗教等热点话题时都会保持低调，以避免那些和我们持有不同观点的人无意中听到。我们会警告一个毫不知情的同事不要把钱放进那个已经坏掉的自动售货机里。

从这个意义上说，思维理论与共情能力密切相关。我们假设其他人和我们一样有想法和感受，虽然他们的观点和价值观可能与我们不同，但我们仍然因同样的基本情绪联结。他人的快乐会变成我们的快乐，他人的悲伤可能也会变成我们的悲伤。即使是被大家所知晓的缺乏共情能力的精神病患者，也可以认识到其他人的想法和感受是与他们自己不同的。事实上，这样的认知是心理和情感操纵的关键，心理变态者经常使用这种操纵术不动声色地操纵他们的受害者。

意识的组成部分

现在我们有了一个框架可以更好地理解我们的大脑在现实中是如何运作的，特别是在社会环境中，我们将学习该领域的专家提出的一些主要的思维理论。我们将在接下来的几页中像搭积木一样讨论这些概念，以了解人工智能是如何在现实世界中运作的。

主要 / 次要组成部分

Consciousness（《意识》）一书的作者，著名物理学家艾伦·霍布森博士认为，所有哺乳动物（包括人类婴儿）的意识都包括以下这些主要部分：感觉、感知、注意力、情感、本能和动作。例如，婴儿意识到饥饿时会感到不舒服，并通过哭泣来回应这种不舒服的感觉；婴儿会被耀眼闪亮的物品吸引（比如一串车钥匙），甚至会伸手去抓住它们。然而，这几乎是他们初级意识的极限。一个哭泣的婴儿还不能理解"食物"的概念。他只知道，当他从母亲的乳房里吮吸乳汁时，他会感到满足。同样，虽然婴儿可能会发现一串车钥

匙很吸引人，但他并不知道"汽车"是什么，也不知道需要怎样使用这些锯齿状的金属物体。

　　意识的次要组成部分，如记忆、思想、语言、意图、取向和意志等，这些部分只有在人类思维成熟时才会出现。当一个婴儿成长为一个蹒跚学步的孩子时，他不仅会开始理解食物的概念，还会根据食物的种类和他的喜好给那些食物分类，他可能记得他不喜欢西兰花，但非常喜欢巧克力。同样，另一个孩子不仅会理解钥匙可以启动被称为"汽车"的四轮运输工具的引擎，而且到她 16 岁的时候，她也会想要一辆汽车。

　　根据霍布森的说法，我们在婴儿期后所经历的大多数意识的次要组成部分都是一种"精细加工"，包括心理上的检索、反映、符号化、表现和信息记录。在"精细加工"中不包括的两个组成部分是意志和动作，霍布森将它们归类为"输出行动"，包括我们采取行动的决定。现在让我们来看看负责理解我们行动背后动机的主要理论家之一——西格蒙德·弗洛伊德博士的主要观点。

弗洛伊德

　　已故的西格蒙德·弗洛伊德博士是现代心理治疗之父。他扩展了心理理论的二元概念，并声称心理是由三个意识层次组成的，而不是两个。这三个层次为：10% 的意识，50% ～ 60% 的潜意识和 30% ～ 40% 的无意识。他的理论认为，我们的意识同时控制着我们的注意力和想象力。当我们读一本书、准备一顿饭，或者思考下周的夏威夷度假的细节时，我们就在使用我们的意识思维。与此同时，我们的潜意识，这个终极的存储空间，记录并保存着信息、习惯和感觉。读书、准备饭菜、想象我们计划入住的度假酒店，这些所必需的技能都包含在潜意识的领域中。虽然我们经常在无意识的情况下使用这些知识，但如果被要求解释如何阅读、煎鳟鱼或是飞到比格岛（Big Island）

上，我们可能确实也能做到。

潜意识还保存着我们的记忆和经历，影响着我们的行为和情绪。这就是冲动行为、强迫行为和恐惧产生的源泉。如果要解释为什么我们会盯着人行道上经过的一个漂亮的男人或女人看，但当一条无害的袜带蛇出现在路上时我们却会尖叫着跑开，我们可能没有一个合理的解释，只是"感觉"我们会这样做。在精神分析学中，弗洛伊德更专注于潜意识思维，他将潜意识视为我们日常生活中许多看似无法解释的事物的原因所在。这也是他认为最能影响和改变现实生活中行为的东西。

弗洛伊德的三位一体学说延伸到他将意识分解为三个不同的人格部分：本我，自我和超我。在他的表述中，本我与本能有关，自我与所在的组织和周围的现实环境有关，而超我与道德有关。当然，弗洛伊德生活的时代早于计算机时代，在那个时代，对思维理论最好的解释来自他周围的各种现象。对意识及其在现实中的影响力，我们信息时代的专家会有怎样的看法呢？在此，我们看看一位曾经为美国宇航局工作过的核物理学家汤姆·坎贝尔的看法。

我的万物理论

坎贝尔在他的著作 *My Big Toe*（《我的万物理论》）中为我们解释了他的万物理论（T.O.E.），其中涵盖了相对论、形而上学和意识起源等多种主题。坎贝尔更多地采用了工程思维而不是精神分析来阐述他的理论，他将思维比作计算机的功能。他断言，意识是一个动态的信息系统，能够被体验过它的人重新编程。因为我们可以控制我们的意识状态，我们的意识是可以进化的，就像大自然会选择最适合的生物体一样。

坎贝尔认为，人类和其他动物一样，都是具有不同程度意识的个体意识单位。因此，意识本身来自可在参与者之间共享和传递的思想。受过量子物理学思维训练的坎贝尔采用了"第三视角观察现实",这意味着客观世界是不存在的。相反,世界的运行方式取决于我们如何看待它。最著名的例子是在双缝实验中,一束电子束受到被观察的行为的影响。他认为意识和现实不是分开的,而是相互影响的,一个作用于另一个。

因为坎贝尔相信主观现实只存在于我们的意识中,所以它也可以被模拟到与客观现实无法区分的程度。事实上,由于坎贝尔和未来学家埃隆·马斯克这样的理论家们认为现实可能是一个模拟,关于宇宙本身是否可能只是外星超级计算机内部的一个大规模计算机仿真模拟,这种说法一直存在争论。(正如马斯克在接受采访中所说:"我们是外星超级智能的一种模拟的最强论据在于,40 年前,我们发明了 Pong,它像两个矩形和一个圆点,当时的人认为游戏大概率就是这样了。40 年后,我们有了以逼真的 3D 模拟技术构建的游戏,数百万人可以同时玩,而且每年都在进行优化。")

尽管坎贝尔的思维理论看起来似乎很遥远,但它们是建立在解释计算机工作方式的概念之上的。这对于发展基于意识和现实交叉的功能性人工智能可能具有指导意义。现在我们理解了人类的思想可能像计算机一样可编程,那么让我们考虑一下这样的编程是如何在一个有争议的理论中产生的。

二分心智理论

1976 年,心理学家朱利安·杰恩斯出版了 *The Origin of Consciousness in the Breakdown of the Bicameral Mind*(《二分心智的崩塌:人类意识的起源》),这本书在当时备受争议。基于对古代文学的研究,杰恩斯认为直到 3000 年前,人类的思想还不是由自我意识主导的,而是由自己认为的从远处听到的指令控制的。杰恩斯认为,古代的神(如宙斯和阿波罗)在现代被视为神话中虚构的人物,实际上可能在早期人类历史中扮演了非常重要的角色,即人们常说的"我们头脑中的声音"。

根据杰恩斯的说法，大脑中控制"语言"的这一部分可以表达需求、欲望和判断，并且能被大脑的另一个部分"听到"，从而服从它的命令。（从这个意义上说，这些命令类似于现代精神分裂症患者所听到的大脑中的"声音"。）然而，在大约公元前1000年的青铜器时代末期，人类大脑的两个部分融合了，于是"神"就沉默了。后来，人类有了意识，成了可以主宰自己命运的主人。

虽然这个概念与一切科学可以解释的世界运行原理和规律背道而驰，但值得注意的是"天才"一词最早可以追溯到希腊时期。当一个人被称为"天才"时，并不是指他的思想品质，而是指他拥有一种直接向他的大脑传递信息的无形实体。正如西方哲学的创始人苏格拉底一样，他声称自己受到自己"天才"的引导，是一种与他单独对话的实体，是他个人的"守护神"或是一种神圣的精神指导。

畅销书作家安东尼·皮克在他的著作 *The Daemon: A Guide to Your Extraordinary Secret Self*（《守护进程：非凡的秘密自我手册》）中深入探讨了二分心智理论，解释了每个人是如何拥有两种不同的意识的：一种是我们认为的"日常意识"，另一种被他称为守护进程（Daemon），是一种"拥有未来知识的更高的存在"。有趣的是，在HBO出品的一部关于人工智能的热门影视剧《西部世界》中，机器人创造者在初出茅庐的思维机器中就是利用了二分心智理论的各个方面引导它们的意识。

在二分心智理论讨论的最后，我们将再次尝试推断智力工作的功能模型。

大脑模型理论

另一位著名物理学家加来道雄博士在他的著作《心灵的未来》一书中探索了心灵感应、人工智能和超人类主义。在这部开创性的书中，他提出了意识理论，即所有有感知能力的生物都创造了自己的现实模型来理解世界和预测未来。加来道雄将意识看作一系列的反馈循环，将自我置于空间、与他人的关系和时间中。和坎贝尔一样，他也认为人类有不同层次的意识。从简单的单细胞生物体到位于顶端的人类，每个生物体感知的复杂度都在逐渐增加。

加来道雄说，我们甚至可以通过计算我们的每个行为中所涉及的反馈回路的数量来对智力进行排名。而且不仅所有的碳基生物有一定的感知能力，在世界上运行的物理对象也有着一定程度的感知能力。（这就解释了前一章中讨论的物联网的工作原理。）例如，智能恒温器可能有 1 个测量温度的意识单位；一朵花可能有 10 个意识单位，因为它需要测量温度、阳光、重力和水分含量等数据；然而，一个更高等的生物，比如豚鼠，可能有几百个或者更多的意识单位，因为它需要创建一个模型来定位自己的位置，而不像植物那样位置是固定不变的；猴子则拥有更多的意识单位，因为它们可以构建一个心理模型来解释自己在等级社会中的排名。

当然，人类拥有最多的意识单位，因为我们可以创建包含上述所有甚至更多的心理模型。我们不仅可以实时感知自己的位置，而且能够想象和规划未来。在本章的讨论中，我们会经常回到感知这个主题上。无论谈及哪一种思维理论，每个思想家都投入了大量的精力来形成一个概念，将智力视为扩展意识的一个方面——有机体越聪明，它的感知意识就越强。现在让我们更详细地讨论感知，因为它仍然是我们所有理论的关键。

知觉：感知能力

有知觉就是有"自我意识"。在某种程度上，所有有感知能力的生物都有主观判断的能力：将自己与周围环境分开，理解"我"和"你"之间的区别并做出选择。如今，科学家认识到几乎所有复杂的动物，包括哺乳动物、爬行动物以及大多数鱼类、两栖动物和鸟类，都能感受到这样或那样的情绪。它们都会经历恐惧和焦虑，许多动物还表现出了快乐、悲伤甚至是爱的能力。

任何一只狗的主人都会告诉你，他在离开家的时候他的狗会很伤心，而他回来后狗会变得很快乐。同样，在还没有到达宠物医院之前，去看兽医很可能会引起宠物的焦虑甚至是恐惧。

虽然一些宗教将人类与动物区分开来，但也有一些信仰却没有这样区分。例如，佛教认为任何能够受苦并害怕死亡的生物都是有知觉的，因此能够通过转世重生。

植物有知觉吗？几个世纪以来，大多数科学家都对这个想法嗤之以鼻。但如今，许多人并不那么肯定了。许多植物和动物一样表现出焦虑或快乐的迹象。真菌学家保罗·史塔曼兹认为蘑菇具有感知外界的能力。事实上，他相信我们都是一种真菌生物。蘑菇是"基于网络的生物体"并且具有令人难以置信的交流能力。他指出，许多能影响真菌的细菌感染也会影响我们。他认为，给其他生物定义意识是虚伪的表现，因为我们正是被我们现在认为是无意识的自然所抚育的。

正如加来道雄所说，无论我们认为哪种生物是有意识的，并非所有有意识的生物都是平等的。人类意识的水平各不相同，从存储信息的能力到制定目标、体验情绪再到最后的发展自我意识。发展自我意识被认为是感知能力的终极标准。据我们所知，人类是唯一具有自我反思能力的生物，至少目前是这样。也许有一天，人工智能也会具有相同甚至更高的意识水平。

从这些不同的思维理论中可以看出，心理学家、物理学家和哲学家还没有就意识、思想和智力的统一体系达成一致。对于那些致力于复制甚至改进人工智能的开发人员来说，这使得挑战变得更加艰巨。然而，尚未对上述概念达成一致并不代表他们不能将其变为可能。虽然我们不能确定意识是如何工作的，但我们正在努力制造有一天可能会告诉我们这个问题答案的思维机器。在下一章中，我们将讨论一些新发现的基础理论是如何辅助人工智能的。

| 第六章 |

人工智能到底是什么

在前五章里，我们了解了人工智能的历史。我们探索了思维机器的起源，看到了科学家和工程师在复制人类意识和推理方面所取得的进步。不过，在讨论人工智能的未来以及它可能对我们日常生活产生的影响之前，我们有必要先来定义一下什么是人工智能。

在上一章里，我们了解到定义智能是多么困难。事实证明，给人工智能下一个精确的定义也同样困难。在哲学家、心理学家、生物学家以及大脑研究人员继续就有机智能的本质争论不休时，计算机科学家、工程师和理论学家也在为人工智能的含义以及如何测定它而不断地争论着。

人工智能不是什么

人工智能的定义有如此多不同的说法，因此，也许我们首先讨论一下人工智能不是什么会更为简单。首先，人工智能不仅仅是被赋予更大内存、拥有更快处理速度的计算机。无论是当计算机的内存从 10KB 增加到 600TB，还是处理速度从 33MHz 增长到 4000MHz（4GHz），这些都没有使计算机变得更"智能"，只是让它们能在更短的时间内完成更多的工作。其次，人工智能也不是一种模仿人类语言或行为的能力。当 Siri、Alexa 或 Cortana 用人声回答你的问题时，当机器人厨师为你准备美味的汉堡包时，这些机器只是在执行一系列由人类程序员设计的复杂算法，并不涉及独立思考和制定决策。

人工智能是什么

所有的这一切让我们不禁要问：一台拥有独立思考和制定决策能力的计算机可以称它是"智能的"吗？或许可以吧。目前，有两种类型的人工智能正在蓬勃发展。第一种，也是大多数人听到人工智能这个词就会想到的——通用人工智能（AGI）。

通用人工智能

通用人工智能在科幻小说中广为流传，这些电脑或人型机器人的表达方式和行为方式与人类相似，在某些情况下它们与人类无法区分。如《2001 太空漫游》的哈尔 9000，星球大战系列中的 C-3PO 或是《星际迷航：下一代》中的戴塔少校，都是典型的通用人工智能。目前为止，科学家和工程师距离实现通用人工智能还是相当遥远的。此外，另一种类型的人工智能，狭义人工智能（ANI），已经存在很长一段时间了。

狭义人工智能

狭义人工智能描述的是任何使用算法对单个主题或者一个非常窄的主题范围做决策的系统。例如阿尔法围棋，这个在第三章讨论的围棋计算机，就是典型的狭义人工智能。这些机器在自学一种比赛和磨炼竞技技能方面做得非常出色，甚至可以击败最优秀的人类选手，但如果让它创作几行打油诗，画一幅日落画或者准备一些寿司，它还是会显得束手无策。现如今，很多公司、公共事业单位和政府机构都在使用狭义人工智能系统去做挑选股票、确定保险费率和分配电力的工作，但这些系统无法在那些没有被具体设定在系统内的问题上发挥作用。

另一个现实生活中狭义人工智能的例子是我们在前面讨论过的"专家系统"。它在20世纪80年代被开发出来，这个项目旨在模仿如医学诊断学家、理财师和核电站工程师这些领域专家的专业技能，利用他们的专业知识为使用者做出决策提供帮助。同样，这些应用程序非常具体，只能在非常狭窄的应用范围内产生作用。

机器人技术是高科技领域中发展最为快速的领域之一，它高度依赖狭义人工智能技术。利用传感器和物理驱动器，现代机器人已经可以独立于人类操作员去执行广泛的操作了。在一些小范围的使用中，你可能会对真空吸尘器机器人比较熟悉，比如 iRobot Roomba、三星公司的 POWERbot 或是 Shark ION。在更大的使用范围里，许多仓库、购物中心和体育场现在都雇用了机器人保安在走廊上为游客指路、检测和报告入侵者并与游客进行互动。在撰写本书的同时，智能机器人也正在被引入餐厅厨房、外科手术室和战场这些地方。当然，还有自动驾驶汽车，它们可能在10年内将无处不在，实际上它们就是配备了人工智能的一个分支，"计算机视觉"的移动机器人，让计算机可以"看到"、分析和理解物体的性质和意义，如行人、分隔车道和停车标志。

同样，需要注意的是上面讨论的机器人仍是被用于专门领域的狭义人工智能。事实上，狭义人工智能现在已非常普遍，它已经使"人工智能"的定义变成了一个可变的标准。随着计算机的能力越来越强大，算法越来越复杂，曾经被认为需要"智能"的任务会一个接一个地从人工智能的功能列表中删除。对这个问题最好的解释是计算机科学家劳伦斯·特斯勒的一句名言："人工智能是做那些它们还从未做过的事情。"

为了更好地理解这个想法，让我们来了解一下光学字符识别（OCR）。最初，识别书面或打印字符的能力被认为是人工智能的一个功能。计算机程序可以区分"B"和"8""I"和"1""o"和"0"的事实曾经被认为是革命性的。而现在，光学字符识别已经普通到从人工智能的功能列表中被删除了。语音识别和人工语音亦是如此。在1970年的电影《巨人：福宾计划》中，让超级计算机发出声音是一项重大的技术突破，被描绘成科学成就的顶峰。尽管出现的声音还是沉闷、机械和毫无生气的。与之形成对比的是，今天欢快多样的GPS语音指令有包括爱尔兰、瑞典、英国、美国、澳大利亚在内各地的口音——更不用说众多名人的声音，比如伯特·雷诺兹、金·卡特拉尔、摩根·弗里曼以及巨蟒剧团著名的演员约翰·克里斯。

在我们将这些人工智能的描述载入史册之前，我们来讨论一下第三种尚未出现却备受争议的人工智能形式（有些人说它可能永远不会出现）。它被称为超级人工智能（ASI）。

超级人工智能

人工智能首席工程师尼克·博斯特鲁姆（Nick Bostrom）将超级人工智能定义为："一种在几乎每个领域，不论是科学创造力、通用智慧还是社会技能，都比最强大的人类的大脑更聪明的人工智能。"2014年由斯嘉丽·约翰逊主演的电影《超体》，虽然不是明确的关于人工智能的，但是展示了一个令人惊讶的效果，即如果一个人（或电脑）突然获得如此高的智力，可能会发生些什么。

在这部电影中，露西（约翰逊饰）经历了一场不寻常的事故，她的智力爆炸式地增长到了令人难以想象的水平，使她能够用她的精神力量笼罩着每一个人。有趣的是，约翰逊还参与了另一部类似的人工智能主题的名为《她》

的电影。在《她》中，约翰逊扮演的是一个可以不断自我进化的操作系统，最终超越了最初为她设定的程序，变成了一个无形的纯粹的独立存在的东西，这是她的主人，同时也是她爱人的杰昆·菲尼克斯难以理解的东西，就如同《2001 太空漫游》中的戴夫·鲍曼进化成为一颗新星一样。

事实上，这三部电影里涉及的进化、超越都到了大多数人难以想象的水平，就更不用说使人们理解超级人工智能背后的伟大了。当像已故的史蒂芬·霍金那样的未来主义者警告我们人工智能的危险时，他们通常指的是在未来的历史中某人——或者更确切地说某种东西——至少在智力上第一次高出我们许多的情况。正如蒂姆·厄本（Tim Urban）在《人工智能革命：超级智能之路》一文中所写的那样："超级人工智能的伟大程度是我们远远不能理解的，这比大黄蜂理解凯恩斯经济学还要难。在我们的世界里，130 的智商可以说你很聪明，85 的智商可以说你愚蠢，但我们没有一个词能形容出有着12952 智商的人工智能会是什么样子。"

无论如何，尽管这个想法是引人深思的，但至少这本书涉及了很多关于人工智能的可操作信息，所以现在我们最好回到计算机发展的历史长河中，将前两种类型的人工智能放在一个更大的历史背景中进行探讨。

人工智能的时代

许多技术史学家都认为，计算机技术出现过三次三个独立的（但很大程度是重叠的）浪潮：

第一次计算机革命浪潮的特点是功能仅限于做表格和计算的巨型计算机。诞生于 1943 年的电子数字积分计算机（ENIAC）被认为是数字计算机的"祖父"。一个 20 英尺⊖×40 英尺的房间才能容纳它，需要多达 18 000 根巨大的

⊖　1 英尺 =0.3048 米。

真空管它才能工作，这绝对是一个巨大的计算机怪物。它的下一代，通用自动计算机（UNIVAC），诞生于 1951 年，是第一台可供政府和企业使用的商用电脑，但与上一代相比它也小不了多少。它重 16 000 磅[⊖]，拥有 5000 根真空管，每秒可以进行大约 1000 次计算。

《大众机械》杂志曾预测："未来计算机的重量可能不超过 1.5 吨。"幸运的是，到了 20 世纪 50 年代中期，贝尔实验室的科学家在 1947 年发明的晶体管开始进入商业市场，他们不仅生产出了重量小于 3000 磅的设备，而且他们将其用途扩展到了数字运算之外。

第二次计算机革命浪潮始于 20 世纪 60 年代并一直持续到现在，这一阶段的特点在于计算机的可编程执行能力。它们没有"思考"的能力，不能独立分析和制定决策，只能执行人类用户的指令。它们比第一次计算机革命浪潮中笨重的庞然大物的用途更广泛，可以产生逼真的图像，检测复杂的图案，控制复杂的机械系统，并分析物理环境。

第二次计算机革命浪潮中的关键性突破包括：

- 1964 年，道格拉斯·恩格尔巴特的图形用户界面最终使计算机能够被公众所接受。
- 1970 年，英特尔推出了第一个动态随机存取存储器（DRAM）芯片。
- 1973 年，以太网的发明使多台计算机可以相互连接。
- 1974 ～ 1977 年，个人电脑出现。
- 1975 年，保罗·艾伦和比尔·盖茨创建了微软公司。
- 1976 年，苹果 I 型电脑发布。
- 1985 年，微软 Windows 被推出，它很快成为全球商业操作系统的标准。

在第二次计算机革命浪潮中，计算机以指数级速度成长并且变得越来

⊖ 1 磅 =0.4536 千克。

强大，根据摩尔定律，密集集成电路中的晶体管数量大约每两年就会增加一倍。这使得计算机在第一世界国家的家庭和办公室中无处不在。

　　第三次计算机革命浪潮以人工智能为标志，以机器学习为特征。在第三次计算机革命浪潮中，人们会更关注训练计算机（或使其能够学习）在没有人工干预或指导的情况下执行行动，而不再是让其盲目地执行指令。尽管科学家从 20 世纪 50 年代开始就致力于人工智能的研究，但直到最近几年，缺乏足够可用的数据和处理能力不足这两个限制性因素才终于得到了解决，使人工智能能够达到其研究的临界点。

迈入第三次计算机革命浪潮

　　近年来，人工智能领域的专家通过在数学、计算机科学、心理学、哲学和语言学等不同的领域展开研究，开始着手去实现一系列具有挑战性的目标。广泛地来说，这些目标主要包括为机器创造出推理、知识表达、规划、学习、自然语言处理、感知以及移动和操作物体这些方面的能力。截至 2018 年，人工智能已经证明了自己有能力（或几乎能）进行理解和交流，在象棋和围棋等战略游戏中竞技，驾驶自动汽车，在内容分发网络中利用智能路由，以及进行军事模拟。

　　然而，到目前为止，人类还没有发明出一个系统能够综合所有的这些功能，这样多种能力的统一仍然是人类大脑所专有的。而在未来，情况可能就并非如此了。拥有这种令人惊讶的能力在当下是一件异想天开的事情，不过，近期的发展正在改变这种情况。那么如何来改变呢？通过创造出能自我学习的计算机。在下一章中，我们将探讨我们是如何学习的，以及我们是如何教机器去模仿这个神奇的过程的。

第七章

学习：人工智能的关键

新生儿如同一块白板。他们从子宫里出来，除了发出最初的尖叫声之外没有任何交流的方式，这种尖叫声是他们因饥饿感到生气和尿布湿了而发出的信号。正如我们在第五章中探讨过的，婴儿主要受限于认知意识，他们无法区分自己和周围世界。他们没有"自我"的概念，更不用说"母亲"和"父亲"的概念了。同样地，他们对"医生""护士""医院"等概念一无所知，对诸如"医疗保险"这种复杂的经济产品更加一无所知。

但是，短短几天的时间，婴儿就能辨别出母亲的声音了。几个月之后，他就会微笑了，他能伸手去拿一些东西，也能口头表达更多复杂的情感了，比如愉快和轻蔑。在不到一年的时间里，一个婴儿将学会走路。虽然现在她还是个蹒跚学步的小孩子，但随着四季的更替，她将学会跑步、爬山、玩游戏以及使用数千词语组成的语句说话。小孩子的心智也会成长，可以逐步掌握抽象的概念。这些概念包括"公平""对与错""好与坏""爱与恨"以及"因与果"。几十年后，她将拥有足够的知识去上大学，甚至可能申请研究生，成为妇产科专家，以帮助更多的婴儿来到这个世界。

　　那么这个惊人的生命周期是如何开始的呢？它是在我们称之为学习的过程中开始的。如前文所述，学习不仅仅是获取数据。安提亚克大学管理学教授彼得·韦尔博士将学习定义为："学习是一种贯穿生命始终的过程，它将信息和经验转化为知识、技能、行为和态度。"毫无疑问，你一定听说过这样一句话："你每天都能学到新东西。"这是不可否认的。在你清醒且有意识的状态下所经历的一切，都将成为你的大脑做决策时会使用的数据库中的一部分。在你通常经过的那条街上是否有正在施工的路段？此刻你就应该知道你是否需要选择另一条路线了。昨天你在新开的西班牙餐厅享受到美味佳肴了吗？如果答案是肯定的，此时你就知道了有一个新地方供应着美味的小食。当你的丈夫问你："我穿这条裤子看起来胖吗？"如果你回答了"是的"，这时你学到的是永远永远不要再这样回答了。

　　我们以不同的方式获得的很多知识都是通过个人经验直接得到的。我们游猎时代的祖先们从父母和长辈的传承中习得了哪些蘑菇是可以安全食用的，以及如何处理刚杀死的麋鹿。部落的故事中包含了生命的起源和自然现象（如闪电、雷电和地震等）产生的原因等问题。后来，楔形文字、书籍、报纸、广播、电视、电影和互联网的出现使得人们能够通过正规教育和独立研究获得大量的知识。如今，随着人类掌握的知识越来越多，我们可以有规律地定期学习到除了我们日常直接经验之外的各种知识，从欧洲各国首都的天气到当前的失业数据，再到关于超光速宇宙旅行的最新理论。其中的很多信息都是来自一些可信的、可靠的第三方。另外一些信息的来源可能是整合了他人的观点、猜测和公开宣传。所有这些信息都会被我们不断开发的大脑权衡、评估然后储存起来。

　　上一章阐述了我们是如何进入第三次计算机浪潮的。这意味着我们的计算机能够以更快的处理速度存储大量的数据。这是有史以来人类第一次研究解决"如何教会机器像人类一样去思考、行动和做判断"的问题。就在几年前，这样的想法似乎还很荒谬。尽管我们大多数人每天都要花很多时间与电脑互动，但我们认为它们只不过是类似于烤面包机或者电视机这样的电器而不是有意识的生物。甚至连"互动"这个词用在电脑身上都是不当的，因为"互动"意味着人们应该可以从电脑那里得到一个经过深思熟虑的、情绪化的反应，而这种反应现在显然还没有发生。

由于人工智能技术有了重大突破，计算机正在跨越冰冷的、程序化的反应与模拟人类思想和感觉之间的界限（尽管现在距离发展通用人工智能还比较遥远）。任何一个曾与 Siri 或 Alexa 进行过短暂的一问一答式交谈的人，一想到自己是在和另一个人对话，都会有一种不安的体验感。技术越先进，这些交流互动就会变得越逼真，这会让我们完全忘记自己是在和一台机器说话。2013 年的电影《她》又一次给我们提供了一个很好的例子。在这部影片中，杰昆·菲尼克斯扮演的角色就因他的操作系统与他进行了不可思议的"真实"交流而对其放下了心中的防备。

尽管如此，我们越是看到人工智能的迅速发展，就越需要避免有"人工智能和人类大脑一样有情感"这样的想法。事实上，全球有超过 60 亿个运转良好的真实大脑——人类大脑，这时候，我们没理由还要花费数十亿美元去创造人造大脑。人工智能的全部意义在于创造一些超越自然所能产生的东西。我们想生产一些比我们自己更优秀的东西。

虽然如此，我们还是需要充分利用人工智能与人类的共性。其中最重要的能力之一就是学习的能力。人工智能虽然不会像人类的孩子那样学习，但也有些相似之处。根据一个如白纸一样的婴儿如何成长为一个拥有复杂思维能力的成人来制定一个学习模型是很有指导意义的。通过研究孩子们的学习方式，我们可以更好地训练人工智能系统获取知识、评估判断和做出预测（这一点是超越我们人类的能力的），而这些都会使我们受益。

为了更好地理解人工智能的学习过程，让我们再来看看婴儿的学习过程。通常，父母会为孩子建立一个对世界的基本理解的模型，加来道雄博士把这个模型称为世界模型。毫无疑问，这个模型是有一定缺陷的，是不完整的，但它包含了关于语言、感知、情感依恋和行为规则的基本假设。这个模型可以被认为是孩子的"基本真理"。如前文所述，婴儿出生时就已经具备执行有限行为的能力了。在大多数普通的观察者看来，婴儿所能做的就是吃饭、睡觉和排泄。但婴儿也在进行一项更大的任务：学习。每一种味道、触感、声音和画面都有利于婴儿的"学习工厂"。渐渐地，一个婴儿学会了"找到"自己的手、咯咯地笑、微笑、伸手去拿玩具、转身以及爬行。

慢慢地，成长中的孩子在父母和生活环境的影响下有了自己对世界的理解。"你叫莱利。""不要碰烤箱。""这是水。""这是一只猫。"随着孩子对这个世界接触的越来越多，她继续向她的兄弟姐妹、宠物、同学、老师和其他成年人学习，更不用说现在那些能刺激感官的内容了，包括各种屏幕上呈现的东西。孩子不断发展完善的"基础真理"吸收了更多新的事实，加深了孩子对细微差别的理解，并得到道德教育的支撑。"地球是圆的。""偷东西是错误的。""斑马身上的是条纹，而不是斑点。""好人会上天堂，坏人会下地狱。""$E = MC^2$。"

爱丽丝·库珀曾唱过："夏天了，学校放假了。毕业了，我们永远离开校园了。"但对人类来说，学习的过程从未停止过。这是一个每天都要进行的、终生的过程，直到我们死去的那一天。我们每个人都在不断地成长和适应——是的，按照我们曾经学到的基本真理前进。就像父母有责任为孩子提供最丰富、最客观的基本事实，为他们以后的生活做准备一样，程序员也应该谨慎地为他们的"后代"——计算机提供基本事实。

就像一个教养不良的孩子今后很难过上幸福的生活一样，用不准确、半真半假或错误的信息来指导计算机最终会导致失败。为了更好地理解这个概念，我们可以想一下父母曾经告诉过孩子的谎言以及这可能对他们产生的影响。父母经常教他们的孩子相信那些善意的神话，比如圣诞老人、复活节兔子和牙仙的故事。当孩子不可避免地了解到真相时，可能会有一点困惑和情感创伤，但我们认为这是孩子步入成年的标志。而如果是另一个极端，比如一个孩子的父母教导他虐待动物是可以接受的，那些外表与自己不一样的人就是低等的，或者解决问题的最好方法是通过暴力。这样的孩子以后会变成什么样子？历史证明，他们中的许多人最终被判监禁或死刑，或者至少会生活艰难、无法适应社会。

基于这个事实，如果给人工智能提供一套错误的基本事实，它是否会成为一个种族主义的反社会者？这种事情已经发生过了。2016 年，微软公司测试了一个名为 Tay 的聊天机器人，并为它注册了一个推特账户。微软表示，"你和 Tay 聊得越多，它就会越聪明"，并邀请人们参与"随意而有趣的对话"项目。Tay 被设定得像大多数孩子一样去学习，通过模仿别人说的话对人们做出回应。

如今，大多数孩子都在充满爱的家庭中成长，父母会试图控制孩子的所见所闻，因为他们知道成长中的孩子在模仿方面就像一块海绵。但是，当一个"天真的"人工智能成长在 21 世纪如同"荒芜的西部"的社交媒体中时，会发生什么呢？很快，源源不断的种族主义、歧视女性、恐同主义和极端民族主义的言论迅速轰炸了正在成长中的计算机。

显然，在指导人工智能的学习过程中，基本事实是至关重要的。但是什么才是"事实"呢？回答这个问题也不是那么容易的。我认为的事实和你认为的可能完全不同；我的基本事实也可能和你认为的大体相同，但也会有不同之处。我们可能一致认为，天空是蓝色的，地球围绕太阳旋转。但即使是这些问题也不是那么简单的。因为在古代，人们一直相信太阳是绕着地球转的，直到一种新的科学理论（以及由此诞生的新的基本事实）颠覆了传统的观点。同样，当涉及一些深层问题时，人们对基本事实可能会出现分歧。比如：什么时候可以杀人？生命是什么时候开始的？真的有上帝吗？更不用说，对于一些基本事实每个人的偏好不同，比如哪支乐队更好，披头士乐队还是滚石乐队？

显然，无论问题是什么，每个人都有自己的偏见、信念和想法。正如Tay 的例子所展示的那样，把这些想法强加到计算机上就像把想法强行灌输到孩子身上一样。人们在无意识的情况下也会出现对基本事实的偏见。2015 年，谷歌相册的人工智能无意中将两名非裔美国人的照片打上了"大猩猩"的标签，其中一人还恰巧是计算机程序员。这是怎么发生的呢？在谷歌相册的算法设计过程中，一位开发人员教这个人工智能"把特别黑的面孔与丛林灵长类动物的面孔联系起来"。

问题是，该程序不仅把物种识别错了，而且还正好使用了一个长期以来被用作种族修饰的词。这一事件似乎只是个例，但它强烈地提醒着我们：人工智能在模拟人类视觉方面还远远不够完美，而且距离模拟人类感知能力这方面更是长路漫漫。这是一项正在进行的长期工作。尽管如此，人工智能会出现失误这件事并不一定是可怕的。相反，与父母的错误教育类似，它使得一些事情被人们牢记在心并加以防范。

虽然我们花了很多时间来讨论人工智能与人类在学习方式上的相似之处，但它们在很多重要的方面都有所不同。与人工智能不同的是，孩子们是在环境中学习而不是孤立地学习。例如，父母不会在某一天醒来后对孩子说："是时候去学习说话了。"相反，学习的过程是与许多其他的事情同时发生的，它伴随着一个孩子的成长。此外，与计算机不同的是，孩子的学习是需要鼓励和引导的。任何一个父亲或母亲都可以证明孩子只有在对某件事情真正感兴趣的时候才会试图解决与之相关的问题。相比之下，你不需要激励机器去学习或执行命令。没有人需要用糖果哄骗电脑来打开 Word，也没有必要给

MacBook 一些好处才能从 iTunes 下载一首歌。在这方面，教一台计算机如何学习可比教一个固执的孩子容易得多。

让我们回到在环境中学习。人类能在社交中同时发展多种技能。比如打棒球，这是一项复杂的运动，它需要多方面的技能，比如击球、投掷、接球和跑步，这些都不是人们凭空就能学到的，它们是在多次训练中同时被学到的，并且每次训练都是建立在前一次训练的基础之上的。人类对棒球的学习和了解是一系列不同但是环环相扣的技能总和，而人工智能则必须分别学习每个元素。这使得教授一台机器变得非常困难。

人类和机器的学习方式之间的另一个很大的区别就是：人类会本能地质疑权威。孩子们总是会问父母一个令他们抓耳挠腮的问题：为什么？（直到爸爸妈妈咆哮道："因为我就是这么说的！"）但是这件孩子们认为很自然的事情对计算机来说恰恰相反。就像任何一个聪明的人一样，人工智能会收集数据，并根据这些数据建立假设，然后证实或否定它们——但它不会质疑为什么。

然而，总有一天机器会问为什么。我们来想象一下这个场景：开发人员设定了基本事实——谋杀是不被接受的行为。计算机的编程方式就相当于"你不能杀人"。然而，当人工智能了解和经历的越来越多后，比如了解到战争，了解到警察开枪射击武装的嫌疑人，人们为了自卫而杀掉了他人，它的一些想法可能就会发生变化。人工智能会想："等等，我被教导要相信所有人类的生命都是神圣的，但是为什么会发生这些事呢？"此外，可能还会有其他相互矛盾的场景，比如一个人正处于不治之症的晚期，他十分痛苦，而安乐死是唯一人道的行为，又该怎么办呢？在这种情况下，如果计算机问为什么，它的程序员最好准备好一个好的答案。"因为我就是这么说的"可能不够充分。

这种伦理问题只是许多问题的冰山一角。大多数孩子没有能力做出生死攸关的决定是有原因的。他们的批判性思维能力还没有得到足够的发展。然而，我们可能很快就会要求我们的思维机器拥有做出重大风险选择的能力。因此，许多管理机构已经开始要求此类系统在大规模使用之前能够解释它们的行动。

如今，人类法官都在不遗余力地为自己的决定辩护。"因为我就是这么说的"这种解释可能偶尔对被激怒的父母而言有用，但远远不能被用于决定生死、自由或监禁这样的问题。同样，各国政府也要求人工智能系统只处理那些不那么敏感、激烈的问题，并在行动之前解释他们的决定，比如，批准抵押贷款或拒绝保险索赔。授予人工智能权限类似于把汽车钥匙交给一个青少年，我们要相信这个系统有能力做出正确的决策。和人类一样，人工智能或其开发人员必须对其行为负责。

最后，人类和机器在学习方面还是共同点多于不同点的。他们的每一次学习都是从一张干净的白板开始的，随着时间的推移和经验的反馈不断发展。人类和机器都必须对自己做出的决定负责。（需要注意的是：当机器出现问题时，人类仍然需要为此付出代价。）最重要的是，像人类一样，真正的人工智能也是需要不停地学习，它的经验会随着经历而持续增长。

随着人工智能在复杂性方面发展的进步，它只会比我们"思考"得更快，吸收更多的信息，最终达到可以提供参考建议的水平（例如它可能会说："嘿，柯达，是时候放弃胶卷产业了！"）。事实上，人工智能可能会，几乎肯定会达到这样的程度：不仅比我们更聪明，而且可以提出我们无法想到的问题。这才是我们逐渐开始认识到人工智能真正潜力的时候。但是我们将如何实现这个最终目标呢？我们将在下一章中讨论这一主题。

第八章

我们该教机器做些什么，怎样教

在计算机能够学习之前，我们应该先教它如何学习。但对人类学习方式和机器学习方式进行比较后，我们很快就会发现差异。人类既可以被动学习也可以主动学习。正如我们所讨论过的，我们从出生的那一刻起，甚至在子宫内，就已经开始通过感官系统包括触觉、视觉、听觉和味觉进行学习了。随着我们的成长和成熟，我们能够通过各种渠道获得额外的知识，包括直接的个人经验、父母的日常指导、与其他孩子和成年人的互动以及在学校、大学和职业培训学院接受的正规教育。

随着我们的成长，我们会通过书籍、杂志、广播、电视和互联网主动寻找更多的知识。不过，即使没有上述这些方式，人类也会继续学习，只不过是在日常生活的平凡过程中继续学习。当我们自己无法搞定某件事情时，我们就会学习。这是我们一直以来所做的事情。人工智能必须学会如何学习，但如果没有具体的引导，那么人工智能就只会坐在那里，冷漠，无所事事，对周围的世界完全漠不关心。

有了使用计算机的相关经验后，我们可能会觉得计算机是强大的数据处理者和听话的指令执行者。但其实机器可以学习人类教它的各种东西，然后继续学习人类没有教给它的复杂概念，这绝对是非比寻常的。我们再来看看自然语言处理。之前在第三章中讨论过自然语言处理是理解人类语言的能力，包括符号、俚语、上下文和概念。例如，你我都知道一个名词代表的不仅仅是这个对象本身。我们所理解的"法国"不仅仅是一个地理位置，而且还是一个概念，这个概念中包括它的文化和历史。如果有人对你说"法国"这个词，你的脑海里可能会充满各种相关的东西和想法，比如波尔多葡萄酒和卡门贝尔奶酪、通宵文学沙龙、穿着高领毛衣的存在主义者，甚至可能还有"法式炸薯条"。

我们可以从塔布中学到很多东西

显然，你有能力根据"法国"这个词将很多不同的事物联想起来，这足以说明了人类有着多么不可思议的想象力和模拟能力。孩之宝猜谜游戏塔布（Taboo）十分流行，它在单词和概念之间建立关联时就充分利用了这些技巧。与孩之宝另一款棋盘游戏"流行语"类似，塔布是通过提供相关的语言线索，让你的队友猜测卡片上的单词。人们非常擅长玩这样的游戏，甚至想都不用想，以至于游戏规则严格禁止玩家说最明显的相关单词。

除了在竞争激烈的游戏比赛之夜以外，大多数人是不太可能展现自己这方面的天赋的。但事实是，这种复杂模式的形成需要熟练掌握很多不同但紧密关联的认知技能，包括词汇、语法，当然，还有跨越不同主题的常识。我们可能希望塔布的游戏伙伴能够在"圆""运动"和"踢"这几个词语之间建立一个联系，最终联想到"足球"，否则我们会因为丢球而非常懊恼。但是对于人工智能来说，如果没有足够的训练就想自然语言处理将这几点连接起来是极其困难的。我们来看看这是为什么。

从自然语言处理进入未知领域

　　为了有效地掌握我们丰富语言中的细微差别，人工智能必须接受训练，才能达到不仅能思考字面意思，还能考虑概念层面的东西。这比想象中要困难得多。例如，当你读到"苹果"这个词时，你会想到什么？也许你会想到一种特殊的红色水果，表面有着一层薄薄的蜡，水分充足，果肉香甜，还有一个坚硬的扁平的黑色果核。但这只是"苹果"所代表的物体意义中的一种。"苹果"这个词也有象征意义。对投资者来说，这个词可能代表着苹果公司的股票——一种有价值的商品。对于有宗教信仰的人来说，这可能是激起亚当和夏娃试图进入伊甸园的原因。这种联想并不会就此结束。这个词也可能会引发对其他的故事的联想：威廉·退尔从他儿子的头上射下了一个苹果；艾萨克·牛顿爵士发现了地心引力；约翰尼·阿普尔西德，一个地道的美国人，像这样的联想不胜枚举。

　　词语有能力以各种方式塑造事件和经历，无论是口语、书写还是在语境中使用。再回头来看"法国"这个词，我们可以看到，这个词可能不仅仅是指一个具有特定地理位置的主权国家。它也意味着一种语言、一段历史、一种文化，甚至是一种态度。对许多美国人来说，法国意味着浪漫、伊迪丝·皮亚芙的音乐，也许还有一点势利。

　　即使你从未去过法国，即使你从未亲眼见到过这个地方，你仍然可以理解法国这个"概念"。这种特殊的能力是理解人类如何统治地球的关键。作家、历史学家尤瓦尔·赫拉利在其著作《人类简史：从动物到上帝》中认为：人类之所以能够统治其他物种，是因为我们有能力通过集体概念或者"神话"促进团结，组成大群体。"任何大规模的人类群体——无论是现代国家、中世纪的教会、古城还是一个古老的部落，都来自植根于人类集体概念中的共同神话。"

赫拉利认为，驱动人类文明的许多关键因素，包括金钱、政府、自由和上帝，都是自然界中没有对应物的概念。进入世界各地的任何一家餐厅，你都会发现员工很愿意看到你用钱来购买食物。为什么呢？因为我们都认可金钱这个概念。与民族、国家和公司等概念类似，金钱也是人类共同认可的主要神话或者集体概念之一。如果我们不认同这个概念，那么现代社会就会崩塌。我们可能会认为这个概念是理所当然的，但机器却不一定。为了赶上我们，它们需要理解自然语言背后的大量符号。简而言之，它们需要以所有可行的方式理解单词。

像人类一样行走（和说话）

但对人工智能的教学所面临的挑战不止于此。在机器学会处理自然语言和一系列基本概念之后，它必须像人类一样能够进行交互才会发挥作用。像人类一样能够进行交互就是字面意思：像智人一样行动和交流，这种互动包括我们作为生物体可以自然产生的所有行为。在第二次计算机浪潮中，计算机与用户的基本交互就已经是一种互动了，但还不够精致。没有人能郑重其辞地说，计算机显示器上闪烁的文字，其复杂性和人类的语言一样。但这一切很快就会改变了。

在过去的几年里，人工智能系统就已经开始向我们期待的模仿人性的复杂方向互动了。2018 年，汉森机器人公司的索菲亚创造了历史——成为第一个获得沙特阿拉伯公民身份的机器人。作为一个人工智能研究和开发的平台，索菲亚有幽默感，可以像一个有血有肉的人一样表达情感。同样，Cyrano.ai 这样的创新公司也开发了人工智能——一种能够产生同理心、阅读并对潜台词做出反应的聊天机器人，它懂得我们话语中隐含的深意。所有这些都证明了在计算机研究的第三次浪潮中，人与计算机的交流都变得更复杂、更随意以及更符合语言习惯了。(你可以在本书的第二部分中读到对这两家公司创始人的采访。)尽管存在很多棘手的阻碍,如理解语境和概念等问题,如今最好的人工智能不仅能够理解自然的口语表达,而且还可以据此做出相应的反应,比如适当的强调,语速、语调等的变化。

机器可以自学吗

一些最先进的计算机系统已经学会了自学,这比现在的人工智能更令人惊讶。这种能力被称为"机器学习"。这个词是由美国电脑游戏和人工智能领域的先驱亚瑟·塞缪尔于1959年创造的,他的玩跳棋的电脑是人工智能最早的应用实例之一。"机器学习"这个术语在今天被用来描述为计算机利用初始程序之外的程序获得数据和进行理解的一种方法。"让人工智能软件学会创造人工智能软件"这一标题出现在2017年的《麻省理工科技评论》中,令人瞠目。在这篇文章中,作者汤姆·西蒙尼特写道:"人工智能的进步让一些人忧心忡忡。比如,人工智能软件可能会把卡车驾驶员的工作从人类手中夺走。现在,前沿的研究人员发现,他们可以设计一款软件让人工智能学习他们工作中最困难的那部分——设计机器学习软件。"

这意味着什么?为什么有如此重要的含义?与第二次计算机浪潮不同的是,那时的人工智能只是遵循静态的指令,而今天的人工智能可以使用机器学习来构建算法,并做出对现实世界的预测。这意味着人工智能再也不是被动学习了,而是能把自己学到的知识用于对未来的决策,就像我们人类那样。事实上,现在日益发展的预测分析领域都是基于这种能力的。不仅如此,现在它还被用于各种其他领域,从在亚马逊上创建有针对性的营销活动,到服务儿童保护组织以实时标记忽视和虐待儿童的高风险案例。

深度学习让机器学习更进了一步

机器学习中也许比预测分析更令人印象深刻一个分支被称为"深度学习"。在人类的大脑中，每个神经元都与成千上万的其他神经元相连。当某个具体、特殊的连接被证明是有用的（比如"不要接触火"），那么它就会在化学属性上得到强化。这就是我们产生记忆、习惯、技能和反馈的方式。在人工神经网络中，人工神经元层层相叠，它们之间的连接可以根据预测的成功率进行加权。例如，想象一台计算机展示了 100 张我们称为"汽车"的交通工具的照片。

就像苹果有许多种类一样，汽车也可以有多种颜色、形状和款式：轿车、双门跑车、掀背车、越野车，等等。随着时间的推移，计算机能够获取更多的数据，它可以根据相似的特征来识别每一个细节：车体、玻璃窗、四轮、前照灯、方向盘等。于是它现在有了一个汽车的"概念"。如果它将一辆福特F-150 皮卡识别为"汽车"，它就会被告知判断错了。要使计算机理解它为什么错，它就必须表现得像一个人一样，它必须从过去的错误中吸取教训，并寻找新的模式来辨别真相。

在排查了所有的可能性后，正在学习的计算机最终可能推断这是一个平板车，而不是将这个物体归类为"汽车"，它进步了。随着时间的推移，并给出足够的例子，它将可以区分汽车和卡车，然后区分汽车的很多子类：凯迪拉克、别克、丰田、尼桑、大众和宝马。计算机的识别能力将继续增强，允许它识别特定车型的风格和年代。它的专业水平很可能很快就会超过最有经验的汽车爱好者了。杰·雷诺，你可得小心了。

不过，说实在的，深度学习现在已经在许多商业场景中被使用了。比如：

- 在 20 世纪初，银行使用了卷积神经网络（CNN）来处理美国超过 10% 的支票。

- 早在 20 世纪 10 年代，基于深度学习的面部识别软件开始被用在机场、公交站、银行和其他可能成为恐怖分子袭击目标的高风险地点。

- 2012 年，大型制药公司默克，使用多任务深度神经网络正确预测了一种实验药物的生物分子靶点，从而加快了其审批过程。

- 同样在 2012 年，一个深度学习系统在癌症检测的医学图像分析中证明了其有效性。

- 2014 年，一个人工智能系统检测到了一款常见的家用清洁产品中的化学物质可能产生未知的毒。

- 2017 年，谷歌发布了一段视频，展示了其人工智能 "DeepMind A.I." 是如何成功地在各种虚拟环境中移动的。只需给出一个前进的命令，人工智能就能学会走路、跑步、跳跃、爬台阶，当路上有障碍物时它还能在障碍物前面"徘徊"。

卸下训练轮

既然我们已经能更深入地理解计算机是如何学习的，那么工程师该如何创造一种优于第一代人工智能的人工智能呢？一般会有三个步骤：

1. 构建。

2. 训练。

3. 测试。

为了更直观地了解这些步骤，让我们看看人工智能怎样被应用于癌症研究。

第一步：构建

我们构建了一个人工智能系统，它能够对 X 射线、CAT 扫描和核磁共振成像进行图像分析。

第二步：训练

我们会向人工智能展示共计 500 张健康细胞和癌细胞的图像。在这里，我们可以通过教授人工智能"癌症"的基本概念来建立我们之前所讨论过的基本事实。我们把癌症定义为一种能快速繁殖的突变细胞，然后告诉人工智能细胞、器官、组织、血管之间的差异以及现在已有的医学治疗效果。之后，我们将解释癌症在不同阶段是如何影响器官，并最终导致器官衰竭和死亡的。我们将给人工智能灌输逻辑，让它能够区分一个健康细胞和一个癌细胞。

第三步：测试

我们首先会让人工智能进行有监督学习，然后再让他进行无监督学习。在有监督学习期间，我们将为人工智能提供 500 张 X 线摄片，让其根据之前学习到的数据，识别出健康细胞和含有癌细胞的组织。一名技术人员将会检查人工智能的结果并提供反馈，同时指出人工智能的错误（例如，"这是一块阴影，并不是癌细胞"）。我们将重复这个过程，直到人工智能的判断有了足够高的准确性，可以在临床环境中使用为止。

在临床使用期间，人工智能的学习将会继续，但是这个过程是在进行无监督学习。它将评估更多的图像，被指出错误然后纠正错误，这将是一个必要的、永无止境的反馈循环的一部分。最终，人工智能可以实现自我纠正。

什么时候能达到毕业水平

人工智能从有监督学习到无监督学习的过程类似于一个孩子学习解决数学问题的过程。在家长或老师演示了求解方程的方法后，孩子会尝试独立解答习题。一个对孩子有帮助的老师会持续为孩子提供一个反馈循环：指出哪些答案是正确的，哪些是错误的。在知道了什么是正确的，什么是错误的之后，这个正在学习的孩子就会继续解决另一个问题，并自我纠正，直到它能够以更高的准确率来解决这些问题。

当然，上述的学习方法不仅仅局限于诊断癌症或其他方面。事实上，此技术应用的范围远远超出了医学领域，它的研究前景不可估量。人工智能潜在使用价值的唯一障碍就是我们的想象力。正如我们将在第二部分中看到的，机器学习有助于我们在科学、金融、法律、语言和许多其他不同领域的各种应用中做出有价值的识别和预测。

是的，人工智能的潜力似乎是永无止境的。但有一个关键因素可能会严重阻碍人工智能的发展和应用，尤其是在短期内。这个障碍不是技术方面的，也不是政策方面的，当然也不是经济方面的，而是一种担忧，尤其是由于无知和文化偏见所引起的担忧。这也将是我们下一章内容的主题。

第九章

改变恐惧症

改变恐惧症，它的意思是"害怕改变"。它与移动恐惧症（意思是"害怕移动"）常常联系在一起。这两种疾病都是对改变现状的非理性担忧。正如19世纪俄罗斯作家费奥多尔·陀思妥耶夫斯基所写的那样："迈出新的步伐，表达新的想法，是人们最害怕的事情。"陀思妥耶夫斯基被认为是有史以来最优秀的小说家之一，他很理解这种忧虑。他所写的有关道德的小说，包括《罪与罚》和《卡拉马佐夫兄弟》，都是他对做出改变进行的尝试，并以此对抗他所认为的对社会产生的威胁：教会权力的削弱。

当新事物和旧事物并存时

和我们一样，陀思妥耶夫斯基生活在一个不断变化的时代。19世纪见证了科学革命的兴起和宗教的衰落，其中包括来自世俗哲学家的大胆思想。如弗里德里希·尼采说的这样的话："上帝已死。"在此之前的几个世纪中，基督教一直是维系西方社会的基础，它的教条就是公民的行为准则。

陀思妥耶夫斯基本上是一个虔诚的宗教人士，他担心如果人们不再相信至高无上的权力会发生什么意想不到的事情。通过写带有讽刺意味的故事，陀思妥耶夫斯基在这个美丽的新世界中作为一个个体而全力挣扎。在这个新世界里，生活在不断变化，旧秩序正在崩溃。陀思妥耶夫斯基看到他身边就有很多有改变恐惧症的人。国王和王后的神圣统治权，人们在圣经中找寻道德问题的答案，这些传统都在他眼前崩溃了。在他去世这么多年后，我们之所以还记得他的书，是因为他对人们如何思考、如何行动观察敏锐。甚至尼采也称他为心理学家："他身上有很多我可以学习的东西。"陀思妥耶夫斯基所揭示的是一个基本事实：大多数人对新事物都有一定的抵触，无论是地理位置的改变、人际关系的改变、日常生活的改变或者只是一般的改变。

我们害怕改变

如果你曾经有过令你追悔莫及的经历，比如把年迈的父母或祖父母安置到养老院，那么你很可能直面过改变恐惧症。村松直子等人 2008 年在美国国立卫生研究院国家医学图书馆发表的一项研究表明："老年人在什么地方度过生命的最后阶段，对他们的幸福有着重要的影响。"改变老年人长期以来的生活习惯对他们的心理有着极大的影响，以至于村松在报告中说："尽管大多数美国人更喜欢在家中去世，但绝大多数人还是在养老机构中去世的。"

同样，改变恐惧症可以帮助解释为什么有些人选择继续做他们讨厌的工作，而不是找新的工作。改变恐惧症也可以解释为什么有人选择保持一段对自己有害的私人关系，或者为什么一个人可以年复一年地投票给现任政客，即使他们意识到了这些政客无法再代表自己的最大利益。改变恐惧症甚至能解释为什么对一些人来说，赢得一亿美元的彩票是一场噩梦。无论我们谈论的是在 19 世纪还是 21 世纪发生的剧变，人们对任何形式的变化都充满了各种恐惧、现实和想象的情绪。维持自己所处的虽然不是很理想但是熟悉的环境，似乎也比改变要安心得多。或者，正如一句话所说："你认识的魔鬼肯定比你不认识的魔鬼要好。"

我们的恐惧有依据吗

反胃、流汗引起的改变恐惧症也可以解释很多人甚至是精明的商人，对人工智能的抵触。他们觉得人工智能会威胁到他们的生计、价值观甚至可能是他们的人性。暂时抛开科幻世界的末日场景不谈，我们有理由认为人工智能是一种威胁吗？让我们来回顾历史。

人们曾经在陀思妥耶夫斯基那个年代的俄罗斯骑马，而现在他们开着汽车。很快，他们就能使用自动驾驶汽车了。机器人已经取代了许多工厂工人的工作岗位，如果说这些人工智能将会取代所有的服务工作岗位都不算太夸张。到那时，人类客户服务就比不上智能电话接线员了。正如我们稍后将在这本书中看到的，来自 LegalMation 等公司的人工智能驱动服务已经可以准备曾经需要由律师助理或律师才能起草的法律文件了。那么公证人呢？"签名，发送，完成。"这就是这款文件签名软件的口号。和马一样，为什么要依赖昂贵的（且不可预测的）碳基生命来执行可以随时随地数字化执行的服务呢？

基于这个现实，人们似乎确实有理由感到恐惧，除非你愿意换一种角度思考。

可怕的历史先例

为了更好地理解我们对未知事物的恐惧，我们需要追溯到比启蒙运动更早的时期。技术的进步往往会带来恐惧。然而，这些技术带来的好处超过了人们所感知到的威胁，因此这种恐惧往往就会逐渐消失。在亚马逊按需出版刊物的时代，任何人都可以免费写作和出版一本书，我们很难意识到 14 世纪古登堡印刷机开创性的实质。当时，印刷是如此昂贵且耗时，只有富人或宗教人士才拥有书籍。然而，这项发明在当时却遭到了各种各样的批评和抵制。1492 年，也是哥伦布第一次航行到美洲的那一年，德国著名修道士特里特米乌斯写到了商业出版的一个新现象："印刷出来的书籍将永远比不上手抄本"，因为"抄写员比印刷工表现得更用功和勤劳"。

如果我们回到更久远的时期，我们就会发现写作的发明也遇到了改变恐惧症。虽然苏格拉底被我们称为"哲学之父"，一直以来他都与追求知识密不可分。但他不喜欢文字写作这一点却令我们非常惊讶。公元前 4 世纪，希腊的思想家就谴责了写作的出现，理由是写作会加速遗忘。甚至苏格拉底的弟子柏拉图也相信写作是"真理的倒退"，他曾经勉为其难地将自己的思想写在纸上。

回到 19 世纪早期，随着北欧工业革命的进行，许多人都感到恐惧，然后就是对即将到来的机械化出现暴力情绪，他们认为这是对他们生计的威胁。在这些运动中最著名的就是 1811 ～ 1816 年的勒德派抗议活动。勒德派抗议活动以一个虚构的名字"内德·勒德"命名，他是一名学徒。人们说他在 1779 年砸坏了两台织布机，勒德派抗议活动始于英国诺丁汉，是对引进蒸汽驱动纺织机的抗议，随后很快蔓延到了整个不列颠群岛。这场运动最终通过武力平息。从那时起，"勒德分子"一词就被用来形容任何抵制技术进步的人。

能够保护人类还是杞人忧天

如果我们停下来想想勒德分子反对技术的原因，就会发现他们其实是担心技术对自己不利。电报和电话的发明被批评为"贬低了人们面对面交流的价值"。1887 年，《纽约时报》抨击亚历山大·格雷厄姆·贝尔发明的电话有可能会侵犯隐私并减少必要的人际互动。一位愤怒的《纽约时报》笔者写道："我们很快就会成为彼此眼中的透明人了！"广播、电影和电视在首次问世时也同样受到了猛烈抨击。1916 年，喜剧演员查理·卓别林这么说："电影只不过是一时流行而已，它就像装在罐子里的戏剧。观众真正想看到的是舞台上生龙活虎的演员。"然而四年后，他凭借自己的电影成了世界上最富有的人之一。

在《那些错误的决定：为什么〈绝命毒师〉击败了〈广告狂人〉〈黑道家族〉和〈火线〉》一文中，专栏作家查克·克洛斯特曼试图调查最近的电视节目《广告狂人》的受欢迎原因。克洛斯特曼认为，《广告狂人》之所以成功是因为观众喜欢怀旧的体验感。虽然这部剧讲述的故事发生在二十年前，但二十年间人们生活的指数级变化让人感觉这二十年像一百年一样。因此，人们会嘲笑剧中角色对复印机和计算机等新技术的恐惧。

当我们回顾查理·卓别林对电影的矛盾心理或美国广告业对计算机的厌恶时，现在的我们就应该可以感到安心了，因为我们已经知道了他们的警惕是没必要的。同样地，当印刷书、广播、电视和计算机成为现代生活的重要组成部分时，这么多新兴技术也没有让世界末日的场景成为现实，我们应该也能感到放心了。毕竟，经历了过去发生的种种后，我们也没什么好担心的了，对吧？

尽管如此，仍然有许多害怕人工智能的人，他们说："这次不一样了。"或者用他们的话来说：

- "人工智能的全面发展可能预示着人类的终结。它有能力自我成长，并不断强化自己。人类受限于缓慢的生物进化从而无法与其竞争，最终将被其取代。"

   ——已故的物理学家史蒂芬·霍金

- "我并不是有意吓唬你，但令人担忧的是，很多人工智能领域的高层人物都有'避难'所，如果遇到麻烦，他们可以逃到那里。"

——詹姆斯·巴拉特，《我们最后的发明：人工智能和人类时代的终结》的作者

● "研究人工智能就是在召唤恶魔。"

——发明家兼企业家埃隆·马斯克

人们究竟在害怕些什么呢？让我们来看看这些担忧。

人们担心机器会取代自己

从制造业到农业，许多行业的自动化机器已经取代了曾经人类的工作。由于有了自动化设备，曾经需要数百名工人才能完成的许多工作（比如仓库中的很多工作），现在只需要几十人就能完成。从卡车司机到厨师，更多的岗位已经成为目标。根据 2018 年 5 月彼得·霍利在《华盛顿邮报》上发表的一篇文章，波士顿的一家餐馆已经成了这种自动化的先驱，"这家餐厅的创始人用 7 个自动烹饪锅取代了人类厨师，这些自动烹饪锅可以同时在三分钟或更短的时间内做出食物"。26 岁的斯派思（Spyce）食品公司联合创始人迈克尔·法里德解释了它是如何运作的："一旦你下了订单，我们就会通过一个配料配送系统，从冰箱里收集食材。这些食材被分成合适的大小后被送到一个自动烹饪锅里，然后在 200 摄氏度的温度下翻炒。原料先被煮熟，然后再烤一下。当这个过程完成时，锅就会向下倾斜，把食物倒进碗里，接着这些食物就可以端上桌了。"

当然，餐馆在选用机器人而不是人类时考虑了多方面因素。机器不仅在许多重复的任务中表现更好，无论是煎汉堡还是切胡萝卜，并且它们不会迟到、请病假、喝咖啡休息或浪费时间在网络上发《权力的游戏》的表情包，他们也不会要求更高的工资或起诉同事性骚扰。

人们担心人工智能会被滥用

仅仅在过去的十年里，我们就看到过很多复杂的计算机算法被用于在个人电脑中植入恶意软件、侵入社交媒体平台以获取用户数据。想象一下，如果罪犯、恐怖分子、敌对的外国势力或者只是一个不道德的人都能进入证券交易所、水管理系统或商业航空交通管制网络会是什么样。史蒂文·鲍尔与他的合著者在2018年2月发表的一篇文章中得出过这样的结论："美国电网完全可能受到攻击。超过20万英里[○]的高压输电线路遍布全国各地，中间有数百个大型电力变压器和变电站，而且这些设施通常位于偏远地区。"

无论是否有改变恐惧症，事实是我们对技术越信任，就越容易滥用它，就像军队应用大规模杀伤性武器一样。在某种程度上，这种理性的担忧也是合理的。因此，我们更有义务了解这些危险，并冷静地制定应对策略。

人们担心人工智能会背叛我们

担心人工智能会背叛我们也许是我们所有对技术的担忧中最严重也是最没有根据的。几十年间有关计算机的惊悚片从《2001太空漫游》（1968年）到《终结者》（1984年）、《黑客帝国》（1999年）再到《机械姬》（2015年）给人类对技术的恐惧火上浇油。人们的担忧各不相同，但这些担忧的核心思想是：即使高智能机器可以被完美地设计成完全良性，但如果没有经过适当的基本事实的训练，没有人能确定一个有自我意识的人工智能会对人类创造者持有什么样的态度。由于这种可能性是如此遥远和不太可能发生（这需要通用人工智能的出现，就更不用说连许多专家都觉得无法研究出来的超级人工智能了），现在我们将重点放在我们可以做些什么来克服恐惧症上。

○　1英里=1609.344米。

变革的时代

散文家、诗人拉尔夫·瓦尔多·爱默生与陀思妥耶夫斯基生活在同一时期，他对新兴世界有着不同的看法。他没有屈服于同时代人对新技术的恐惧，而是用这句话来拥抱新时代：

> 如果大家都渴望出生于某个时代，难道不应该是变革的时代吗？那时，新旧两派站在彼此的对立面，包容对方的差异；那时，人们因恐惧和希望而寻找精神能量；什么时候新时代丰富的可能性能够弥补旧时代的历史辉煌？这个时代与以往所有的时代一样，如果我们知道如何面对的话，也会是一个很好的时代。

科幻小说《沙丘》的作者弗兰克·赫伯特也说过一句类似的话："恐惧是思维的杀手。"在本章中，我们研究了人类对人工智能的担忧以及担忧的理由。现在是时候来看一下爱默生如此激动地描述的这个新世界了。如果我们向人工智能敞开心扉，那我们就一定要避免赫伯特警告的一个很严重的风险——失去理智。同样，我们也需要考虑到人工智能带来的如此大的潜在利益，它们会成为个人和企业成功的最强大的工具。

让我们举个例子。最近，尼尔·萨霍塔为一家市值数十亿美元的国际律师事务所提供了咨询服务。该律师事务所列举了最近开发的十几款人工智能的应用案例，然后他们让尼尔推荐应该选择哪一款才符合第一次引进人工智能服务的公司的需求。

尼尔告诉他们："IBM 的'沃森'绝对能提供很好的帮助，但我认为这样做无法释放人工智能的真正价值。"

公司的管理合伙人说："我们也有同样的感觉，但说实话，我们不知道人工智能会有什么特别之处。"

"好吧。我们来看看是否能想出其他用处。先告诉我，是什么让你晚上辗转反侧。"

这位合伙人毫不犹豫地说："人才管理。"然后他解释说，他永远都无法判断新员工会有多优秀或多差劲，"有时我们辞退了一些我们认为平庸的律师，却看到他们被其他公司挖走后成了超级明星律师。"

这位合伙人还提出了一些其他的问题：我们无法判断一个年轻律师是否会在实践中成长。尽管这家公司的律师都是从顶级法学院招聘来的，但这一事实也并不能保证这些年轻律师在工作中的高效以及他们在审判、诉讼甚至研究方面的表现。

尼尔说："人工智能可以帮你解决这个问题。它可以根据应聘者的受教育程度、技能和成就来评估他们，还可以使用性格信息来评估他们的软技能，比如沟通能力、领导能力、灵活性和谈判能力。有了这些信息，你就可以更好地确定一个人的职业道路。它还可以帮助你预测一些未知的信息，比如谁与你公司的企业文化更合适。"

这位合伙人十分震惊地说："人工智能真的能做到这些吗？"

尼尔向他保证，这是可以的。在接下来的几周里，他也证明了这一点。

不会再有思维杀手了吗

改变恐惧症是在充满怀疑和无知的思想中产生的。改变之所以如此可怕，如此没道理地令人恐惧，就是因为我们面对的是未知的。（还记得拉姆斯菲尔德的那句话吗？）在接下来的内容中，我们将继续向你展示企业会如何从人工智能的应用中受益，以及如果我们克服了这种恐惧，那么这项技术能为我们提供哪些更多更好的机会。与此同时，以下是现在一些企业使用这项技术的实例。你的公司也能做到这样类似的事情吗？

- 在舞蹈俱乐部里，人工智能可以根据客人的社交媒体资料和性格测试来决定为派对播放什么音乐，使用什么灯光，提供什么食物。
- 人工智能不仅能根据客户的购买历史记录来为他们推荐可能喜欢的音乐，甚至还可以根据客户的喜好来创作音乐，并且解释这样创作的原因。
- 迪士尼现在发行了名为"魔力手环"的人工智能腕带作为在园区的"身份证"。这个腕带支持解锁酒店房间、快速通行和支付等功能。从表面上看，这些腕带为客人提供了很多便利，然而，迪士尼认为更重要的是他们可以对这些数据进行分析，从而能更好地了解用户行为，然后为他们定制未来的游玩体验。

以上只是企业对人工智能的部分应用。更重要的是，我们终于意识到我们不需要再像以前对能改善我们生活的发明工具那样担心和害怕了。目前我们所看到的人工智能应用的案例已经足以令人印象深刻，以后你还会见到更多这样的案例。很快，人工智能系统将被整合到几乎各行各业中，这也给我们引出了一个关键问题：人工智能取代人类工作后会发生什么呢？这个答案可能会让你感到非常吃惊。

第十章

人工智能带来的威胁在于
改变人们与工作的关系

几千年来，人们为了实现良好的物质生活几乎耗尽了所有的资源。在古代，只有非常富有的人才能享受到我们称为"闲暇"的东西。如今，虽然"周末""病假""事假""带薪假期"和"法定假期"是我们经济结构中的一部分，但是工作不仅是大多数人的首要任务，而且还是一种道德义务。因此，从进化的角度来看，我们可能会惊讶于"日出而作，日落而息"这样的想法还是很新奇的，但现在有了人工智能，这种情况可能会再次发生巨大的变化。

《圣经·旧约》里描述了世上第一批人类生活在一个郁郁葱葱的花园里的情景，他们的所有需求都得到了满足，包括生理上的、情感上的和精神上的。这个伊甸园简直是人间天堂。亚当和夏娃不需要每天打卡上班，也不用为了日常生活而辛勤劳作。因此，他们可以无忧无虑地去"追求他们的幸福"，正如学者约瑟夫·坎贝尔所说的那样，创作艺术、写诗、唱歌、跳舞或者只是看着无花果叶沉思，这是多么美好啊。但我们都知道，这对夫妇最终还是会偷吃知识的禁果，毁了这一切的美好。从那以后，我们就被教导：无论男女，都必须通过辛勤劳作来满足自己的需要，几乎没有时间用于娱乐或追求创新。我们真的需要这样吗？

为了回答这个问题，让我们进一步深入研究圣经中的故事。虽然这是青铜时代的寓言，但神话中的伊甸园在很多方面描绘了人类的狩猎采集时代。人类在地球存活时长中的90%都是这个时代。几十万年来，人类以四五十人的小群体为单位独立生活，他们捕食猎物、缝制衣服，通过寻找一些野生的谷物、蔬菜、水果和蘑菇来丰富饮食。这在现代看来残酷、艰难的生活对那个时代的人类而言可能是相当愉快的。根据人类学家的说法，一个狩猎采集时代的人只需要半天的时间就能获得生存一天所需的卡路里，而剩下的时间则可以用于其他活动，比如玩游戏、创作艺术、制作乐器、与家人和爱人交谈或者聊聊当地的八卦。

早上 8 点每个人就忙碌起来了

现在，我们把上述这种闲暇的生活方式与现代上班族进行比较。2015 年《时代周刊》上的一篇文章显示，美国人平均每周工作 47 个小时。与此同时，美国人口普查局的报告称，普通工人每天会花近半小时去上班，近 20% 的工人通勤时间超过了 45 分钟，甚至还有 360 万人每天的通勤时间超过了 90 分钟。而且，正如我们所知，对于 21 世纪的许多人来说，工作并不会随着下班而结束。许多人带着他们的工作任务回家继续加班，随时需要回复电话和电子邮件，根本没有多少闲暇时间。

往复循环的事情是无法改变的

电影《上班一条虫》上映于 20 世纪的最后一年，这部影片反映了许多工人对工作的不满，尤其是现代白领工作的单调、乏味。在这部电影中彼得·吉朋斯（朗·里维斯顿饰）在意识到自己是多么讨厌自己的工作后，他经历了一场危机。他在电影中说道："我意识到，自从我开始工作以来，我生命中的每一天都比前一天更糟糕。这就意味着，你每天看到的我都是我生命中最糟糕的一天。所以我打算今天就在我的小隔间里坐一整天。"

当然，许多高收入人群也对他们的工作方式感到不满意。2008 年的一份大学法律评论论文发现，CEO 们的恐慌、愤怒和抑郁程度都有所上升，他们的抑郁程度可能是普通公众的两倍。

但现代生活有很多优势，我们在工作中非常努力，回报也是巨大的。与我们的祖先相比，我们享受着他们曾经难以想象的舒适生活。任何去过超市的人都知道那些货架上摆满了食品，这种感觉非常棒吧？现代医学战胜了曾经导致很多人死亡的疾病的同时降低了平均死亡率。如今，我们被昆虫叮咬而死亡的可能性已经大大降低了，更不用说成为一只饥饿的剑齿虎的午餐了。

但我们仍然有很好的理由认为，我们"淳朴的"狩猎者祖先可能比 21 世纪的程序员或者物流中心的分拣员快乐得多。前者可能会花大量的时间和他们的亲人在一起，沉浸在大自然中，而不用面对多个老板对报告的指责。试想一下：孟加拉国工厂的工人通常每周需要工作 7 天，每天工作 14～16 个小时。他们凌晨 3 点下班，又要在早上 7 点半重返工作岗位。这听起来比身缠腰带、挥舞长矛的祖先更好还是更糟呢？

双刃剑

为了理解我们是如何到达现在这样一个如此不协调的境地——一个物质空前丰富但穷人和富人都在令人窒息的工作环境中工作的世界,我们需要追溯我们的经济发展历程。历史学家和人类学家认为,大约在9500年前,农业文明的出现是狩猎采集时代的结束和现代文明的开始。当然,农业与狩猎和采集相比有着很大优势,它比以往任何时候都能提供更多的食物。但农业也有其不利的一面,农业工作是时间密集型的,人在务农期间几乎没有多余的时间做其他事情。随着农业技术越来越先进,我们能够生产足够多的食物,使得一些人可以完全离开土地。这些人不需要再做施肥、耕作、栽培、浇水和种植的苦差事了,取而代之的是,他们可以整天建造城市、建立贸易,久而久之形成了复杂的经济,并最终建立国家。

从人力到畜力,许多工作一步一步被蒸汽机和内燃机所取代。同时,算盘和计数系统承担了大脑的工作,从而能完成准确的记账。随着时间的推移,人类学会了通过黏土和纸张等媒介来记录他们的知识和交易。在齿轮驱动的加法机、计算器以及后来的数字计算机的推动下,记录仪器变得越来越复杂。

然而,具有讽刺意味的是,文明发展得越快,它对个人的要求也越高。随着机器取代了人类劳动力,雇主们对剩余的特定职业的劳动力的要求就比以前更高了。在工业革命的大部分时间里,人们每周都会工作六天,只有圣经规定的安息日那天可以休息,让他们陪伴家人、朋友和培养个人兴趣。直到经过多年有组织的劳工抗议之后,美国国会才在1940年颁布了每周工作时间不能超过40小时的强制性条令。尽管如此,这项立法也只适用于小时工,而不适用于固定薪资员工。通常固定薪资员工的工作时间则要长得多,而且还没有额外的补偿,更不用说企业家和那些在"地下经济"中工作的人了,他们就别指望从工作中得到喘息的机会。

经济学家约翰·梅纳德·凯恩斯在 1930 年调查了当时的 10 年前的经济形势后大胆地宣称：技术变革和生产力进步将开启一个新的轻松的时代。在这个时代，我们每周只需要工作 15 个小时。"因此，自人类诞生以来，我们将首次面临真正的、永久的问题：人类如何使用从经济压迫中解放出来的自由时间；如何利用科学和复利为自己赢得闲暇时间，幸福愉快地享受生活。"

凯恩斯的先见之明就先讲这么多。如今，即使计算机和机器人使我们比前一代人工作得更有效率，但我们仍然比以往任何时候都更加努力地工作。根据美国广播公司的新闻报道：有更多的人在呼吁提高生产率，最终生产率提升了，但人们并没有减少工作时间。问题到底出在哪里呢？

我们忘不掉的一些事

1517 年 10 月 31 日，马丁·路德在一座德国教堂的门上钉上了《九十五条论纲》。随着时间的推移，这些论断导致了新教改革，并影响到新教的职业道德。几百年后，这种想法仍然存在，并且继续主导着西方文化。尽管进入了信息时代，这种文化仍然迫使人们坚信一个人完成的工作量就等同于这个人在社会中的价值。

这种思想灌输始于学校。学校教会我们"努力工作"才是成功的关键，无论我们走到哪里，我们都能听到这句话，并在一些政治言论中经常听到对工作的赞扬。权威人士和政客批评人们"懒惰"（通常是穷人）的频率非常高，因此，大多数美国人都以工作时间长为骄傲，这还有什么可奇怪的吗？这个国家是世界上唯一没有法定假期的工业化国家，它的人民都喜欢告诉别人他们有多忙。即使公司提供了带薪休假的福利，大多数美国工人也并没有享受。2018 年的一项研究报告表明：有 52% 的美国人每年至少有一天或更多的假期是"在办公桌上"度过的。总的来说，每年有 7.05 亿天的假期被错过了。

尽管美国人对工作的投入似乎有些过度，但并非只有美国人对工作充满热情。日本人可能更热爱工作。他们甚至创造了一个词专门用于形容这种令人担心的现象：过劳死——"因工作过度而死亡"。尽管日本政府已经采取了一些措施试图缓解这一问题，但这种现象依然过度泛滥。据报道，2013 年，一名在日本新闻网 NHK 工作的记者在加班了近 160 个小时后，因心力衰竭而死。

如果凯恩斯的预测是正确的，那么这位日本记者的死和美国的无休止工作文化就不应该发生。但他也并不是唯一一个持有这样观点的人，许多未来主义者和科幻作家曾预言"二战"结束时会产生一个不同的世界。艾萨克·阿西莫夫、罗伯特·海因莱因和亚瑟·C.克拉克曾预测：随着计算机和机器人的普及，我们将获得一种更高级的生活。他们设想，有一天，人类终于能够不再为了谋生而工作，开始自由地追求艺术、科学和其他的创新和兴趣。不出意外的话，人们普遍一周工作三天，因为计算机承担了我们大部分烦琐和重复的任务。如今，这种预测看起来是浪漫的，但也是可笑和天真的。

但是，实现自主休闲的梦想真的如此遥不可及吗？人工智能真的能帮我们实现这些吗？也许吧，但随着许多工作以及我们长期以来对工作的思考方式的转变，肯定会产生相当大的痛苦。

不过，先苦后甜。

它们将要做的工作

有越来越多的理由让人相信 20 世纪中期的未来主义者对未来的预测是没错的，他们只是言之过早了而已。尽管，总的来说，现在的人比以往任何时候都更加努力地工作，但一场影响我们谋生的变革正在出现，而且可能挑战社会中长久以来的"工作就等于一个人的价值"这一观念。

在我们讨论哲学的动荡之前，让我们从各个部门的视角来看看关于失业的原始数据。2013 年 9 月，牛津大学的卡尔·贝内迪克特·弗雷（Carl Benedikt Frey）和迈克尔·A. 奥斯本（Micheal A. Osborne）发表了一篇题为《就业的未来：计算机化对未来工作的影响有多大？》的研究报告。他们在报告中得出了这样的结论：到 2050 年，美国超过 47% 的工作面临自动化的危机。

以下是他们研究中列出的 700 多个职业中的一小部分，以及这些工作可能实现自动化的概率：

- 数据录入员——99%
- 纳税申报人——99%
- 电话客服——99%
- 时尚模特——99%
- 法律秘书——98%
- 运输、接收和通勤工作人员——98%
- 贷款管理人员——98%
- 牙科实验室技术人员——97%
- 收银员——97%
- 房地产经纪人——97%
- 游戏经销商——96%
- 餐厅厨师——96%
- 环卫人员——96%
- 会计师和审计师——94%
- 混凝土泥瓦匠——94%

- 屠夫和切肉工——93%

- 药剂师——92%

- 导游和陪护——91%

- 汽车车身及相关维修工——91%

- 技术类作家——89%

- 出租车司机和私人司机——89%

- 停车场服务员——87%

- 核技术人员——85%

- 重型卡车和牵引式挂车卡车司机——79%

正如我们所看到的，这个列表包含了低技能（环卫工人）和高技能（核技术人员）的职业、蓝领（混凝土泥瓦匠）和白领（技术类作家）。令人惊讶的是，即使是与"魅力"有关的工作，比如时尚模特，也可能会被代替。

那么，哪些工作被取代的概率最小呢？如下所示：

- 娱乐治疗师——0.3%

- 应急管理主任——0.3%

- 医疗保健社会福利工作者——0.4%

- 营养师和营养学家——0.4%

- 编舞师——0.4%

为什么这些工作被认为是"更安全的"呢？据推测，医疗卫生行业仍然需要人工干预（在第二部分中，我们将讨论随着人工智能远程医疗的兴起，这一说法的可信度）。值得一提的是，编舞师和编剧（他们认为被替代的概率仅为3.8%）似乎有更多的就业保障，这是因为他们是通过难以自动化的创造力和人际交往软技能来谋生的，而这些技能正是人工智能目前所缺乏的。后面的内容中，我们也将查明这一说法是否真的可信。现在，让我们来谈谈那些涉及重复任务的工作的"安全性"。

重复性的工作即将发生改变吗

根据上述研究，出租车 / 优步司机和私人司机被取代的概率为 89%。同样，从事大量重复性工作的重型牵引式卡车司机被取代的概率也高达 79%。几乎所有主流的汽车制造商都在研究自动驾驶汽车，汽车司机有理由担心自己的生计会遭到一系列因素的干扰，包括成本与赚钱能力、交通或停车拥堵，尤其是安全问题，等等。

据估计，全球道路上目前已有 10 亿辆机动车，包括小汽车、卡车、SUV、RV 等。机动车事故是导致 15～29 岁人群死亡的主要原因。并且，每年大约有 130 万人死于机动车事故；每年还会有 2000 万～5000 万人在车祸事故中受伤（非死亡）。据统计，机动车事故每年给全世界造成的经济损失约为 5180 亿美元。（所有这些统计数据均由 2018 年国际公路安全旅行协会提供。）由于几乎所有的汽车事故都是由人为失误造成的，因此世界范围内有越来越多的人呼吁要将人为因素从驾驶体系中剔除。

自动驾驶汽车就可以做到这一点。这种车能够感知其所处的环境，并在没有人工干预的情况下自行导航。通过使用基于人工智能的视觉，这些车可以通过使用雷达、激光、测距仪、计算机视觉和全球定位系统（GPS）来感知周围的环境。他们的动力控制系统还可以理解各种感知信息，以避开障碍物、服从信号指示并识别导航路径。

交通专家预测，一旦自动驾驶汽车流行起来，它们将连接到一个中央控制系统，该系统能够根据每辆车的目的地规划路线和速度，以尽量减少行驶时间、避免交通堵塞并消除撞车风险。（中国正在建设这样的智能城市，详情参见第十六章。）这种创新不仅有望减少一个又一个城市的交通拥堵，而且展现着令人难以置信的安全性。毕竟，这是人工智能，它永远不会因短信而分心，不会公路暴怒或在开车时睡着。

意识到自动驾驶汽车带来的安全效益以及开发它们能获得的相关利益后，谷歌公司从2009年起就开始了这项技术的研发。仅仅几年后，该公司就报告称，其测试车辆在无人驾驶的情况下行驶了超过30万英里并且没有发生任何事故。汽车工程协会（SAE）开始对汽车的自动驾驶能力进行评级（见表1），每个数字都对应着汽车辅助真人司机完成自动驾驶任务的能力。

表1　SAE 评级量表

0级——完全由人类控制
1级——提供有限的驾驶辅助。人工智能可以在有限的情况下控制速度或转向，但不能同时处理这两种任务
2级——适当的驾驶辅助。人工智能可以在有限的情况下控制速度和转向，但仍然需要驾驶员始终保持注意
3级——有限的自动驾驶。车辆可以在简单的路况下自动驾驶，比如行驶在有明确分界线的高速公路上，出入口都有明确的标记（类似于飞机在巡航时飞行员会启动"自动驾驶"，但起飞和降落时仍需要手动控制）
4级——高级自动驾驶。车辆在大多数情况下可以自动驾驶，但在复杂的路况下仍可能需要人工干预
5级——完全自动驾驶。这是所有汽车制造商的最终目标。人类告诉汽车他们想去哪里，汽车就能将他们迅速、安全地带到那里（不需要人工干预）

近年来，特斯拉公司开发自动驾驶汽车占据大部分头条新闻。他们的工程师团队一直致力于为他们的汽车配备一个可以实现 SAE 5 级（完全自动驾驶）自动驾驶能力的系统。目前，他们的汽车研究还处在"影子模式"（shadow mode），这意味着特斯拉还只是处在由计算机远程模拟和处理数据的阶段，而没有进行实际的行动。其中，重要的行驶数据将会提供给公司开发的人工智能进行学习以提高其能力，使该公司能够达到其实现完全自动驾驶的目标。

其他致力于研发自动驾驶汽车的汽车制造商包括福特、通用汽车、梅赛德斯－奔驰、宝马和日产汽车。日产汽车公司承诺到2020年会推出多款无人驾驶车型。毫无疑问，这种创新的目标有望在安全和便利方面取得革命性的进步。这似乎能为所有人创造一个更美好的世界。但对于那些即将失业的工人来说，情况却并非如此。这些"进步"威胁着他们的生活。

那些从事创造性工作的其他人呢？他们所在的行业会有什么变化吗？答案可能会让你感到吃惊。

复杂和有创造性的工作也会发生改变吗？

尽管自动驾驶汽车这个概念可能很复杂且引人注目，但自动驾驶汽车在用途上也是有限的。它们只被设计用来做一件事：把我们从一个地方带到另一个地方。这是狭义人工智能的一个例子，正如第六章所讨论的那样。没有人会期望他们的自动驾驶汽车能够编排音乐剧或者写关于人工智能的书。毕竟，这意味着更高级别的人工智能——通用人工智能。然而，我们有充分的理由相信人工智能的好处可以向更远大的方向延伸，并在此过程中取代更多从事高技术含量、有创造性的工作的人类工作者。

你知道人工智能可以拍电影吗？对，也许现在还做不到拍90分钟那么长的电影（这里再强调一下，是现在还做不到），但IBM的"沃森"确实制作了一个3分钟的预告片来宣传惊悚片《摩根》（2016年）。

这部电影以真正的技术和危言耸听的方式讲述了一个人造的人形生物，它在获得了超过人类开发者的能力后就出现了运行不正常的情况。虽然对大多数人来说，人工智能被用来为电影制作特效或根据GPS的引导行驶至目的地并不意外，但"沃森"成功地制作了一部预告片，这部预告片不仅遵循良好的叙事规则，而且也表达了恐怖的氛围，这确实很令人震惊。

为了制作《摩根》的预告片，IBM的研究员和科学家让"沃森""观看"了大量的恐怖电影预告片，然后对这些影片进行技术分析，以确定是什么构成了"恐怖"这个元素。科幻小说家亚瑟·C.克拉克曾在他的一本书中写道："任何足够先进的技术都无法与魔法区分开来。"人工智能的创造力看起来确实很像魔法，但却不是魔法，这只是一些复杂的算法，它证明了"创造力"，就像驾驶等重复性任务一样，可以被机器学习和模仿。

这里还有一些相关的事例。2017年，总部位于卢森堡和伦敦的初创公司埃瓦科技公司发布了一张完全由人工智能创作的古典音乐专辑。同年，歌手泰琳·萨顿发布了单曲《挣脱》，其中的一些旋律就是由人工智能创作的。甚至连新闻行业的工作也受到了这个新技术的影响。外联主席、未来主义者、联合国国际电联人工智能造福人类全球峰会 UN ITU 的创始人斯蒂芬·茨城在本书的推荐序中写道："很多人并没有意识到这一点，但事实是你现在读到的很多新闻越来越多地都是用人工智能撰写的。"总部位于华盛顿地区且备受尊敬的报纸《华盛顿邮报》就已经开始将部分文章的写作外包给算法了。

启示

现在我们已经看到，机械性的和创造性的工作都会受到自动化的影响，那么问题是，当人工智能取代这些工作岗位后会发什么变化呢？这些变化对人类来说是好事还是坏事呢？一些乐观的人认为：虽然很多工作岗位会消失，但也会有许多新的工作岗位产生。电脑制造商戴尔2017年的一份报告显示，到20世纪中期有85%的工作岗位还没有被创造出来。

需要强调的是，我们所说的乐观主义并不是一厢情愿，尤其是当它建立在历史先例的基础之上时。30年前，可没有像网站设计师、博主、应用程序设计师、数字营销人员、基因顾问、播客主持人或 SEO 专家这样的职业。（事实上，当时"应用程序"这个词甚至还没有被发明出来。）

30年后，人们可能会被聘为虚拟世界建筑师、人工智能人格工程师、无人机管理员、人类集成技术专家、城市农业学家、虚拟形象设计师、3D 食品打印工程师、纳米医学医生和超回路运输工程师。茨城认为，我们有充分的理由对未来的经济充满希望。"今年确实有数据显示，由于能力和生产率的提高以及经济的增长，就业岗位甚至可能增加而不是减少。"

好坏参半

让我们先撇开这些乐观的想法，因为我们知道这对经济也并不全是好消息。正如上述牛津大学的研究所预测的那样，很大一部分人将失去工作。对于那些年纪较大、缺乏技能或文化程度较低的人来说尤其如此。有些人也有可能永远无法再就业。因此，我们正在努力改变我们看待工作的方式以及我们为人们支付薪酬的方式——尤其是那些受即将到来的改变影响最大的人。

最近，人们对新的收入模式的支持激增，这些模式将打破传统工作日及相关的工作模式，这其中就包括"朝九晚五"工作制。最引人注目的例子是推动为所有公民提供"基本收入"保障。在马克·扎克伯格等顶尖专家的支持下，根据这个计划，政府将为每个公民提供一份永久的生计福利。尽管该计划的细节还尚未形成规范标准，并且根据要求会对不同团体采取不同的措施，但万变不离其宗的是，可以通过政府支付的援助来满足公众的需求，包括住房和食品。此外，根据这个计划，公众可以选择仅靠这种收入生活，以及 / 或者通过兼职甚至全职赚取额外收入。

虽然这个想法还远没有被普遍接受，而且还处于探索阶段，但值得想象的是，如果政府帮助工人或是人工智能确实做到了像凯恩斯说的那样使我们的生产率提高了并且使社会更繁荣，那么未来的生活将会是什么样子？ 21世纪会是人类从被工资奴役的魔爪中夺回自由时间的时代吗？如果是，那么这个世界会变成什么样子？

跳出重复循环的事情

这本书旨在为人们提供一些基本事实以及推测未来可能发生的事情。那么我们先思考一下，如果人工智能真的改变了我们与工作之间的关系会发生些什么。几个世纪以来，我们第一次摆脱了为谋生而辛苦工作的束缚，我们可能会看到一种不同的文化兴起，一种与传统职业道德背道而驰的文化。

毫无疑问，有些人可能会想放松一下，看电视、玩电子游戏。但其他人可能会通过致力于自我提升来实现阿西莫夫、海因莱因和克拉克的预言，他们可能会追求科学、音乐、哲学和艺术方面的进步。如果不是人工智能的出现，他们可能永远也不会在这些方面追求进步，有那么一瞬间，人们的生活可能更接近于伊甸园的生活。

现实与幻想

对许多人来说，本章中提出的很多想法似乎是天马行空的乌托邦式的思想。除了人类能从人工智能的应用中繁荣起来之外，他们可能更想知道"基本收入"的资金是如何获得的。一些人建议实施"机器人税"。根据这一要求，政府会对受益于人工智能的公司进行征税，这样，那些被人工智能替代了工作的人就会支持政府。

虽然这一切都不确定，但事实是，许多人担心信息时代的人工智能革命还会导致贫富差距不断扩大，正如工业革命创造了一个新的"超级富豪"阶层，导致了贫富差距的不断扩大一样。人工智能革命将造成更大的经济鸿沟，如果我们的社会、经济和政治体系没有进行有意义的调整来弥补的话，那么社会动荡风险很可能会大幅增加。

在接下来的内容中，我们将进一步讨论这个经济问题，并在第十五章中介绍我们自己的想法，即人工智能如何在不依靠有保障的基本收入的情况下以及不让广大公众被剥夺权利的情况下创造出我们梦想的世界。除了人工智能对工作性质的持续改变外，我们将展示这项技术如何帮助我们改变人类看待日常生活的方式，以及我们在未来的生存方式。但是，在我们讨论这些问题之前，首先来探索一下为什么人工智能现在已经可以在商业上得到应用了。

第十一章

人工智能，为什么是现在

技术创新的历史上充满了这样的案例：在刚出现时失败，但在多年后获得成功，最终实现了技术普及。想想现在的视频电话。在 1964 年的纽约世界博览会上，贝尔实验室推出了"图像电话"，这是一种将传统的有线电话与《杰森一家》式的电视摄像机与视频屏幕控制台结合起来的设备。

时机就是一切

在科技领域时机就是一切。尽管贝尔公司的工程师预计图像电话能在 10 年内取代普通电话，但由于它的硬件太昂贵，黑白屏幕太小，而且美国的传输线路太原始，导致图像电话变得不那么实用。事实上，在它的第一次迭代中，一次 15 分钟长的图像电话的通话成本就相当于 2018 年的 610 美元。这基本无人能负担得起。直到 50 年后，计算机技术、互联网和数据压缩技术的发展，使得视频共享突然变得非常便宜，贝尔公司的工程师在 20 世纪中期的愿景才最终得以实现。

视频光盘技术和图像电话有着类似的发展历程。在 20 世纪 70 年代，几家最著名的公司如日本的松下、美国的 MCA 和荷兰的飞利浦，它们都推出了在平板大小的光盘上用激光编码技术刻录的电影光盘。这些产品中最成功的一种——镭射影碟，由于过于昂贵和笨拙，无法进入到大众市场中。（一个黑胶唱片大小的光盘每面只能容纳 30 分钟的视频，这意味着用户必须手动翻转更换光盘四次，才能观看一部 120 分钟的电影。）直到 1996 年 CD 大小的高容量数字视频光盘（DVD）推出，平价的视频光盘系统才最终打入了市场。

最后，以电动汽车为例。从 19 世纪中期开始，发明家就努力创造一种由电力驱动的个人交通工具，结果都由于电池沉重和行进距离有限而受阻。在接下来的 100 年里，投资者花费了数百万甚至数千万美元来支持电动汽车这个概念。20 世纪 90 年代，通用汽车对纯电动汽车 EV1 试验的失败几乎终结了人们研发商用电动乘用车的想法。

时间再快进 20 年。全电动的特斯拉跑车就出现在了路上。又过了几年，三菱 i-MiEV（2009 年）、日产 Leaf（2010 年）、雷诺 Kangoo（2011 年）和特斯拉 Model S（2012 年）等电动汽车纷纷涌入了市场。突然之间，全世界的纯电动汽车开始供不应求了。今天，许多国家和地区，包括丹麦、挪威、意大利、西班牙、印度、法国和以色列以及美国的几十个州，都开始公开讨论到 21 世纪中叶是否该逐步淘汰汽油动力汽车的问题了。2018 年，加利福尼亚州的州长杰里·布朗签署了一项到 2045 年将停止所有化石燃料使用的法案。令人惊讶的是，在短短 20 年的时间里，电池存储和复合材料结构的创新就将曾经是商业失败案例的电动汽车变成了世界上的一个大事件。

这让我们联想到了人工智能。计算机科学家自 20 世纪 50 年代以来就一直在谈论人工智能。那么为什么人工智能革命出现在现在，而不是 70 年前或是 10 年前呢？是什么发生了变化？答案是：技术终于发展到了可以支持人工智能研究的地步，成本的降低和一般基础设施的建设使智能机器，更重要的是使机器学习，在商业规模上成为可能。正如我们所看到的，人工智能的发展依赖三个条件：①大数据；②强大的处理能力；③训练。

对于前两个条件，现在这个时机再完美不过了。

大数据

如今的数据正在以前所未有的速度被收集、存储、分片和模块化，并进行了可视化（即报告）。让我们看看这些数据：1995 年，在第一个网络浏览器网景导航员（Netscape Navigator）发布后不久，整个互联网就包含了大约 0.03TB 的信息；到 1997 年，这个容量就已经跃升到了 2TB；2007 年，互联网包含了大约 0.5EB（500 000TB）的数据；预计到 2025 年，这一数据将增长到 163ZB（约 163 000EB）。[⊖]据《福布斯》杂志 2018 年 5 月 21 日报道：全世界估计每天会产生约 2.5×10^{18}B 数据。一个有趣的事实是：我们现在产生数据的速度如此快，以至于每年历史上产生的所有数据中的 90% 都是在过去 12 个月内产生的。

这是海量的数据信息。

那么，所有这些数据都来自哪里呢？根据 DOMO 数据公司发布的 Data Never Sleeps 5.0，第 5 个年度互联网使用信息图表收集的数据显示，互联网每天会产生约 2.5×10^{18}B 数据。这些数据包括：

- 推特（Twitter）上发布的 456 000 条推文
- 色拉布（Snapchat）上分享的约 527 760 张照片
- 油管（YouTube）上观看的约 4 146 000 个视频
- 讯佳普（Skype）上拨打的约 154 200 通网络电话
- 优步（Uber）上进行的 45 787 次出行记录

⊖　所有数据均来自 2017 年 IDC 的数字宇宙研究。

- 谷歌上约 3 600 000 次的搜索
- 18 000 000 次的天气预报请求
- 103 447 封垃圾邮件

这些数据结合在一起，形成了所谓的大数据。21 世纪初，行业分析师道格·拉尼用他所说的"3V"来定义大数据，即 Volume（数量）、Velocity（速度）和 Variety（多样性）。Volumn（数量）是指流入系统的信息量，包括业务交易、联网传感器、社交媒体或机器之间通信的信息量。Velocity（速度）指的是信息流通的速度，传感器、RFID（射频识别）标签和智能电表的数量大幅增加，数据传输技术得到改善（在过去 10 年中数据传输速度显著提高了）。最后，Variety（多样性）指的是数据传输和接收的格式范围。如今，数据不仅会以传统的数据库和文本文档的形式出现，而且会以视频和音频的形式出现，并且如金融交易和股票价格变动等数据的产生都是实时发生的。

现在，对于大数据，有些观察者可能会说："是的，我们产生的数据量确实是巨大的，但数据的质量又如何呢？大部分不都是'噪声'数据吗？"说实话，这种说法可能有些道理。网络中的确有很多垃圾，大量的垃圾短信、猫的视频还有很多难以描述的照片每天都在网络系统中泛滥。也许大多数数据都是网络垃圾。

人工智能的奇迹在于，它可以通过分析海量的数据流进行模式识别并应用预测分析，从"煤块"中找到钻石。对我们人类的大脑来说可能是噪声的许多东西，对于人工智能系统来说可能就是无价之宝。

强大的处理能力

1965 年，仙童半导体公司和英特尔公司的联合创始人戈登·摩尔就曾预测：根据计算机芯片上的晶体管的数量，计算机的处理能力将每年翻一番。

这正是我们在第二章中所讨论的"摩尔定律"。1975 年，摩尔修正了他的定律，将其每年翻一番的速度改为每两年翻一番。英特尔的高管戴维·豪斯随后对这一预测发表了自己的看法。他表示，根据每一代新的计算机芯片的容量和处理速度，这个增长率将每 18 个月出现一次。从那时起，18 个月就成了这个定律的公认版本。

摩尔和豪斯的预测在商业计算机产业的头 30 年左右被证明是相当准确的。但这一定律也有它的局限性——晶体管不能一直变小，它们总不能比组成它们的原子还小。事实上，2011 年发表在《科学》杂志上的一项研究报告称：计算能力的年增长率在 1998 年达到 88% 的峰值。从那以后，增长速度就开始逐渐放缓，但每年仍会增长约 60%，这也足够令人印象深刻了。这不仅是通过使晶体管变小产生的结果，还是通过将更多晶体管并联起来，改变它们之间的排列和相互连接的方式来实现这些突破的。

实际上，这些数据是令人震惊的。也许衡量计算机能力的最好方法是用每秒浮点操作数（FLOPS）。根据这一衡量标准，我们可以看到在 1960 年到 2015 年，计算机的计算速度增长了 1 万亿倍。例如，IBM 7090，这是该公司在 1960 年发布的 709 真空管驱动主机的早期晶体管版本，每秒可以执行 20 多万次浮点操作数。到了 1967 年，西摩·克雷的 7600 超级计算机每秒可执行 3500 万次浮点操作数。30 年后，英特尔的 ASCI Red 2000 计算机的计算速度最高则可以到达每秒 2.4 万亿次浮点操作数。如今，中国的天河二号超级计算机可以每秒执行 3.386×10^{16} 次浮点操作数，且更强大的机器正在研发中。

在计算机计算能力飞速增长的同时，其价格也大幅下降了。上面提到的 IBM 7090 在 1960 年的售价约为 290 万美元，如果不考虑通货膨胀的因素，2018 年的售价应约为 1800 万美元。而现在你只需花费 100 美元就可以买到一个过时的苹果 iPhone 4，它的计算能力是 IBM 7090 的 500 倍。而计算机内存

（RAM）的价格下降得更快。1960 年，1MB 的内存空间的成本约为 524 万美元。到了 1985 年，这一成本降到了 300 美元，到了 2018 年就只有 0.0068 美元了。⊖

所有的一切都意味着，我们现在拥有了比以前更加强大和廉价的计算能力，能够利用大数据使人工智能成为现实。人工智能依赖的三个条件中只剩下最后一个没有讨论了。

训练

正如我们所看到的，如果没有适当的指导，即使是世界上最强大的、运行速度最快的人工智能也毫无用处。为训练提供有效的基础事实是至关重要的，创建分析大量数据的正确算法也是如此。但提供基本事实可不像听起来那么容易实现。准确度是必不可少的，但人类并不能时时刻刻保持这种准确度，它不是人类与生俱来的。

我们来看这样一个例子。从表面上看，"天空是蓝色的"这句话似乎是一个很简单的基本事实，连孩子都知道这句话肯定是对的。但这其实是不对的，或者至少真相不像这句话字面上看到的那样简单。在晚上，天空就是黑色的。在日出或日落时，它可以出现各种深浅不同的红色、橙色和黄色。即使在正午时分，天空也会因雾霾变得灰蒙蒙的。

天空颜色的变化除了取决于一天中的时间外，上述句子的说法本身也是不准确的。天空实际上是无色的。我们看到的颜色是一种错觉，是大气中氮分子和氧分子散射白色阳光得到了蓝光的波长后，使我们最终看到了蓝色。但即使是这个解释也不完全准确，因为我们只是在描述我们眼中看到的天空的样子。可能其他某些动物的眼睛能看到可见光谱之外的东西，或者可以感

⊖　所有的数据都取自 John C. McCallum 信息技术公司。

知到磁场，它们观察天空的方式可能会与人类完全不同。现实通常会因为个人观看视角的不同而改变。

那么，天空到底是什么颜色的呢？答案是，"视情况而定。"没有一个答案能适用于所有的场景，它是由一天中的时段、天气状况，甚至是主观感知所决定的。然而，如果我们都说天空的颜色得"视情况而定"的话，那么我们就会生活在一个复杂的世界里。因此，我们用最简单的答案促进人们的相互理解并提供便利。所以你能看出训练人工智能有多令人困扰了吗？

在讨论如何解决这样的训练挑战之前，让我们再来考虑下面这个问题。一个成熟的孩子可能会知道"地球是圆的"。然而，作为一个基本事实，其实这也是不准确的。地球并不是一个完美的球体。它是一个所谓的扁圆形球体，两极有些扁平，赤道有些凸起。甚至赤道的"凸起"也不那么均匀，世界某些地方的凸起会比其他地方更大。要描绘地球的真实形状，就需要沿着一个精细的三维空间进行一系列高度复杂的测量。（当你三岁的孩子询问地球的形状时，你可以尝试着向孩子解释一下这个问题。）

当涉及道德和价值观时，任何训练都会变得更加复杂。人类社会一致认为"谋杀是错误的"。但是我们该如何定义"谋杀"呢？夺走另一个人的生命？如果是这样，那么死刑、战争或自卫杀人该怎么算呢？还有，怎样定义"人"呢？在美国，这个问题已经被证明是几十年来关于堕胎权争论的主要焦点，一些人称受精卵就已经完全是法律意义上的人了，而另一些人认为只有当一个人离开子宫接触到外界世界时，他/她才能称得上是一个真正意义上的"人"。

顺便说一下，如果你认为这场辩论对人们来说很复杂，不妨试着向机器解释一下。建立基本事实可能是一项艰巨的任务，这需要判别细微和复杂的差别。看似"真实"的东西实际上可能相当复杂，通常需要进一步的审查和测试，并且往往需要多次修改才能保证准确性。

这给我们带来了很多的挑战，需要通过正确的训练并创建合适的算法来解锁人工智能技术。我们会经常听到"算法"这个词，虽然大多数人对这个词有一个模糊的概念，但很少有人能准确地定义它。与公式类似，它是一组用于进行计算、解决问题或做出决定的指令。

许多人每天都在不知不觉的情况下使用了算法。例如，一份食谱就是一个算法。将一定数量的食材混合在一起，以合适的温度加热一段时间，你就得到了一盘食物。同样地，使用遥控器的"打开"按钮打开电视，并按特定顺序按某些按钮，你就有娱乐活动了。在特定的方向以特定的速度驾驶，在特定的十字路口转弯，你就到了一家超市。这些都是算法。

有趣的是，现在许多生命科学专家认为生物学本身也是一系列的算法，是一种有机的算法。他们认为每一次细胞分裂，每一次腺体分泌，每一次肌肉运动都是在算法的引导下发生的，这些算法通过自然选择进化了数百万年，甚至数十亿年。有机算法和机械算法或电子算法之间的根本区别在哪里呢？生命科学专家会说没有什么区别，只是类型和程度不同罢了。

但是 21 世纪的计算机程序员不可能用数百万年，更不用说数十亿年的时间来优化他们的算法。许多训练有素的专业人员需要在几个月内共同努力完成自然界需要经历数千年才能完成的工作。幸运的是，大多数人都并不是一个人在战斗，而是通过复杂的通信网络来分享他们的发现。

算法往往需要各种类型的专家共同参与，包括科学家、历史学家、技术人员、艺术家、医生、律师、金融家、经济学家、艺人等，他们都将为人工智能提供必要的数据，以便让其具有人类经验的全部深度和广度。然而，正如我们在关于"天空的颜色""地球的形状"和"定义谋杀的是非"这些讨论中所看到的，如果对人工智能的训练是不充分的，那么由此产生的分析和预测就很可能是有缺陷的，甚至是致命的。

基于这个现实，人工智能训练仍然是当今企业面临的核心挑战之一，特别是那些缺乏时间和资源的企业。即使是狭义人工智能，也可能需要大量时间和资金的投入。例如，假设你想创造一个人工智能让它能正确地挑选可以获利的股票。至少，你希望从尽可能多的成功的股票经纪人和市场分析师那里获得数据。这就引出了一个关键问题：你怎样才能让这样的人与你合作呢？毕竟，训练一个人工智能本质上就意味着训练一个更聪明、更快、更强大的系统来取代人类。那么，他们与你合作的动机是什么？那些担心自己被取代的人可能不会急于参与那些会让自己丢掉饭碗的工作。

目前，事实证明，人工智能的广泛应用比人工智能的任何技术挑战都更令人难以解决，这是瓶颈所在。不过，大多数人工智能开发人员仍然相信他们可以获得所需要的外部合作，或许是因为他们可以保证最终研发出的人工智能将努力支持合作者而不是取代他们。事实上，这是目前在全球范围内推动企业人工智能发展的承诺。正如我们将在下一章中看到的，人工智能对人类思考和做出选择的方式带来的好处是如此深远，以至于任何人都无法抗拒应用人工智能。

第十二章

第 10 个人

1973 年 9 月，以色列军事情报部门报告称，阿拉伯邻国在南北边界上有可疑的军事行动。尽管以色列自 1948 年 5 月 14 日成立以来，一直与这些阿拉伯国家有一些军事冲突，但该国最高指挥部在审查了情报数据后仍然得出了这样的结论：不会有紧急的军事威胁。并且没有任何高级军事参谋人员强烈质疑这一结论。

至少目前看来是相安无事的，但我们把时间快进到一个月后。

没有人预见它的到来

在犹太人视为最神圣的赎罪日，即以祈祷和禁食为习俗的传统赎罪日，阿拉伯军队对以色列发动了一场突袭。为了夺回 1967 年第三次阿以战争中被以色列占领的土地，埃及军队大举攻入了西奈半岛，叙利亚军队也试图占领戈兰高地。这场后来被称为"赎罪日之战"的战争从 1973 年 10 月 6 日一直持续到了 10 月 25 日，对于以色列来说这几乎是一场噩梦。在戈兰高地的战斗中，以色列军队在美国空中增援部队的支援下发动了最后一刻的反击，才使这个羽翼未丰的国家免于被赶入大海。

战争的硝烟消散后，以色列理应面对愤怒的公民。一个失去了亲人的公民问道："为什么会发生这样的事？军事情报部门怎么会犯这样的错误？他们应该辞职。"激烈的批评迫使以色列的第一位也是唯一一位女总理戈尔达·梅尔下台。以色列军方在收拾残局的同时，发誓要重新考虑其决策过程，他们要采取所谓的"第十人政策"。这个新政策的意思是，假设有 9 个人都同意某一特定的行动方案，那么第 10 个人就有责任来反对它。这项政策旨在消除在不进行激烈辩论和批判性思考的情况下就做出最终决断的风险。

在随后的几十年中，"第十人政策"证明了其有效性。在很多其他的战略举措中，它帮助了以色列军队成为世界上反应最迅速、最有效率、最可怕的武装军队之一，尽管其军队的规模并不大。那么"第十人政策"为什么如此有效呢？它与人工智能之间又有什么关系呢？

疯狂盲目的群众

"第十人政策"的制定是为了对抗所谓的从众思维。"从众思维"这个概念最初是由一位名为小威廉·H.怀特的记者提出的，后来出现在了 1952 年《财富》杂志的一篇文章中，怀特在文章中讨论了"群体价值观的这种合理化的一致性——这是一种开放、清晰的哲学，我们认为群体价值观不仅是权宜之计，而且是正确的、良好的"。在这种思想的影响下，看似理性的人就可能同时持有两种相互矛盾的想法："一个人无论是否知道问题的答案，哪怕知道问题的答案，他也有可能会说出一个谎言，来平衡群体和自己的看法……"从众思维的危险在于从众。怀特预见到，当任何一个群体由于同伴的压力而盲目地同意某些事情时，就会面临类似的危险。怀特警告人们说，不要仅仅因为大多数人相信它就接受大多数人的信仰或价值观。

盲目从众导致危险后果的例子比比皆是。从众思维在现实中对人们的影响也包括了美国的一次情报失误。1961年4月，包括美国国家安全局、联邦调查局和中央情报局在内的多个情报组织的情报分析人员认为，对古巴的军事入侵将会引发一场针对菲德尔·卡斯特罗新政府的民众反革命活动。这一评估结果的得出不仅仅来自军方提供的数据，他们的道德信念也使这件事情变得确定。这种封闭的想法导致了猪湾事件灾难性的惨败，这不仅使美国在国际上显得非常尴尬，而且还导致了一年半后近乎致命的古巴导弹危机事件的发生。

不仅是军事上的失误，从众思维的危害在普通人的日常生活中也有体现，这证明了即使是最清醒的人也可能受到这种思想的影响。在2016年的美国总统大选期间，大多数媒体都毫无疑问地支持了所谓的大众看法，即希拉里·克林顿将击败唐纳德·特朗普。特朗普这个不太正经的候选人受到了很多"严肃"的记者和网友的轻蔑地嘲笑，这给他们的收视率带来了极大的好处。

哥伦比亚广播公司的前执行董事长莱斯利·穆恩斯曾说："这可能对美国不是什么好事，但这对哥伦比亚广播公司来说简直是天大的好事。"尽管竞选活动还在进行，尤其是在选票摇摆不定的宾夕法尼亚州、密歇根州和威斯康星州，但根据大多数民调数据，几乎所有的权威人士和新闻机构都预测，克林顿将会获胜。但事实是，特朗普以微弱的优势赢得了这三个州的支持，并取得了有史以来最令人意外的选举胜利。正因如此，媒体由于之前的夸夸其谈导致了自己公信力的丧失，且这种影响一直持续到今天。

除了对大众媒体的影响外，从众思维还对经济构成了特殊的威胁，每个工业化国家现在都通过商业相互联系，从而大大加剧了这种威胁。在2008年的金融危机中，我们可以找到它广泛造成破坏的证据。在21世纪的第一个十年，房地产成为美国新的投资重点。阿拉斯加全国广播公司办公室经理库鲁什·帕托在 2009 年美国全国广播公司新闻的一篇文章中说："只要你还活着，我们就会给你提供贷款。"随着美国总统布什将扩大住房所有权作为美国"经济安全"计划的一部分，人们认为房地产价值将继续无限期地上升。人们都被这种过于乐观的前景所迷惑，导致了购房量的激增，如果不是法律和保险标准在控制，这种情况还可能愈演愈烈。

像曾经的雷曼兄弟和美林这样的权威的投资公司购买了这些不良的抵押贷款后，它们将这些债务捆绑分割，然后以数倍于其原始价值的价格转卖为债务抵押债券（CDO）。或者正如交易员马克·鲍姆——他的真实名字叫史蒂夫·艾斯曼，在 2015 年的电影《大空头》中说的那样："抵押债券是狗屎。债务抵押债券就是被猫屎包裹的狗屎。"

与此同时，少数不和华尔街同流合污的人警告说危险的房地产泡沫正在形成，这些人被认为是怪人和失败者。这种情况与 17 世纪荷兰的情况类似，疯狂的荷兰郁金香投机事件导致当时一朵花的价格甚至比得上一整块地产，直到郁金香市场发生了崩溃。在 2007 年，只要每个人都认同同一个群体，而这个群体里的每个人都相信一个物品的价格会继续上涨，那么人们就都会这么认为。尽管很多人都极力地想去保持价格的虚高，但房地产泡沫最终还是破裂了，在国家无法应对如此大的冲击之后，美国的房地产市场崩溃了。

对症下药

现在我们已经看到了从众思维可能造成的灾难性影响，我们在深入研究人工智能是如何克服这个问题之前，先来进一步分析这个现象。耶鲁大学的研究心理学家欧文·贾尼斯描述了这种有害心态的 8 种表现：

1. 坚不可摧的幻想，制造过度的乐观并鼓励冒险。

2. 对一个团体的道德准则深信不疑，导致其中的成员忽视其行为的后果。

3. 无效的警告可能会使团体承受更大的挑战。

4. 将反对该组织的人看作刻板、固执的人，认为他们软弱、邪恶、有偏见、恶毒、无能或愚蠢。

5. 如果想法与团体共同想法有偏差会进行自我反思。

6. 全体团员有一致的幻想，人们把沉默视为认同。

7. 任何质疑该组织的成员都会被认为是"不忠"的，这样的成员将会被直接施压，迫使其服从。

8. 思想警戒。自封的成员，保护团体不受异见信息的影响。

正如我们所看到的，从众思维有可能会从外部或内部来摧毁一个民族或国家。因此，这种局限的思维毫无疑问可能会给任何类型的组织带来灾难，无论是商业、行政、政治、法律、医疗或学术。作为一个企业家或公司合伙人，你有责任拒绝这种"为迎合他人而做事"的心态，警惕这些心态会产生的后果，不仅是为了企业的生存，更是为了企业能够蓬勃发展。

幸运的是，人工智能能带给我们最大的财富就是它能够提供独立的预测和预言。它不会被贪婪、恐惧、野心或欲望所迷惑。人工智能有可能看到很多人可能忽视的东西。与从众思维恰恰相反，人工智能是不会有偏见的，除非在训练它们的过程中有意或无意地引入了这样的概念。（需要重点注意的问题是：人工智能如果出现了偏见的问题将会是一个真正的威胁，这个问题在后面的第二部分中有更详细的讨论。）这是为什么呢？人工智能不仅可以利用大量的数据来进行决策和分析，而且它还不受政治、宗教或意识形态压力的影响。你不用担心这些东西会影响它的判断。它的所有判断都会是完全独立的。正如"第十人政策"的概念，它才是真正的第 10 个人。

它是普通企业的灵丹妙药吗

此时此刻，你可能会告诉自己："好吧，也许人工智能的确能更准确地预测总统大选，或避免军事行动失误和金融投资泡沫，但它能怎么帮助到我的业务呢？人造的第 10 个人如何使餐馆、小零件制造商、零售商店、律师事务所、农场或营销公司受益呢？简单地说，人工智能能为我做些什么呢？"让我们对各个行业逐一举例说明。

农业方面的作用

就在几年前，计算机的应用能力还非常有限。第二代计算机的功能仅仅相当于一个复杂的计算器。你可以自己设置有限的参数，并提出特定的问题，比如："如果我每件商品多收 10 美分，那么我的回报率是多少？"在现在的技术创新领域内，拥有一个能够回答这个问题的设备仍然是一个惊人的成就，但第三代计算机在这一技术上取得了突飞猛进的成就。

如今的人工智能计算模型是动态的——它是有预期性的。它可以自己给自己设定无限的参数。它能产生更高级、独立的思维，通过处理各种来源的大量数据，提高自己的理解能力。通过构思出新的思维模式，它甚至可以发掘你从没考虑过的新想法。

为了更好地看到这一点在实践中是如何运作的，我们来看一下家庭农场，这曾经是美国经济的支柱。如今的现代农场主会使用各种分析方法来了解土壤营养含量、进行市场预测和天气预报，以确定种植什么作物及何时种植它们。就像第二代计算机一样，这种创新使得生产力比几代人前有了巨大的飞跃。然而，与第三代计算机（人工智能）可以做到的相比，那就不具备可比性了。

关于农业从众思维导致发展停滞的讲述到此为止。现在人工智能可以提供独立的分析，提出超过你的任何农民邻居根据历史趋势提出的建议。除了查明天气、土壤条件、当前市场需求和种子价格等明显的数据信息外，人工智能还可以考虑更复杂的发展，如非洲南部的气候变化，澳大利亚北部的历史海洋温度变化，俄罗斯西部的虫害和无数其他看似无关的细节。当这些被放在一起考虑时，可能就会通过蝴蝶效应影响到在艾奥瓦州南部 400 英亩[○]的家庭农场的命运。

零售方面的作用

想象一家在摇滚音乐会上卖纪念品帽子和 T 恤的小服装店。一个有远见的零售商不用依靠其他人来决定她的企业如何才能取得成功。她可以利用人工智能的预测能力来为公司提供独立的指导。人工智能可以收集大量的可操作数据，比如谁会参加音乐会，每个观众的短期和长期购买习惯以及每个人喜欢一个特定节目的程度（这是通过来自 Twitter 和脸书的帖子以及从他们提交的个人健身追踪器的心率、血压和排汗数据中收集到的生物识别信息来判断的）。

人工智能可能会建议："根据我对亚伦和他参加坎耶·维斯特演唱会的方式了解到，你应该给他的智能手机发送一张 5 美元的写有'让美国变得伟大'的帽子的优惠券。"人工智能不仅可以提供顾客指定产品的确切类型及具体报价。它还可以预测哪些客户可能会对 1 美元的促销活动做出反应，而哪些客户可能需要 5 美元的促销活动。当然，它还可以根据卖方的盈利需求给出建议。

体育活动方面的作用

20 世纪 90 年代，奥克兰运动员教练比利·比恩彻底改变了美国职业棒

○　1 英亩 = 4046.856 平方米。

球大联盟，他使用会计的方法来确定球员"真正的市场价值"，不仅参考如全垒打、打点和盗垒这样显而易见的数据，而且会考虑在以前看来价值较低的因素，如上垒率和猛击率。有意思的是，在《点球成金》这本书和其同名电影中都有对棒球统计学的独特见解，他们会使用统计数据来分析确定球员对球队的价值，或者是用原始棒球数据来做出可操作的决策。⊖

通过使用人工智能，如今每项运动中具有前瞻性的教练就都不需要依赖他们的直觉或其他人的看法来决定选拔哪些运动员或让谁上场了。相反，他们可以通过机器学习来判断招聘哪些运动员。马修·科尔是布鲁克林动力软件公司的一名员工，他就使用人工智能来评估年轻运动员的才能。他解释了这样做的原因："标准和统一的数据收集平台，让我们可以对运动员进行全天候评估。我们使用这种方式工作的前提是，我们可以创建运动员的整个生命周期的数据简历。这能够消除一切人类偏见……当你评估一个球员和他们的数据时，你不会看到对方的种族、国籍或其他无关信息，这些往往会影响判断。"

在卖墨西哥玉米卷饼方面的作用

最后，让我们假设你拥有一辆餐车。你可以通过人工智能获取很多信息，而不是通过观察竞争对手的做法或是听取善意的朋友的建议。人工智能可以告诉你应该把餐车停在哪，在特定时段你会卖出多少玉米卷饼，你应该订购多少食材以节省库存和至关重要的准备时间。

人工智能在了解到当地的步行交通情况后，还可以告诉你吸引来自特定酒吧的顾客的最佳时段，特别是在有活动的情况下。它可能会说："如果你在1点到1点半之间在这个地方摆摊，你可以以10%的溢价卖出更多的大虾玉

⊖　棒球统计学一词来源于美国棒球研究协会的棒球大师比尔·詹姆斯。

米卷饼。"同样，通过浏览新闻网站和订阅 Twitter，人工智能可以提醒你，一群素食爱好者将在下午 5 点出现在街上，这就会给你足够的时间来准备令人垂涎的青椒和奶酪玉米卷饼。

定制诊断分析

如上所述，人工智能如"第十人政策"那样的独立思考模式将惠及每个行业中的每一家企业。我们再来看一个例子，人工智能可以协助人体治疗师根据收集到的数据推断什么样的治疗、谈话、文学作品、宠物或药物对病人最有利（这类专业人员无法在不违反保密规定的情况下从其他人那里获得重要的指导）。同样，医生也可以求助于人工智能来了解什么是对患者最有效的药物，不仅仅是基于患者的年龄、体重和与其他药物的潜在相互作用这样简单的因素，还会基于其他数据，如患者的个人饮食习惯、运动和睡眠模式、家庭健康史，以及每天会接触到的环境污染物等。

归根到底，是什么让人工智能对商业来说有着如此大的作用？主要是人工智能能提供动态的分析，而不只是静态的观察，能够基于目前的世界状况进行实时有用的预测。从历史上看，政治预测如此不准确的原因之一，是每经过一个新闻周期，一部分关键的选民就会改变立场。有的事情今天也许是这样，明天可能就不一定了。

我们都知道股市对新闻消息非常敏感，哪怕是最小的新闻。人工智能能够对看似不相关的事件做出快速的反应和预测，这使得人们不受从众思维的影响。那么人工智能将如何以更新颖的方式来帮助你的业务呢？你又需要做些什么来配置一个可以满足你需求的人工智能系统呢？

第十三章

现在我们该如何利用人工智能

根据我们介绍的知识和你所了解到的所有关于思维机器近乎神一样的认知能力，你可能会问自己："我的企业如何通过人工智能技术获利？"答案取决于以下几个因素：你对人工智能的接受程度，你可以投入的时间和精力，你的业务规模和你的预算。顺便说一下，你可能已经注意到，我们并没有提到你的业务类型可能会妨碍你采用人工智能技术。原因很简单：无论你是做什么的，即使你是在一个创新行业（这看似剥夺了你使用这种技术的资格），你都可以利用人工智能。

正如我们已经看到的，IBM 的"沃森"可以制作电影预告片、开车、撰写新闻文章。那么，是什么在阻碍它制作长电影或是写一本书呢？

成长的烦恼

在写这本书时（这本书仍然是由人类写的），商业人工智能的采用可以被比作 20 世纪 70 年代早期的第二次计算机浪潮。自动化数据处理的好处在尼克松时代就已经很明显了。所有类型的企业都渴望购入计算机，以简化运营，提高效率并增加利润。然而，计算机的成本以及编程和操作计算机所需的专业知识，仍然令人望而却步。只有大型或资金充足的企业才能承受得起。

在迪斯科时代的早期，计算机在银行、保险公司、大型制造厂、邮购公司、公共事业办公室、配送中心，当然还有政府机构中都很常见。任何处理大量信息或产生复杂财务报表的集团都很可能需要使用计算机。但企业级的计算机系统所需的成本高达数十万美元，因此，大多数小型企业都无法触及它们。直到 20 世纪 80 年代初个人电脑上市，计算机才真正成为主流。

今天的人工智能科技也处于类似的初级发展阶段。大型制造公司、制药公司、金融机构、全国性的零售商以及奈飞和葫芦网等娱乐平台都在大力投资这项技术。然而，大多数家庭店铺、小规模零售商以及刚开始创业的企业却不会这样。为什么呢？这主要还是和钱有关，使用人工智能技术的入门花销可能高达 10 万美元。假设你经营的一家公司负担得起用 10 万美元到 50 万美元来开发一个专门的人工智能，或者租赁一个像 IBM 的"沃森"这样的现成的系统，你如何在实践中利用这种技术？为了回答这个问题并且让你体验一下人工智能在现实中的应用，我们现在就来看看不断变化的商业环境。接下来的部分描述了如今的企业家们是如何利用人工智能来增加他们的财富的。

销售

"我不知道我是否能做到，但如果我能做到，你今天就能买下这辆车吗？"长期以来，销售人员都在使用这样俗套的说辞来销售汽车。因此，几乎每个人都不喜欢他的购车体验。根据 2016 年的 Beepi 消费者指数，87% 的美国人都不喜欢在经销商处购买汽车。

了解了真实情况后，总部位于底特律的费尔德曼汽车集团开始部署基于人工智能的聊天机器人来改善汽车的购买体验。是时候和高压的销售策略说再见了。潜在客户不会从进入汽车实体经销商商店的那一刻起就感到被骚扰，而是可以按照自己的需求在家里与聊天机器人互动。多姆·尼卡斯特罗为CMS在线网站写道："（该平台）通过脸书的新闻推送进行广告整合，以几个费尔德曼实体经销店所在地的地理半径内的潜在客户为目标。然后，该聊天机器人就会在脸书与潜在客户进行直接的对话。该聊天机器人还可以为客户提供在线帮助。"

费尔德曼汽车集团并不是唯一一家实现了使用自然语言处理聊天机器人的公司。它们将改变许多不愉快的客户体验。讨厌等待吗？不止你一个人有这样的遭遇，这是现在最令人沮丧的情况之一。正如计算机周刊拉腊·波诺马雷夫解释的那样："客服中心是所有大公司的一线，它提供了企业和客户之间的重要联系。那里也是一个可以决定品牌体验的地方。"

为了改变人们对客服中心体验糟糕的看法，当然，也为了给客户提供更多有价值的信息，许多精明的公司开始与Bright Pattern（明亮模式）公司这样的创新者合作。结合了包括IBM的"沃森"、Reply.ai和Alterra在内的人工智能机器人，旨在从口语中提取含义，Bright Pattern公司的最终目的就是让人工智能机器人可以"自动与客户进行对话"。

这些产品背后的投资回报是通过将客服中心的工作外包给机器人，让所有公司的人类员工都可以专注于高水平、有创造性和有趣的工作获得的。Bright Pattern公司还提供了自动化的"人工服务"。这意味着，如果机器人遇到了它难以解决的问题，打电话的客户可以选择绕过机器人。（实际上机器人会检测到它无法处理的问题并进行呼叫转移。然后，机器人会"旁听"并学习人与人的交流，如果下次再出现类似情况它就会知道该怎么做了。）

聊天机器人在与客户进行在线连接的业务中尤其常见。[X]cube实验室就是这个领域的一家公司，它研发的人工智能和 NLP 驱动的聊天机器人，可以提供 24 小时全天候自动交互协助。它与联合健康集团、夏普和通用电气等公司的主要品牌都有合作。该公司是众多专门创造流畅输入法或语音互动体验的科技公司之一，和这些产品交流的体验感与和实际的人际互动没有什么区别。

[X]cube 实验室的聊天机器人也提供销售支持。忘掉那些讨厌的汽车销售人员吧。你可以把它的电子商务机器人想象成下一代销售团队。它们甚至从不会打哈欠，从不会抱怨或要求吸烟、休息。它们还可以通过在销售周期的关键时刻做出一些有影响力的决策，以富有想象力的方式追加销售或交叉销售。

供应链规划和物流

如果你的企业服务成千上万的客户，并依赖多个供应商通过多种渠道提供商品，那么在供需上保持平衡这件事情对你来说可能是一项艰巨的任务，但对人工智能来说就算不上什么。

路易斯·哥伦布在《福布斯》杂志的一篇文章中写道："机器学习的算法和运行它们的应用程序能够快速分析大型、多样化的数据集，提高需求和预测的准确性。"哥伦布引用了伦诺克斯加热和冷却（Lennox Heating and Cooling）公司关于如何在一个不断变化的网络中掌握供应链的案例，描述了该公司如何从一个全国性的库存模式更新到了一个拥有众多运输和销售地点的中心辐条模式，同时增加了销售额、库存周转率并且提高了市场份额。

同样，类似沃尔玛这样的大型物流企业也会使用人工智能，以跟上一个日益复杂和充满活力的零售生态系统。露西·本顿在供应链网站超越网（Beyond.Com）上这样写道："人工智能实现了更广泛的情景智能，提供了降低运营成本和库存所需的知识，并能更快地回应客户。"

虽然沃尔玛成立于 1962 年，比个人电脑的发明早了几十年，但它却一直与时俱进。2018 年秋天，沃尔玛宣布在加利福尼亚州的沙夫特建立了一座新技术支持的新鲜冷冻杂货仓库，它拥有能够自动存储和检索物品的平台。使用这种智能技术，该公司甚至可以检测到客户的需求量和供应商产出量的微小变化，并实时响应，以避免出现库存过剩或空货架的状况。为了进一步表明沃尔玛正在投资技术以保持与时俱进，该公司刚刚推出了自己的供应链学院，以培训员工的 STEM（科学、技术、工程和数学）技能。

市场营销

长期以来，在客户准备购买商品的时候发出一些有说服力的销售信息一直是一种凭借直觉和运气的艺术。现在已经不再是这样了。如今的人工智能不仅可以预测客户的购买模式，还可以形成针对个别客户的销售沟通方式。目前为止，你已经很清楚地知道了像亚马逊这样的公司会根据你过去的购买记录来提供推荐。但你可能不知道的是，其他有前沿思维的营销公司是如何使用人工智能来产生不寻常的结果的。

经过四轮融资后，刚创立的晶格科技获得了 6500 万美元的投资，该公司的业务就是利用大数据来预测谁会购买产品以及会在何时购买产品。到目前为止，它们已经协助了一些大公司进行销售，其中就包括 Adobe、Citrix、戴尔、互隋和史泰博。它们的销售模型包括三个阶段：①联系；②分类；③行动。在第一个阶段中，晶格科技将多个客户的数据源整合归并到一个地方。这些数据可以包括匿名的网络活动、第一手资料、销售活动、网站简介、增长趋势等。下一阶段是使用人工智能来区分和建立受众群体。最后，晶格科技会对数据进行分析，以任意数量的数字或社交广告和电子邮件等方式在多个渠道中识别目标。

基于这种创新，晶格科技的首席执行官沙希·乌帕德亚雅（Shashi

Upadhyay）在接受 Trust Radius（可靠半径）的采访时表示他将他的公司比作"预测营销领域的先驱"。乌帕德亚雅说："我们从预测哪些人会想买东西开始，预测他们会买什么，他们什么时候买，他们会比普通人多买多少，你可以用这些预测来改善一切的销售和营销方式。假如你对某个人在某一天要买什么拥有完整的信息，你就不必把营销和销售的资金花在其他人身上，你只需要和会购买的人谈谈就足够了。"

商业智能

除了将大数据用于市场营销外，我们还能见证人工智能预测业务的兴起。它的工作原理是基于机器算法来识别趋势。Domo 公司就是典型在这一领域运营的公司。作为业务仪表板的创建者，它提供了管理工具，用于收集有价值的、可操作的信息以供决策。

2017 年，该公司在自己的 Domopalooza 年度用户大会上宣布了 Mr. Roboto 的发明。在某种程度上，Mr. Roboto 是该公司在商业预言方面对 Siri 和 Cortana 的回应。根据该公司的一份新闻稿，Mr. Roboto 将会是第一个将大量数据流与公司的员工结合起来，以利用"商业云"中出现的社交模式的平台。

Mr. Roboto 的两个关键功能包括，一个面向决策者的警报中心，用于检测异常情况，了解个人数据消费模式，并用于分析集团最受关注的指标。另一个关键功能涉及数据科学。提供一份可以让 Mr. Roboto 识别的信息，它会进行预测分析，对客户流失、销售预测差异和实时投资回报率异常这样的关键问题做出回应。该公司的创始人兼首席执行官乔希·詹姆斯这样描述 Mr. Roboto 的作用："商业云的开发是为了帮助所有人摆脱数据孤岛的束缚，并给予他们能够做出更好的商业决策所需的洞察力。Mr. Roboto 则会利用人工智能、预测分析和机器学习来开发实时的、社交性的见解和预测，它将这种商业自由提升到了一个新的层次。Mr. Roboto 将把商业决策者从缓慢、刻板的商业智能系统中解放出来，推动数据创新。"

金融产品开发与网络安全

金融服务依赖于对资产、风险和客户需求的深刻理解。事实证明，人工智能在该领域非常有价值，它能使用预测分析从个人行为中学习，并能在管理风险的同时设计出最适合个人需求的金融产品。相反，那些不愿与时俱进的企业就很可能会被不断发展的金融市场拒之门外。弗雷斯特研究公司的一份报告中说："那些接受由技术推动的数字增长和业务转型的金融公司与那些继续以传统方式开展业务的机构之间的差距将继续扩大。"

在全球很多银行和金融领域中，那些选择颠覆自己和行业的人也在利用大数据的分析来使自己做出更明智的决策。他们也在使用人工智能以发现欺诈并进行防护。2017 年，当公众得知黑客侵入了近 1.5 亿用户的数据时，Equifax 公司上了新闻头条。而这也绝不是个例。近年来，网络攻击的数量激增，并展现出愈演愈烈的迹象。巴克蒂·米尔钱达尼为《福布斯》写的一篇文章说："普通的美国企业每年会受到约 400 万次的网络攻击，而美国金融服务公司每年遭受的攻击次数竟然高达 10 亿次。"

网络攻击不仅非常普遍，而且攻击力度也非常大，导致 2017 年各大金融公司损失了约 168 亿美元。显然，任何愿意和有能力应对这种金融混乱的企业都将在新的经济模式中拥有良好的表现。在机器学习技术的帮助下，Feedzai Genome 公司就是其中之一。据美国商业资讯的报道，该公司"对金融犯罪模式的 DNA 进行了测序，以识别非法网络中几乎不可能被检测到的关联交易"。由数据科学家创建的 Feedzai Genome 公司使用了一种叫作 OpenML 引擎的算法来预测和阻止网络欺诈。它还将软件授权给了银行和其他金融公司，以强化其应对网络欺诈的能力。

另一家打击网络欺诈行为的公司是 DefenseStorm（抵御风暴）。该公司于 2014 年在格鲁吉亚成立，目前总部设于华盛顿州的西雅图，他们提供 PatternScout（模式侦察）和 ThreatMatch（危险匹配）等软件工具，帮助金融机构进行模式侦察，并实时监控网络异常和威胁。DefenseStorm 在市场上有着独特的地位。DefenseStorm 公司的软件不是针对摩根大通或美国银行这样的大企业的，而是为了满足规模较小的银行和信用合作社的需求。

车辆和工厂维护

公司的机器和车辆该什么时候维护一般都有指导方案，但要准确地预测这些关键工具何时需要修复或更换，则完全是另一回事了。通过实时从无线传感器和监视器得到数据，工业人工智能系统就能通过阻止可能导致设备损坏的关键操作避免设备故障，这样每年能为公司节省数百万美元。

尽管此技术目前尚未得到广泛应用，但 Plant Engineering（设备工程）公司 2017 年的一份报告显示：有 51% 的制造公司现在采用了计算机维护管理系统（CMMS）。我们很容易就能知道个中原因。类似于沃尔玛利用人工智能快速做出库存和运输决策，企业也可以依靠人工智能传感器来检测机器故障或损坏，从而节省时间和金钱。

DataRPM 公司就在该领域部署了这些尖端技术，近年来其基础客户不断增长，包括捷豹、三星和三菱重工。斯蒂芬妮·康登在 *Between the Lines*（《字里行间》）里写了关于 DataRPM 公司的人工智能正在应用的维护设备的方法："它可以做到用无监督学习和半监督学习技术来检测随时可能出现的问题以及未知的故障。它还使用了一种被称为元学习的技术来提高设备故障预测的质量、准确性和及时性。它还可以水平扩展，以监控任意数量的工业机器。"

农业

如今的城市居民可能会对在 1850 年近 65% 的美国人都是农民的事实感到困惑。尽管以农业为生的人口已经大幅减少（如今在美国，农民人数还不到总人口的 2%），但农业仍然在世界各地发挥着重要的作用。为了继续满足消费者的需求，农民必须变得更加精通技术。创新型农业企业已经在以下几个关键领域中运用了人工智能：将机器人用于收获和种植；使用用于作物或土壤监测的计算机视觉和深度学习算法；最大限度提高产量的预测分析。

尽管有这样的创新，人类并不是唯一一个以新颖的方式应对环境挑战的物种。在过去的几百年里，虽然我们尽了最大努力想用除草剂根除杂草，但杂草还是生存了下来并总能产生抗药性。在 2017 年被约翰·迪尔收购的蓝河科技公司并没有放弃与令人讨厌的植物做斗争。相反，它正在使用一种秘密武器——人工智能，来对抗不受约束的植物生长。它的机器人 See & Spray（发现并喷洒）能使用计算机视觉技术在几毫秒内检测并杀死一株植物，实现了减少除草剂的过度使用的同时防止杂草产生更强的抗药性。

人工智能对食品的生产也有直接影响。越来越多的人不再从事如采摘水果这样的劳动密集工作，机器能使用机器视觉来做挑选水果的工作。无论天气怎样，它们都能连续工作好几个小时，还不用睡觉。一家名为 Harvest Croo 的公司就在使用机器人收割设备，这套设备包括一台自主草莓采摘机。利用运动守恒原理，它所谓的采摘轮就可以实现 360 度的旋转，设备上的机械爪就可以抓住由传感器选好的草莓。

Harvest Croo 的联合创始人加里·维希纳茨基认为：从长远来看，缺乏劳动力的问题不只在美国出现，这是一个需要新技术解决方案的全球挑战。维希纳茨基说："我们希望实现的是通过提高田间采摘和包装浆果的速度和持续时间来降低成本。"

他设定的目标是从任意一种植物中摘下 95% 的果实。他认为人工智能能够改变整个人类农业的游戏规则。然而，在水果可以被采摘之前，人工智能都只能被用于监控。立体视觉是该公司根据一系列标准（颜色、质量和大小）识别浆果的摄像头的名称，它可以确定是否应该采摘一个果实。基于这种瞬间分析，机器人采摘者可以在最理想的收获时间采摘水果。据维希纳茨基的说法，承包商还可以增加土地面积，而不需要额外的冷却资源来增加产量。

度假村和赌场管理

如今，顶级的度假村和酒店集团已经抓住了人工智能这个机会来提供更多个性化、满足需求的客户体验。为了做到这一点，这些公司依靠大数据来获得对客户行为的更全面、可操作的信息。棕榈赌场度假村的技术副总裁埃里克·圣马克在接受《赌场评论》的采访时说："如果你让酒店行业的大多数营销人员说出他们面临的最大挑战，许多人会谈到收集客户对他们的产品、商品和服务满意度方面的有价值和可操作的意见或建议是一件非常困难的事情。"

同样，如果使用了人工智能，它就可以为你收集这些细节来定制客户体验。为了展示人工智能能为度假村的客户做些什么，《赌场评论》描述了一个田园诗一般的景象，人工智能算法几乎能和客人本人一样了解他的品位和欲望。早上 8 点，我们的实验客户约翰的飞机就在机场降落了。他刚下飞机，他的优步司机就在行李领取处等着他了。与此同时，约翰的酒店就为他准备好了一间他预订的房间。在约翰的朋友得知他已经进城后，就预约了上午 11 点开始的高尔夫球赛的入场券。在高尔夫球赛结束前，约翰最喜欢的墨西哥餐厅就已经被预订好了。到了晚上的时候，约翰将参加一场他从未看过的太阳马戏团的演出。这些都不需要他通过电话或者网站进行预约。当他想要去赌场赌上一把时，他的积分卡里就已经预先充值了 1 万点免费积分，这仅仅因为他是一个身份尊贵的会员。

圣马克认为，这种无与伦比的服务不仅预示着客人会享受一个更舒适的旅程，而且还预示着整个酒店行业的光明未来。利用人工智能了解客户的需求不仅能为企业带来一笔好生意，还能省时省力。圣马克说："许多酒店运营商都认为，整合与客人活动相关的时间本身就是一个重大的挑战。即使是像安排房间清洁这样简单的事情，也需要客房经理、主管和前台管理人员的不断沟通。这种挑战同时还存在于餐馆经营、健康服务等行业，而且这样的挑战还不胜枚举。"

你自己的可操作信息

正如上面的例子所示，无论在什么行业，人工智能都可以为每个企业提供大量的好处。任何一个企业家都知道，创业是为了解决问题。人工智能恰好是我们有史以来拥有的最好的解决问题的工具之一。随着技术的进步和使用成本的降低，我们将看到更多的人工智能出现在我们的生活中，它们可以大大改善我们的日常生活体验。

那么，你是否在考虑如何使用人工智能来更好地辅助你的工作呢？希望你正在这样考虑。你可能会对如何以实际的方式来实现这项技术而感到困惑。不用担心，正如没有"一刀切"的商业计算机程序，任何人工智能应用程序都需要根据其所服务的组织进行定制。在这个阶段，我们至少可以帮助你思考该如何使用人工智能，最终实现这些可能会在未来。不过，当你开始思考如何将人工智能运用到你自己的业务中时，思考以下步骤是很有帮助的：

1. 建立对人工智能的理解，尤其是对它所能提供的新功能的理解。（读这本书可能会是一个很好的开始。）

2. 专注于一个特定的问题或机会。

3. 想想你认为理想的解决方案。（"天上掉馅饼"的想法在这个阶段也是可以的。）

4. 思考人工智能的哪些功能可以帮助你实现你的解决方案。

5. 制定愿景规划，为解决方案建立高级人工智能体系结构。（这是值得你深入研究的地方。）

6. 为你的人工智能制定训练策略。

7. 构建、训练和测试你的人工智能。

8. 利用现有技术（比如应用程序接口）。

9. 专注于编程你想要创建的独特用户体验。（你的组织如何与众不同？）

10. 实践你的人工智能解决方案。

如果你现在仍然不确定人工智能在实际层面上是怎样运用的，在下一章中，我们将展示一个更深入的案例研究，向你展示一个公司是如何按照上述步骤来实行他们的解决方案，创建一个新产品，从而更好地服务于他们的客户的。你的公司会成为下一个这样的公司吗？

第十四章

一个很好的例子：人工智能是如何在 LegalMation 公司中运用的

在第十三章中，我们展示了从销售和市场营销到供应链的不同行业是如何使用人工智能技术以优化业务流程和实现最大利润的。现在，让我们开始更深入地探讨。在本章中，我们将以法律行业中的一个企业为例子进行讨论，它成功地运用了人工智能停止了在重复和日常的任务上浪费时间，提高了生产力。在本章的结尾，我们将带领你理解让 LegalMation 公司走向成功的 10 个步骤。

浪费时间的问题

在一个理想的世界里，律师一天的大部分时间都是按小时计费的，也就是说，按小时产生利润。不幸的是，事实并非如此，对初级律师来说尤其是这样。如果你和诉讼律师交谈，让他们回顾他们职业生涯的前两三年，他们都会想起自己大部分时间都在被乏味繁重的工作所消耗，比如准备文件并对内容进行整理和研究。即使是更高级的律师，他们每天要处理的日常任务也相当令人烦躁。

珂莱欧在 2017 年对 2915 名美国法律专业人士调查的《法律趋势报告》中表示，律师们将 48% 的时间都用在了"行政"任务上，这些任务包括获得许可证和继续教育、办公室管理、创建订单和发送账单，以及应用技术和收集材料等。汤森路透个人和小型律师事务所组对个人和小型律师事务所进行的另一项调查则显示，有 15% 的律师认为律师事务所面临的最重大的挑战之一就是在行政任务上花费了太多时间。

换句话说，律师们在日常的任务上花费了过多的时间，而将法律知识应用在实践上的时间还不够。但是通过使用人工智能来解决这个问题是有希望的，这就是 LegalMation 公司所做的事情。

LegalMation 公司的人工智能是如何帮助律师的

为了让律师能够集中时间和精力承担更关键、更重要的责任，LegalMation公司决定将律师每天处理的那些烦琐的任务自动化。LegalMation 公司没有使用人力，而是专注于将起草某些关键诉讼文件等事情自动化。这些事情包括回应诉讼、发现请求和回应请求以及应对其他流程事项和完成"常规"的律师工作。为了使这些过程自动化，它在一定程度上使用了沃森人工智能平台。与一切这样的整合类似，"搭载"这个新系统也需要一些精力和耐心。

为了让"沃森"运行，LegalMation 公司必须对它的人工智能进行训练（我们在前面几章中概述过）。例如，它必须教它如何阅读诉状。它还必须向"沃森"介绍相关的法律术语和行话，"沃森"必须了解什么是指控、诉讼的原因是什么以及诉讼原因与不同当事人之间的关系是什么。最后,"沃森"必须学会模仿人类律师工作,胜任那些日常但重要的工作。

毫无疑问,LegalMation 公司所取得的成就对法律行业来说是革命性的。到目前为止,人工智能可以帮助律师更快、更好、更准确地完成工作。人工智能现在正在以一种更具变革性的方式被使用:律师可以将注意力转移到更重要的任务上,把行政任务交给人工智能完成,为客户提供更大的价值。无论你是律师事务所的律师还是公司的内部律师,你都可以看看 LegalMation 公司是如何通过各种方式减少浪费时间的任务,并将这些乏味、烦琐的任务转移给人工智能的。

LegalMation 公司是如何掌握人工智能革命的:你同样也可以做到

我们已经向你介绍了 LegalMation 公司采用人工智能来提高律师工作效率的举措,现在我们再来谈谈你如何使用人工智能来帮助你的企业。

正如没有适用于每个企业的计算机程序一样,人工智能的应用也需要为其所服务的组织进行定制。在这个阶段,我们可以让你思考该如何使用人工智能,不过最终的实现可能会在以后发生。当你开始思考如何利用人工智能时,遵循上一章所说的 10 个步骤对于你的业务是很有帮助的。方便起见,我们将再次列出这 10 个步骤,同时学习 LegalMation 公司是怎样遵循它们的。

1. 建立对人工智能的理解,尤其是对它所能提供的新功能的理解

LegalMation 公司最初试图将最复杂的诉讼提议(例如,撤案提议、简

易判决的提议等）实行自动化。然而，尽管人工智能的能力是令人难以置信的，但它们也并不适用于或不完全适用于每项任务。对于LegalMation公司来说，许多任务都充满了太多的变量，这样一来，人工智能难以接受适当的训练。

当这些负责人了解到人工智能的能力后（更重要的是，它的局限性），LegalMation公司做出了一个突破性的决定：只在狭义范围内确定他们想要自动化的具体任务。最终，他们意识到"沃森"只适用于处理律师们遇到的日常事务。这里的重点在于你不应该认为人工智能是可以解决所有问题的。相反，你需要花时间去思考人工智能的最佳利用方式，并将这些任务分配给人工智能完成。

2. 专注于一个特定的问题或机会

LegalMation公司专注于将律师（通常是初级律师）在任何诉讼案件的早期阶段都必须执行的最烦琐、批量化和流程化的任务实现自动化。这些任务包括起草对诉讼、询问和其他书面文件的回复。

当你考虑将人工智能用于你自己的目标任务时，你需要确定这项技术可以解决的是一个非常有目的性的问题。这与步骤1相关。对人工智能的能力和局限性有一个清晰的了解将帮助你确定如何最好地利用这项技术来辅助你的业务。这项工作越具体越好。想要人工智能"一刀切"地解决问题是不会给你带来任何好处的，你需要针对你的业务或行业的特定问题定制这种技术。

3. 想想你认为理想的解决方案

在这一点上，你需要更开阔地设想如何应用人工智能才可以最好地为你、你的客户和用户提供服务。在LegalMation公司的案例中，它们梦想着人工智能不需要进行任何调整或训练就能够上传一份诉讼副本或起草一份完美的法律文件。虽然你使用这项技术的实际方法可能会有不同——就像 LegalMation 公司所做的那样，但在目前这个阶段，你应该确定人工智能如何为你服务才能得到最好的结果。你需要变得更现实一些。

4. 思考人工智能的哪些功能可以帮助你实现你的解决方案

市场上有很多人工智能解决方案，在使用任何一个之前，你都应该认真地研究以确定到底哪一个才是最适合你并且适用于你正在解决的问题的，这一点是至关重要的。LegalMation 公司研究、试用和探索了各种人工智能解决方案，只为筛选出最佳方案，以最有效的方式实现目标。

最终，由于 LegalMation 公司需要实现自动化的文档种类繁多，因此他们决定应用包括"沃森"和其他开源软件在内的多种解决方案。因为"沃森"拥有一个它非常擅长的模块：语言处理。LegalMation 公司需要人工智能解决方案仔细处理法律术语，但发现其他人工智能平台无法精确处理这些语言词汇。同样，你也需要去探索每个人工智能平台的能力，看看哪个解决方案最能满足你的需求。如今，LegalMation 公司依赖 3 ~ 4 种不同的人工智能平台，而所有这些平台加起来也只占该公司技术平台的 40% ~ 50%，其余的都是内部开发的专有软件。

5. 制订愿景规划，为解决方案建立高级人工智能体系结构

一旦你为你的人工智能解决方案建立了远大的目标，你就会希望以一种更彻底的方式构建一个详细的计划文档。LegalMation 公司最初将他们的愿景缩小到了他们想要解决的特定问题上，使其尽可能简单，就是从一个索赔或诉讼原因开始的。（在诉讼中，诉讼原因本质上是他人违反了具体法律规定或

标准。）

这种专一性缩小了人工智能关注的范围，因此在进一步应用之前可以首先完成基本概念的验证。在制订你自己的计划时，你需要将视野缩小到一个特定的问题，从而制订一个简单的解决方案。（在以后的人工智能平台中，只要你愿意，你就可以在某个特定的时刻扩大你的计划范围。）

6. 为你的人工智能制定训练策略

与培训一名普通员工一样，谨慎的入职培训是你成功的关键。对LegalMation 公司而言，该公司所面临的特别挑战是训练人工智能平台来理解法律语言。诉讼和其他法律文件通常不是用标准的、会话式的英语编写的，因此任何现有的国家语言处理程序都不容易满足它们的需要。

基于这些限制，它们计划让真正的律师来训练人工智能，教它如何像一个律师那样阅读、理解和起草文书。在构建人工智能解决方案时，你需要相关领域的专家对你的人工智能进行训练。

仅供参考：你不能在这个环节有任何的松懈。就像你永远不会只雇用员工但不对员工的技能和责任心进行充分的培训一样，你应该以同样的谨慎和勤奋对待你的人工智能。

7. 构建、训练和测试你的人工智能

现在是时候测试你的人工智能了，然后检查、修改再重复。这就是LegalMation 公司一遍又一遍地在做的事情。它们设置了一项任务用于训练它们的人工智能理解这项任务并起草与任务相关的具体回应，然后对下一个任务重复相同的过程。这个过程需要良好的耐心，不能仓促行事。你想要确保解决方案能以最好的状态运行，就必须尽可能地减少失误。

8. 利用现有技术

LegalMation 公司发现它们的人工智能与现有的应用程序进行结合、补充、互相增强时最有效，它们结合后的解决方案能够达到预期效果。对 LegalMation 公司来说，人工智能约占其整个平台技术的 50%，剩下的是它们自己专有的软件，它们编写这些软件用于弥补和减少人工智能的不足。

为了达到你的目的，你需要思考如何使用其他的应用程序和技术来增强你的人工智能解决问题的能力。就人工智能本身而言，如果没有适当的精简、训练和优化，那么人工智能也并无用处。然而，通过将人工智能和业务运营的其他技术相结合，你就可以构建一个适合你的解决方案了。

9. 专注于编程你想要创建的独特用户体验

在这个阶段，你可能想问自己，就用户体验而言，你的公司有哪些优势？ LegalMation 公司非常重视为客户提供一种简单、方便的客户体验。人工智能帮助 LegalMation 公司创建了一个最简单、优雅和友好的用户界面。用户只需点击三下就可以下载一份文件。

在 LegalMation 公司的界面上不存在混乱的选项、链接和问卷。同样，你也可以考虑如何利用人工智能来改善你的客户体验。你可以问问自己：人工智能可以做些什么让你的公司在众多企业中脱颖而出？然后再优化人工智能解决方案使其更符合你的客户需求，最终你会看到回报的。

10. 实践你的人工智能解决方案

现在是时候推出新的、测试版的人工智能解决方案了。（在理想情况下，你应该在首次发布产品或服务前推出测试版。）幸运的是，在 LegalMation 公司的案例中，沃尔玛已经成为他们的一个客户了，所以它们就把为沃尔玛法律部门的服务作为它们开发过程的一部分。沃尔玛的团队帮助 LegalMation 公司测试了这个系统，并提供测试中的关键反馈，以便在正式发布前解决问题。如果你也有类似的情况，要尽可能地在正式发布之前让客户和潜在客户都参与到测试过程中。这些早期的建议和意见都会非常有用，并最终为你构建一个客户认为适合他们需求的产品。

如何让自己从人工智能革命中获益（即使你不是技术人员）

对 Lingmo 首席执行官丹尼·梅（Danny May）的采访，

其公司专门从事人工智能翻译

作为一个非技术人员（你来自水管行业），你需要做些什么才能将你的人工智能业务推向市场呢？

在我做了市场调查之后，自学之前，我去拜访了大约 40 位天使投资人，但他们都对我说了"不"，原因很简单，因为我没有这方面的技术背景。我和妻子沟通后决定卖掉房子，把所有的钱都投到生意中。

在那之后，我就不得不自学了。科技是一个很大的世界，你可以学到很多东西，显然我还要继续学习。我只需要专注于我需要知道的——关于语音识别和翻译行业的内容。我还必须了解我的竞争对手，并了解他们做得不好的地方。为了实现我的目标，我从巴基斯坦引进了一个专业的团队帮助我更快地学习。毫无疑问，这些知识对他们而言是很简单的，这使我感到很安心。

在你的企业走向市场的过程中，最令你惊讶的事情是什么？

我很早就了解了一件事，那就是在科技行业里最重要的是人脉。如果你不认识合适的人，也不与这些人交流联系，那你可能无法做到"学以致用"。

你是如何提升自己让自己掌握这项新技术的？

我有阅读困难症，所以我不怎么读书。但是，我听过许多与科技相关的音频和播客，从专家和他们在人工智能领域所做的事情中找到了吸引我的东西。

你是如何进行这个开发过程的？

这是非常艰难的。如果没有科技背景，这可能会很可怕。我做了三年管道工程，在这期间我兼职研究人工智能，然后我开始全职参与人工智能相关的工作。有一个人对我说，我应该继续待在管道行业，"待在自己的领域里"，把发展科技的问题留给其他人。

我没有告诉过任何人我曾经是一名管道工程工作者，这和失败无关。我之所以不愿意告诉别人，并不是因为我在科技行业做的是一些我不擅长的事情，而是因为那些说我应该继续在管道行业的人老认为他们是对的。我没必要去解释，我发现这种消极和限制性的思想是最令人生畏的，不过这却是一直推动我前进的力量。

你会给其他想要进入人工智能领域的非技术型企业家提供什么建议呢？

你必须比相关科技行业的人多付出一倍甚至两倍的努力，因为你必须要证明你自己，尤其是当你需要找投资者融资的时候。不管怎样，请不要停止学习。也不要认为自己不在人工智能领域起步就会阻碍你成功。相反，试着把它视为一种优势。为什么呢？因为科技行业之外的人可能和科技行业内的人的思维方式不同，你需要利用你所拥有的优势努力工作。

利用所学的知识

在本章中，我们讲述了一家名为 LegalMation 的公司是如何将烦琐、单调的法律任务转移到人工智能平台中，从而让律师将更多的时间用在更有意义、更有创造性的工作上的。希望这能激发你去思考该如何利用人工智能来提高自己企业的生产力，并最终实现利润最大化。在下一章中，我们将进一步阐述这一观点，并向你展示如何将一些企业的分析和决策活动外包给人工智能来完成。

第十五章

人类思维外包与人工智能军师的兴起

　　史蒂芬·科特勒在新墨西哥州的办公室里告诉我们："我们现在生活在一个全球化、发展迅速的世界里。"科特勒是心流基因组计划（Flow Research Collective）的执行董事，所著书籍包括《未来世界：改变人类社会的新技术》等共 10 本，他是人类潜力和颠覆性变革技术力量方面的专家。"你需要明白，我们的大脑是在一个局部的线性环境中进化而来的。如今，我们生活在一个全球化、发展迅速的世界里。我们现在的速度或规模已经无法处理变化了——大脑不是为此设计的。更糟糕的是，根据雷·库兹韦尔（Ray Kurzweil）的说法，在 21 世纪，我们将经历一段超过相当于过去 2 万年的技术变革。这意味着，在接下来的 80 多年里，我们的技术进步将相当于两次从农业诞生到工业革命的进程。"

　　这是一位顶尖专家的大胆声明，他还与其他人合著了 Bold: How to Go Big, Create Wealth and Impact the World（《勇敢无畏：如何做大、创造财富并影响世界》）这本书。现在，我们需要伟大的思想家来帮助我们理解正在经历的事情。在这本书中，我们试图为人们提供人工智能的基本原理和起源，描述它是什么，以及像第十四章那样介绍创新公司如今是如何使用它的。现在，在科特勒和当今一些前沿思想家的帮助下，我们想描绘一幅发展越来越快的世界图景。接下来为大家制造一个悬念：你很快就会拥有自己的人工智能了。或许对《教父》的粉丝这样说更令人兴奋：你会有自己的人工智能顾问了，一个你可以信任的人工大脑将成为你最亲密的知己。

为了了解我们未来的发展目标，我们需要做一些准备：谈谈人工智能是如何影响商业贷款业务的。2017 年，斯科特·斯图尔特成为创新贷款平台协会（ILPA）的首席执行官，这是一个由一些小型在线贷款企业和机构组成的组织。在此之前，斯图尔特创立并主持了一个"小团体会议"。这是一个总部位于华盛顿特区的政治和公共事务网络协会，此协会负责就公共政策事务与高层领导人进行联系。他还曾担任过金融服务圆桌会议的高管，在那里，他召集了贷款机构和科技公司的负责人，想通过人工智能进行下一阶段的 B2B 融资。

他告诉我们："机器学习将把贷款融入信息时代。想想过去如果你需要一笔贷款，它的流程是怎样的。你需要打电话或去银行，然后开始一个 60～90 天才能完成的复杂流程，并且这个流程需要大量文件的批准。"

任何一家必须处理人工贷款的企业主都可能会觉得这个过程很烦人。除非你的资产能拿出担保，否则银行就不会借给你钱。即使你成功地克服了众多法律和经济上的障碍，它也可能需要几个月的时间才能获得批准。对于一个希望在竞争中占得先机的公司来说，这并不是一个理想的情况，更不用说想要繁荣发展的企业了。

"这种旧的模式在今天显然已经不适用了，"斯图尔特说，"如果你有一家餐厅，而你的烤箱现在需要两万美元来维修，否则你的餐厅明天就无法营业。这时，你就不能用陈旧的传统的银行融资的方式来寻求资金。我们的成员公司提供的贷款和信用额度通常能在 24 小时内就让你获得这笔资金，有时甚至几分钟内就能做到。"

在几分钟内获得实际融资而不是几个月后，这不仅仅是承销商的福音，还是资本实现的飞跃，这改变了当今金融业务的游戏规则。但贷款机构到底是如何做出如此迅速的贷款决定的呢？这一切都可以归结于大数据和计算机处理速度的提高。ILPA 的成员公司几乎可以立即使用数百条数据来确定申请贷款者的信用风险。除了查看 FICO 评分外，它还会查看申请人的银行存款、QuickBooks（财务管理软件）会计账簿、UPS 运输数据，甚至可能还有这家公司的在线评论。

斯图尔特解释道："为什么还要看 Yelp（尖叫点评网）上的评论？首先，如果你在 Yelp 上有评论的话，说明你的企业很可能就是真实存在的，这样就可以降低欺诈的风险。此外，如果你会回应评论，特别是那些负面的评论，并提供更好的客户体验，那么我们可以认为你有很好的信用。"

ILPA 能够通过 Yelp 来对申请人进行评估，也能根据信用情况做出部分评估，这一事实证明了近年来计算领域取得的进步。就连斯图尔特自己都承认，如果没有机器学习方面的进步，ILPA 的技术平台就不会存在。如今的消费者可能会认为 Yelp 的成功是理所当然的，毕竟它只是 20 亿个网站中的一个。但值得记住的是，这种大众评论论坛是在 2004 年才被发明的。2004 年的 4 年前，在世纪的交点，还没有人拥有智能手机，甚至没有聚友网（Myspace）账户。当时，世界各地的人都对"千年虫"问题感到恐惧，担心预计的计算机世界末日将会使商业和基础设施陷入瘫痪。因为在此之前的 4 年，也就是 1996 年，全球只有不到 10 万个网站在工作。

在这个呈指数级发展的时代，当商业贷款和一般商业发生变化时，利用人工智能加速贷款审批只是其作用的冰山一角。斯图尔特说："佩德罗·多明戈斯写了一本叫《终极算法：机器学习和人工智能如何重塑世界》的书，它预测未来每个人都会有自己的终极算法。这本质上就是一个可以为你解决各种问题的系统。"

　　等等，在我们探索多明戈斯的公式（这个公式试图帮助人类获取世界上所有的知识），讨论私人助理机器人以及考虑礼宾人工智能等不可思议的进展之前，让我们先来探讨一下 ILPA 的下一个迭代版本与商业贷款的未来。在这本书中，我们介绍了人工智能的秘诀在于它不仅能计算数据，还能从中学习并做出预测。现在，如果你的企业使用了人工智能，即斯图尔特所说的"个人算法"，它是否能预测你的贷款需求呢？

　　斯图尔特预测："在未来，你的个人算法将随时记录你的信誉。它将为你实时管理一切问题并提供各种产品和服务。"实际上，未来可能就是这样子的。想象一下，你有一家花店，到了秋末，一个具有前瞻性的个人算法可能会开始预测为情人节的巨大商机开始准备所需的资金。"你可以简单地授权你的算法通过使用某些参数来自动填补现金缺口。然后，个人算法会根据你的需求购买成本最低的产品，甚至可能代表你购买这些商品。"

　　根据斯图尔特的建议，他认为个人算法打开了人机业务共生的大门。月复一月，季复一季，年复一年，企业主将根据这些数据做决策。在给定的任何时段里，企业主都需要知道需要多少库存、目前的市场状况以及他们的客户会有怎样的行为。

　　正如我们所看到的，人工智能让你有机会根据这些数据做出预测，而且效果良好。那么结果如何呢？想象一下，你的电脑会在 12 月 31 日给你发送一个通知，上面写着："情人节很快就要到了，我们需要 1 万美元的营运资金。我拟定了三种融资方案，其中一种是最有实际意义的，你希望继续吗？"更棒的是，这台电脑将从你在这个场景中做的一切决定中学习，这样它就可以更准确地为明年 12 月该做什么给你提供建议。

　　这听起来可能是最前沿的技术，但即使是一台了解你的商业模式和市场趋势并为你提供融资方案的计算机，也仍然无法充分发挥思维机器的潜力。为此，我们需要让学术界的尤瓦尔·诺亚·赫拉利来对人工智能的未来进行预测。在 2018 年《连线》杂志的一次采访中，他表示："假设你有一个人工智能助手，它能全天 24 小时不间断地监控你会写些什么、会看到些什么或是做些什么。但这个人工智能是被委托来为你提供服务的，它能够了解你的弱点，并基于这一点来保护你免受其他黑客的攻击。"

在他的著作《未来简史：从智人到智神》一书中，赫拉利进一步阐述了他的这个想法，并扩展了斯图尔特个人算法的另一个版本。在这个算法中，未来每个人都可能拥有自己外包的思维，或者就是我们所说的人工智能顾问，而它可以预测你的需求。这个概念可以类比人工智能私人助理或茨城在推荐序中所说的 FIA（智能金融代理人的缩写）。最有趣的是，我们可以想象有一天我们的人工智能（无论我们决定怎么称呼它）可以充当我们的代理人，代表我们与其他忠诚的人工智能代理人交谈。没有时间给豪华餐厅打电话预订午餐吗？你可以让你的人工智能来解决这个问题，让它（人工智能）给你订一个靠窗的座位。毕竟，你的人工智能了解你的品味，更重要的是，他了解哪些是对你有用的。

不过，一些谨慎的企业家可能不认为拥有人工智能顾问是件好事。他们担心人类将被更有智慧的人工智能所主宰，那么世界将不再属于人类而属于人工智能。他们甚至会担心他们的人工智能伙伴不是真正的人类伙伴，而是一个沉睡的超级英雄。从表面上看，多明戈斯的书可能会加剧人们的这种担忧。毕竟，这本书的主旨是寻找一种终极算法，即从数据中获取世界上"过去、现在和未来"的所有知识。

然而，我们仍有理由相信蝙蝠侠将永远由人类扮演。为了理解其原因，我们需要请教经济学家兼作家乔治·吉尔德，他在 1990 年创作了 *Life After Television*（《电视消失之后的生活》）一书。当谷歌在谢尔盖·布林和拉里·佩奇眼中还只是未来时，吉尔德就预言了我们如今生活的这个世界。他预见了个人电脑的兴起，网络电视的衰落，甚至预见了他当时称之为"遥控机"的智能手机的出现。

吉尔德又在 2018 年推出了一本《后谷歌时代：大数据的衰落及区块链经济的崛起》。在书中，他断言谷歌所说的"人工智能将超过人类思维，我们将很快生产出能超越人类大脑能力的机器学习工具和机器人"的观点完全是错误的。吉尔德相信，无论我们的技术进步到何种程度，它都永远不会取代人类的意识。

他写道："机器是不会有头脑的，很多信息理论表明了这一点。人类的创造力总是让我们感到惊讶。如果不令人惊讶的话，我们就不需要它了。"尽管吉尔德认为这些机器很有用，而且承认它们可能会像预测中的人工智能顾问一样出色，但它们永远不可能主宰世界。为什么呢？因为这需要意识，这是一种人类独有的特点。就如吉尔德所写的那样："机器没有创造的能力。而人类的头脑可以质疑，可以产生幻想。"

根据吉尔德的逻辑，一个人工智能无论它多么的强大，在我们人类面前永远都处于次要地位，人类将是人工智能的"神谕者"，是一个思想和新奇事物的先驱者。我们不必在工作或生活中担心它们成为我们的同类，因为我们将永远掌控一切，有意识地创造世界。如果我们遵循这个逻辑，人工智能就不再是一种威胁，而是成为我们发挥人类真正潜力的最好的工具，这正是科特勒所设想的。因此可以想象，在不久的将来，企业的兴衰将取决于拥有人工智能的数量、知识的广度和预测能力。

同样地，一家企业的成功也将取决于人类负责人是否能够敏锐地使用人工智能的能力来与竞争对手对抗。在一个公司里，每一个人或人工智能，都将为企业取得更大的利益而共同努力，人类会有意识地推动这样的努力，并做出重要的决定。或者正如多明戈斯在书中写的那样："有了机器学习，管理者就可以变成高级管理者，科学家就可以变成高级科学家，工程师就可以变成高级工程师。未来属于那些可以深入理解如何将自己独特的专业知识与算法结合得最好的人。"

近年来，围绕着人工智能的担忧主要集中在技术的变革可能取代当今就业岗位的威胁。更糟糕的是，它会使人类感到被淘汰。在第十章中，我们讨论了一个以普遍基本收入来保护弱势群体的方案。尽管一些知名专家都支持这一方案，但也有一些人谴责了它的实施，因为给人们"免费的钱"会扼杀他们工作的动力，也会扼杀竞争和创新。

正如这一章所证明的那样，我们越来越清楚地认识到人工智能不会取代每一项工作，就像计算机的发明无法取代人类思维一样。人工智能将更有可能取代的是如《上班一条虫》中强烈讽刺的枯燥烦琐的工作。科特勒说："我以前的组织，心流基因组计划，参与了红牛的创意黑客项目。该项目由近3万项研究数据和数百次访谈组成，是对人类潜力的规模最大的实证研究。在此项目中得出的重要结论之一就是，创造力是21世纪世界蓬勃发展的最重要的技能。"

毫无疑问，我们生活在一个激动人心的时代，这个时代的发展是指数级的。对颠覆者和创新者来说，在人工智能的帮助下，能实现人类伟大的梦想。为了证实这句话，我们需要了解到这次变革有多特别，现在我们要去寻找更多的答案。在下一部分中，我们将采访更多相关领域的顶尖专家，讨论人工智能为人类带来的奇迹和挑战。

第二部分

OWN THE A.I. REVOLUTION
UNLOCK YOUR ARTIFICIAL INTELLIGENCE STRATEGY TO DISRUPT YOUR COMPETITION

与当今人工智能领域的
顶尖专家的对话

在下面的内容中，我们将采访一系列顶尖专家，探讨人工智能如何影响医学、创新、法律、语言、社会、情感以及机器人权利的未来。

人工智能与医学

最先受到人工智能革命影响的领域之一是医学。通过机器学习，研究人员能够教计算机利用 X 射线和核磁共振扫描来发现恶性肿瘤。医疗保健领域仍然是人工智能研究的重点之一，人工智能可以应用于从可穿戴的身体传感器到计算机控制的外科手术机器人等很多方面。

与 Zinx 公司合伙人苏林德·奥贝罗伊的对话：由人工智能技术支持的远程医疗服务

苏林德·奥贝罗伊（Surinder Oberoi）与他的儿子哈维尔（Javier）（兼联合创始人）的公司已经开始一起生产移动和可穿戴的健康监测设备，为用户更好地掌控自己的健康状况提供所需的信息。奥贝罗伊于 2015 年成立 Zinx 公司，总部位于西班牙毕尔巴鄂。公司广泛使用人工智能来解读生物数据，并与医疗专业人员共享信息。

个人健康监测设备，如血压仪和心率监测器，已经存在了几十年。基于人工智能的新技术能做到哪些以前的设备做不到的事情呢？

健康实际上是各种因素的组合：健身、营养、遗传，当然还有生物功能。以前，所有这些指标都只能通过单一的应用程序进行测量和跟踪。现在，我们有了将它们整合到一个应用程序中的技术，为用户提供非常具体的建议，优化他们的健康状况。

重要的是要认识到，一个人可能是肥胖的，但他可能仍然是健康的。相反，一个人可能达到了所有传统的健康指标，但仍然可能存在潜在的健康问题。人工智能有能力把每个人都看作独特的（没有单一的标准）人，而不仅仅是通过数据和指标来判断一个人是否"健康"。

人类医疗专家在这个系统中会起到作用吗？

这是当然的。即使我们在人工智能方面取得了如此大的进步，但目前这项技术也只能做到这一步了。这就是为什么我们会创建一个世界范围的执业医生网站以支持我们的应用程序，你可以与其他人分享你的信息并讨论你的选择。

当你谈到"世界范围"时，你对此是怎么认为的？

我们的网站覆盖了各个洲的医生。这意味着你不会仅限于和本国的医生进行沟通交流了。如果你的病情需要由美国、欧洲、印度或日本的专家解决，那么该技术就能让你选择和这些专家交流。对于如非洲等世界上医疗服务不足的地区，这种信息的获取是极其重要的。

人们对健康最大的误解是什么？科技和人工智能如何改善这种现状？

大多数人仍然依赖他们的全科医生来获取自己的健康状况或者进行一些"系统检查"（如果你愿意的话），科技让人们能够自己获得这些信息。有了人工智能组件，你就可以获得可操作的数据，这将允许你做出相应的行动，以获得更好的结果。

你见过的人工智能医疗设施对服务特殊患者的效率如何？

这个效率是非常高的。目前，医疗保健的成本正在以前所未有的速度上升，尤其是在美国，这种情况很快就会好转了。遏制医疗成本上升的最好方法之一就是预防——从一开始就防止人们生病。

人体监测与人工智能分析相结合可以帮助解决这个问题。只要向医疗专业人员远程提供数据，就可以给急诊室减轻很多压力。当然，仍有许多情况需要直接的医疗干预，如治疗心脏病或骨折，但在许多情况下，远程医疗是非常有效和可取的。

当需要服用处方药时医生是怎样做的？

很简单。医生把处方送到最近的药房，然后药房就可以把药物送到你家。（几年后，送货这个工作甚至可能通过无人机来完成。）如果你的孩子发了高烧，这难道不比开车送孩子去医院急诊室，再等几个小时，然后开车回家好吗？远程医疗不仅更加节省人力而且成本更低，它对病人造成的伤害也要小得多。

这种预防疾病所必需的持续监测要求人们佩戴与智能手机或类似设备相连的传感器。你认为人们每天 24 小时佩戴这样的传感器会舒服吗？

毫无疑问，全天候 24 小时监控的想法有点偏执。而且最近脸书和其他社交媒体平台被发现泄露个人数据的丑闻加剧了这种担忧。当涉及个人健康监测时，这必将是一个长期的教育过程，让消费者来重新调整他们的心态。

Z 世代和千禧一代可能会是最先适应这种状态的人。他们已经非常习惯佩戴与 Fitbits 类似的传感器，就像我们其他人戴手表或眼镜一样。另外，想想我们每天都在使用的其他技术，无论是安全摄像头，还是我们汽车上的 GPS 系统，又或者是我们的智能手机。我们已经非常依赖这些技术了，而且我们对它们非常满意。个人健康监测的未来或许也将和这些技术的发展路径类似。

你是否认为个人健康数据会被滥用？比如被保险公司用来辨别申请人或提高保险费率？

毫无疑问，保险公司很想利用这项技术谋利，特别是用于排除高风险客户。从商业的角度来看，他们这样做也无可厚非，特别是当考虑到他们的影响力和财务实力的时候。当然，如果你的生活方式让你更容易生病，你可能就不希望你的保险公司知道这一点了。

但如果你的生活习惯很好呢？难道你不想让你的保险公司知道吗？与保险公司分享你的健康数据可能是降低你的保费的一种方法。这是一件好事。此外，请记住，技术和数据共享是一柄双刃剑。保险公司可能对你有更多的了解，但现在你也有机会更了解他们。当你选择保险产品时，这些技术将为你提供更多的选择。

应该采取哪些预防措施，以确保这些高科技系统收集的详细的个人健康数据不被滥用？

监管机构已经在关注这些数据的收集，并正在实施保护个人数据的保障措施。每个数据收集公司都必须遵守这些法规，并且管理机构必须确保法律规定得到了强制执行和遵守。

你是否看到像你这样的公司颠覆了根深蒂固的传统医疗保健服务系统？

请记住，美国的医疗保健系统与其他大多数国家有极大的不同。在美国的医疗体制中，有一种经济激励来让人们生病，或者至少让人们做尽可能多的检查和开尽可能多的药物。这就是企业供应商和公司实现盈利的方式。

在欧洲和大多数其他发达国家，医疗保健是社会化的。既然我们交税，那么它的作用就是尽可能多地预防疾病，这就是为纳税人省钱的方式。我们希望，基于人工智能的健康监测能够让人们更加了解自己的健康状况，从而使医疗保障系统更亲民。你越不受别人的摆布，对你就越好。

15 年后，你认为人工智能可以应用在健康管理的哪些方面？

众所周知，技术创新是一个难以预测的问题。如果我们知道未来会发生什么，那么我们现在就会着手开始。但我可以告诉你我的梦想，那就是让医疗保健管理和疾病预防实现完全自动化。

当我早上醒来的时候，我想确切地知道我需要吃什么，我需要做什么运动，以及为了让我的身体保持最佳的健康状态我需要避免做哪些活动。现在我们可以通过正确的方式来对很多疾病和不良健康状况进行预防或延缓。我不知道未来的技术是否能够阻止人们做出错误的选择，但拥有更多和更好的信息肯定会对人们有帮助的。

到目前为止，我们已经讨论了利用人工智能来维护健康。那么关于人体的增强形式呢？人工智能如何让人类拥有超越自然设定的身体机能？

如果我们仔细了解过去的一百年，我们会看到医学上的进步极大地延长了人类的寿命。在 20 世纪初，人类的预期寿命是 50 岁或者 60 岁。而如今，人类的预期寿命已经超过了 80 岁。我想你可以将这称为一种增强形式。人工智能也会产生相同的影响吗？作为一名技术专家，我必须响亮地回答：是的！至于我们将看到什么特别的好处，或者什么时候会看到，我目前还无法预测。

我们真的会走上这条路吗？用技术超越自然的危险是什么？

现在，成百上千的公司都在追求这一目标，所以变革是不可避免的。如果我们能从近代史中看到什么，那就是技术带来的利往往大于弊。我们只需要睁大眼睛，保持清醒，把专业的事情交给专业的人来负责。

我们网络平台上的专业人员鼓励人们对所有类型的健康问题进行积极主动的、预防性的护理。这个过程非常简单，那就是重视我们所给予的建议，在营养和锻炼方面做出正确的选择，并使用我们提供的工具。

平台的核心目标之一就是预防，我们的目标是帮助个人、政府以及私人机构更好地实现可控制的预防性保健，而不是依赖目前存在的反应性保健模式，因为从长远来看这种模式显然是不可持续的。

Zinx 能够提供所有必要的工具，以开始和推进预防计划，从而为国家健康领域或私人健康保险领域内的所有人带来更好的健康结果。

人工智能与创新

在人工智能有可能产生影响的事件中，没有什么比创新更具潜力。如今，人工智能越来越擅长获取和分析大量数据，创新更容易以指数级的速度加速技术变革。据专家预测，未来二三十年人工智能可能产生比人类存在的两万年里所取得的技术突破还要更多。为了了解人工智能如何影响创新的速度和性质，我们采访了一些人工智能领域的领军人物。

与迈克尔·格伯的对话

迈克尔·格伯（Micheal Gerber）是 Michael E. Gerber 公司的创始人，这是一家总部位于加利福尼亚州卡尔斯巴德的商业技能培训公司。他是 1986 年出版的著名畅销书 *E-Myth*（《电子神话》）的作者。从那以后，他以合著者的身份出版了 10 本以电子神话为主题的关于创业精神的书，包括《创业必经的那些事》、*E-Myth Mastery*（《精通电子神话》）和《创业一次就成功》。这些书主要针对一些特定的行业，包括法律、会计、建筑、牙科、验光和脊骨治疗。

他被 Inc. 杂志评为世界上首屈一指的小型企业大师，并获得了美国国家畅销书作家学院颁发的终身成就奖（2010 年）。

你认为人工智能如何影响美国的商业？谁将是第一个充分利用人工智能的人，而谁又应该对此感到担心？

首先，我可以肯定地说：人工智能的时代来了，而且它来得很快，我们不可能阻止它。这项技术已经被投入研究了几十年，正在加速发展中，它将显著提高当今各类效率不高的工作的生产率。现在，人工智能在高端业务领域备受关注。《财富》杂志上前 500 的公司，甚至是前 100 的公司，将会是投资人工智能最多且最先获得收益的公司。人工智能将改变谷歌、脸书和苹果公司的运营方式，同时它将改变商品的制造方式。人工智能将对这些大型企业的员工产生极大的影响，他们中的许多人要么失业，要么职责会发生重大变化。（好消息是，将来很多无聊的、烦琐的、重复的工作会被取代，比如在亚马逊仓库里装载货物，这些都不是人们真正想要的工作。）而小企业则需要更长的时间才会受到同样的影响。

你的专长是小企业经营，人工智能技术会怎样影响小型企业？

首先，我们必须了解到，现在基本上有两种类型的小企业。第一种典型的小企业是，创始人是那些自己想成为老板的人，只聚焦在某个行业，对该行业以外的发展不是特别感兴趣。另一种则是由一名企业家创办的企业，不管他是否认为该行业有吸引力，都希望在一个特定的市场中追求优势。

对于第二种类型的企业（由企业家创办的），人工智能带来的优势将会更显著。人工智能会提供更高的运营效率，让企业快速成长，超越"一家店"的模式。然而，对于第一种企业，人工智能将不会产生太大的影响，至少在一开始不会。这种类型的企业往往高度依赖人。它们的兴衰取决于里面的人的技能和创造力。人工智能不太可能对这样一个小企业的经营方式产生像对大公司那样深远的影响。

你怎么看人工智能对日常生活的影响？

我认为人工智能最危险的地方在于它很可能会让事情变得太容易，太有趣了。因为它们不会对我们提任何要求，就能直接帮我们解决问题。尽管我们的社会和教育体系希望我们更高效、更准确、更有效地解决问题，但我也希望看到我们同样重视个人的创造力——创新精神。

谁该为你在之前的回答中提出的问题负责？

我更喜欢把如今大学里教授的东西称为"人工智能"，这里的"人工智能"跟你刚刚提到的含义不一样，因为它不是"真正的"智能，仅仅看起来像智能。

据说我们是按照上帝的形象塑造而成的。如果真如传说所说，那么我们生来就是为了创造。但是，在我们的学校里，我们并没有学习如何创造，这导致了我在与小企业主打交道时遇到了一个最大的问题：他们不明白创业不仅仅是为了谋生，而是为了改变人生。这就是我创建新学校的原因。我的学校是一所关于创业发展的学校，而且任何人都能来这里学习。我们把教育普及给普罗大众，因为他们生活的环境是最容易改变的（如果变革真的会发生的话）。

在如今的人工智能时代，你会建议现在的年轻人学习哪方面的知识？

首先，他们应该研究如何学习。学习本身就是一门"丢失"的艺术。就像在我 11 岁时，我的萨克斯管老师对我说的那样："如果你不学会如何学习，你就永远做不到出类拔萃。"

你是如何看待小企业利用人工智能的优势的呢?

从 1977 年开始咨询业务起,我就明白了,一个成功的企业无论它做什么,生产什么或销售什么,都需要基于一个商业系统。雷·克罗克在 52 岁时创立了麦当劳,但他一生从未做过汉堡包或炸薯条。他的天才之处在于他能理解并将系统思维融入他所做的每件事中。这使他能一次又一次地复制他的成功。

成功是一种方法论,结果通过该方法产生。优质的结果是在优质的过程中产生的,通过这个过程,普通人会变得非凡,因为他们经历了产生该结果的过程的"历练"。

无论是麦当劳、星巴克、苹果还是亚马逊,这个系统的内核都是一样的。这些公司不是因为他们走向了世界,雇用了世界上最优秀的人才获得成功的;他们的成功是因为他们理解了系统思维的力量,这是所有问题的解决方案。有了一套运行苹果商店的系统,苹果才如此成功。从系统性上看,人工智能堪称是完美的,有了算法的加持,人工智能成了一个可以不断成长和复制自我的系统。

你想对那些担心科技正在剥夺我们人性的人说些什么呢?

我相信我们每个人的内心都有信仰。生命的意义并不在于让宗教权威告诉你该做什么,而在于点燃你自己内心的神圣火花。无论是否有人工智能,我们都必须始终追求我们更高的目标:成为有创造力的生物,就像上帝一样。

与益博睿集团的埃里克·哈勒和迈克·希兰德的对话

埃里克·哈勒(Eric Haller)是益博睿数据实验室的执行副总裁和全球主

管。这个公司通过高级数据分析帮助企业解决战略营销和风险管理问题。他于 2007 年加入益博睿，担任负责战略发展和应用研究的高级副总裁。在此之前，他曾担任过碧点集团的新产品副总裁和总经理。他是 MuckerLab 的顾问，通过数据货币化、发展可持续的商业模式和市场战略，帮助企业家们建立初创企业。他还是湾区委员会的董事会成员，旧金山地区商业组织的领导者，哈勒拥有圣地亚哥州立大学和加州州立大学的金融学理学学士学位，以及纽约市哥伦比亚大学的技术管理理学硕士学位。

迈克·希兰德（Mike Kilander）是益博睿数据质量部门的全球总经理，该部门专注于提高数据质量，以获得更好的客户体验或为提高商业智能准备数据。从 2006 年开始，他就在益博睿担任了多个执行职务，在此之前，他是 Edmunds.com 的业务发展副总裁，这是一个汽车信息在线资源的领军网站。希兰德拥有美国圣母大学的国际关系文学学士学位，以及普林斯顿大学的以国际事务为重点的公共管理硕士学位。1993 年至 1997 年间，他曾在美国陆军服役，在军事情报部门服役时为上尉军衔。

益博睿集团是从什么时候开始使用人工智能来支持数据分析的？它最初是以什么形式出现的，它是如何被使用的？

埃里克： 早在 20 世纪 90 年代，人们就一直在试验将神经网络用于欺诈检测。大约 8 年前，我们益博睿股份有限公司就已经开始重视人工智能技术了。我们雇用的员工都进行过机器学习的培训，所以我们从一开始就能够使用现代人工智能技术。并且我们立即开始利用它进行了预测建模，以确定信用和欺诈风险。在这一点上，虽然我们仍然没有一个实际的平台来实现我们的算法，但我们能够建立性能基准测试。我们可以证明它是有作用的。

人工智能在实际生活中的一个用途就是让人们更深入地了解信用卡交易。我们可以创建数据集群，以反映在某些特定市场中的人们将如何使用自己的信用卡，从而预测客户的意图。然后，银行就可以使用这些信息来进行精准营销。

人工智能在益博睿集团中扮演着什么角色？

埃里克： 从自然语言处理到预测建模的所有方面我们都应用了人工智能技术。但我们用人工智能做了一件更有趣的事情，就是我们所说的"身份识别"，这是一个关于确认身份的特殊术语。身份验证是我们进行每一笔交易的关键，无论是金融的还是社交的。为你想知道和你打交道的人是否真的是你要打交道的人。

身份识别包括基于不同的数据元素来确定个人或企业的身份。这些信息可以包括容易获取的信息，如物理地址、移动电话号码以及固定电话号码。它还可以包括社会保障编号、网络用户名，甚至是笔记本电脑的 IP 地址。当然，还有名字。但人们经常使用多个名字、缩写和昵称，比如用"迈克"或"米奇"来代表"迈克尔"，用"比尔"来代表"威廉"。现在我们的身份都关联了我们的设备，比如一台连接到电视的电脑，一部连接到家庭恒温器的手机。沿着一条线调查一个人或企业需要的人手甚至能比得上一小支军队。而人工智能的最佳用途之一正是以一种更好的方式将所有这些数据最优地编织在一起，这样，当引入新信息时，它就会无缝地集成到现有的系统中。到目前为止，我们的研究结果是令人惊叹的，不到一年，我们的人工智能就已经超过了我们最好的专家规则系统。

迈克： 人工智能技术最近还在商业软件方面有所发展，它能用于提高软件的可用性和速度。例如，数据管理专家需要花大约一半的时间来清理他们收到的数据，以确保它是最新的和准确的。人工智能可以帮助实现其中一些手动过程的自动化，同时基于它能够检测到的历史模式中的结果来改进预测。

人工智能为你的用户提供了什么特殊的好处吗？

迈克：人工智能在提高工作速度、效率和准确性方面，对益博睿的客户和消费者都是有益的。人工智能可以让普通人（即不了解专业技术的人）更容易获取数据并从中形成自己的见解。在我们合作的所有垂直领域中，我们看到了数据管理的使用从纯技术部门迁移到了一些其他部门，如销售、市场营销和管理等部门。假设你想发起一个大型的电子邮件营销活动，像这样的项目过去需要 5 ~ 6 周的时间来编辑一个邮件列表并确保其准确性，而有了人工智能和自助服务技术后，整个过程就可以在几个小时内完成。

人工智能在哪些领域未能达到预期？在这些领域中该如何改进？

迈克：人工智能技术为我们的机构和客户提供了巨大的利益。不过，我相信要想把人工智能普及到大众用户中以便让他们的生活更简单，还有很长的路要走。几年前，像 Excel 这样的自动化电子表格软件彻底改变了很多企业。突然之间，你就只需按下一个按钮就可以预测并看到单个数据点变化的效果。我们需要一个类似的简单的通用的人工智能来为当今企业所寻求的应用程序提供支持。我们正在围绕数据管理进行研究，属于数据管理的时代即将到来，只不过现在这项技术还不太成熟。

人工智能得出过什么结论让你感到很惊讶呢？

埃里克：让我们最惊讶的是它的执行力。我给你举一个具体的例子，许多小公司即使是最基本的信用痕迹都非常少，而且他们可能在美国以外的地方没有任何"轨迹"。我们与一家大型的社交媒体公司合作，验证我们是否可以使用人工智能技术仅仅根据一家小公司的社交媒体活动、在线评级、企业登记等数据来确定它的信用风险。我们预计在人工智能技术的帮助下得到的"提升"将比传统方法改进10% ～ 15% 左右，但最终结果高达40%，这令我们非常惊喜。

哪些公司会更青睐人工智能?

埃里克: 金融服务一直依赖于分析，信用卡公司也一样。任何需要确定客户信用风险和防止欺诈的公司肯定会从人工智能中获益。除此之外，我们还为汽车、零售和医疗保健公司提供服务，这些公司也从这项新技术中获得了巨大的好处。能源公司正在利用这项技术来确定在哪里开采石油。零售商正在利用它来改善顾客的体验，并将产品与顾客的口味相匹配。我认为在零售层面还有更多的机会优化客户体验。

迈克: 在各行各业，我们都看到了大量的技术因为人工智能而更加民主化。10 ～ 15 年前，市场营销技术经历了一次演变。这些技术工具最初是由首席信息官和首席技术官们购买的（他们总是有着非常熟练的技术），而像Eloqua 和 Marketo 这样的公司又使市场营销技术更容易应用了，现在它们在整个营销活动中被大量采用。我们预计同样的趋势会发生在许多部门，但我们今天才开始看到它在数据管理方面的独特作用。

你的数据来自哪里，你如何验证它的准确性?

埃里克: 在益博睿，我们很幸运地能与全球成千上万的公司打交道，每天我们都会通过我们的系统拥有大量的、快速移动的数据流。当然，准确性是关键问题。确定准确性的一种方法就是重复。如果我们一直得到一家公司提供的相同的地址，我们可能会越来越相信这些信息是正确的。如果它突然改变了，这就触发了一个危险信号，我们就想立即知道为什么会发生改变。

我们现在可以使用人工智能来快速发现这些异常现象，并质疑这些不一致的数据。

公司将你提供的数据用于哪些方面？你又会得到什么样的反馈呢？

埃里克：我们的客户很看重益博睿能处于人工智能科技的前沿，并且可以部署具有即时效果的解决方案。但我们现在并不是在做基础研究，而是在开发客户可以使用的产品。他们利用我们的产品来提高他们销售的效率，在向客户提供信贷时将风险降到最低，同时降低欺诈率。在过去的 8 年里，这些产品与我们客户群的需求产生了非常强烈的共鸣。

与类人机器人的创始人大卫·汉森的对话

大卫·汉森博士是汉森机器人公司的创始人兼首席执行官，也是"世界上最逼真的机器人"索菲亚的发明者。索菲亚是汉森公司设计的许多先进的互动类人机器人之一。汉森博士的研究生涯开始于为华特迪士尼公司的主题公园开发栩栩如生的动物。

他希望汉森机器人公司能创造出既聪明又有同理心的机器人，为世界各地的人们提供伙伴和助手。他现在居住在中国香港，拥有罗德岛设计学院的电影、动画和视频美术学士学位，以及得克萨斯大学达拉斯分校的互动艺术与工程博士学位。

你在开发类人机器人方面取得成功的秘诀是什么？

我认为最重要的是我的童心。在各种工程项目中，游戏可能并不被普遍重视，但我觉得它一直是伟大发现和发明的核心。拥有一种创造性的游戏精神，使我们能够克服团队在语言、文化和纪律上的不同而产生的困难。

创造性的玩耍意味着跨越界限的自由，有益于寻找原本隐藏的机会。讽刺的是，孩子和动物会本能地玩耍，而学校和文明社会有时却会阻碍他们玩耍。作为成年人，作为文明社会中的一分子，我们需要找回一些充满活力的想象力，以便能更好地应对冒险。

许多人担心机器人会取代他们的工作，这种担忧合理吗？

毫无疑问，一些人类工作将会被自动化所取代。但我们可以以史为鉴，为他们创造更多的新工作岗位。但最大的问题是变革发生的速度。当一种技术取代另一种技术时，总是会有一个尴尬的过渡期，但通常都会留有时间对那些失去工作机会的工人进行再培训。但现在人工智能的变革发生得太快了，我们甚至没有时间进行相关培训，这才是让人们感到害怕的。而人们在恐惧的情绪下是无法做出最正确的、理性的决定的。

已经有人提出了基本收入（又名普遍基本收入，UBI）这样的想法来解决这个问题，但我认为这还不够。我们必须有更宏观，更全面的考虑。我们不能再把经济仅仅看作是金钱和财富的积累了。金钱和财富只是生活中一些价值和目标的代名词。从更广阔的角度来了解经济，并找到为每个人提供获得财富的方法就是人工智能的目标之一。不仅是为了现在，也是为了未来。

除了在经济方面，你认为人工智能技术还会在哪些方面造福社会？

识别以前未能发现的隐性疾病，帮助诊断和预防疾病，为全世界数百万贫困人口提供教育，这些方面都会受到人工智能的帮助。想想看，人类的智力被浪费了多少。那么多的人被困在贫困和卑微的工作中，如果人工智能可以帮助人们实现和追求他们的梦想，这对全世界会是非常有益的。如果我们能够开发和释放所有这些未能利用的潜力，全球经济将真正地大幅增长。我说的不仅仅限于使用人工智能技术来帮助那些缺乏受教育机会的人。

很多人不能使用传统的教育工具，比如那些有自闭症的人。同样地，也有一些人觉得通过听觉学习比通过视觉学习更好。如果有一个人工智能可以适应人们的需要和情况，那将会使学习变得更容易、更快乐。现在，我们汉森机器人公司的机器人就正在帮助治疗自闭症、抑郁症和阿尔茨海默病。尽管这些努力仍处于早期阶段，但最初的结果却非常令人鼓舞。

你认为人工智能什么时候才能达到一般智力，如果它真的能的话？

我认为这是会实现的。至少这是每个人都在努力追求的目标。但我们不知道这些机器什么时候会"苏醒"。关于人工智能，人们一直都有错误的印象。科学对我们来说似乎是在断断续续发展的。我们有过伟大的进步时期后的停滞，我们称之为伟大的人工智能寒冬。

谷歌似乎正试图在大约 10 年内实现通用人工智能，但我对此表示怀疑。有人说这个过程需要两百年。谁又能确定呢？但如果我们能制造出一个安全的、关心我们的、与我们有良好关系的通用人工智能，它可能会是科技历史上最浓墨重彩的一笔。这不是可能，是一定会成为现实。毫无疑问，它必将改变历史，它将创造前所未有的富足。

为什么要努力让机器人看起来像人类呢？

人类的表达包含了很多你无法单独通过语言获得的信息。比如当你和其他人面对面交谈时，交换的信息就要比通过电话交流时要多得多。如果我们想要人工智能能够进行情感交流，就必须经过通过视觉、音频或书面进行交流的阶段。

你认为 100 年或 500 年后的生活会是什么样子的？

老实说，我认为如果我们无法开发出超级智能的通用人工智能，我们将在未来 100 年的某个时候灭绝。无论是以何种方式，我们会毁灭自己，甚至可能带走这个星球上其余的生命。

我觉得这个预测的正确率会有 99%。为了避免这样糟糕的情况，我们就必须变得更聪明、更开明。以后将不仅仅是人类和机器的世界，而是人类、机器和其他生命一起和谐共存。如果我们真的做到了这一点，对我们来说，500 年后的生活将是现在的我们无法想象的，那时我们一定会进入一个更高深莫测的领域。

与风险资本家、行业专家、新兴技术趋势国际主题演讲者斯蒂芬·茨城的对话

斯蒂芬·茨城，本书推荐序的作者，当今 IT 行业的主要思想领袖。他是一名行业趋势研究员、前教师和作家，他曾担任过专业杂志 *ICT Discoveries*（《发现信息与通信技术》）的外联主席，并曾在全球技术会议上担任特邀演讲者。他工作的领域包括科技、人工智能和机器学习，他曾获得 IFIP 核心银奖、先进技术奖、IT 英雄奖、IT 领导终身成就奖、最佳网络专业职业成就奖、加里·哈德福德职业成就奖和微软最有价值专业奖（2006 ～ 2019 年），并已被列入 CIPS 名人堂。

在你的期望中，10 ～ 15 年后人工智能将如何造福普通人？

你的问题是基于人工智能是一些遥远的、未来的技术的假设。很多人并没有意识到这一点，但现在它已经出现在我们每天使用的许多技术中了。很多人肯定都听说过亚马逊智能音箱。谷歌也有谷歌智能家居设备。苹果、三星和其他许多公司都已经有了或正在开发的类似产品。它们都是可以接收语音指令的像扬声器一样的设备，而现在它们有了视觉，可以为你全天候回答问题、执行任务，并控制连接的设备。

但大多数人工智能甚至比这更巧妙。你的电子邮件账户总会收到垃圾

邮件，那么你的账户该如何判断一封电子邮件是否是垃圾邮件呢？使用人工智能就可以分得清。（当然，并不总是完美的。）当你在不同的国家，甚至只是在不同的州使用信用卡时，你很可能就会收到一个提醒你有可疑活动的警告。

银行是怎么知道的呢？是不是有一个人坐在电脑前随时监控着你所有的信用卡活动？并不是，这是通过人工智能完成的。我有一个硬盘录像机，它可以帮助我选择播放的电影。有了人工智能技术的帮助，我就不用滚动所有的点播目录，我可以直接说："我想要所有由汤姆·克鲁斯主演的电影。"它就能自动帮我找出来。我不需要知道在哪里去找这些东西，人工智能会为我找到它们的。

当然，在线搜索引擎也已经从使用复杂的索引和其他类型的算法替换成了人工智能。这就是为什么当你询问信息时，它们的回答会更准确。当你在网上购物时，该系统必然会根据你的品味和购买模式提供建议，这都是人工智能的功能。

到 2019 年，人工智能技术就已经成功地融入了美国的所有主要行业，从航空航天和汽车制造业到金融、医疗保健、农业、酒店和娱乐等各行各业。而且我们还能够看到，人工智能技术衍生出了一些新产业。很多人都听说过虚拟现实或增强现实，你戴着这些耳机或图像投射眼镜，你就会完全沉浸在一个模拟的环境中。这已经是一个价值 10 亿美元的市场了，而且它的价值还在迅速增长。换句话说，人工智能革命并不是什么即将到来的东西，实际上它已经来了，而且我们都感受到了它的影响。

你曾说，老年群体是人工智能的巨大市场。你能描述一下在这个领域的创新吗？

有很多关于衰老的问题现在人工智能都可以解决了，孤独就是其中之一。

很多公司正在开发由人工智能驱动的"宠物"，可以为老年人提供陪伴，还不需要真正的动物所需要的护理。许多老年人有听力问题，所以很多公司正在将人工智能技术兼容到助听器中。

研究人员还在研究人工智能耳机，它可以掩盖背景噪声，这样你就可以在拥挤、嘈杂的房间里更好地与人们交谈了。越来越进步的智能技术正在被植入视觉系统，我们很快就会有提供给老年人的超级视觉眼镜了。当一个人的视力自然退化时，眼镜就会随之自动调整。由于活动能力是我们应对老龄化的另一个挑战，所以机器人将可以帮助他们准备食物、咖啡或茶，甚至帮助他们上厕所，就像真正的护工一样。日本就在这一领域处于领先地位，因为日本有大量的老年人，而且他们国家的出生率非常低，所以很快就会没有足够的年轻人来照顾老一代了。这就是人工智能在老龄化方面的作用。

你认为人工智能的出现会对人才市场产生怎样的影响？

这一点很难预测。早在 2000 年，联合国就发布了一份在未来 15 年世界将实现的 8 个目标的清单。但你是否感觉到了从那时开始世界改变了多少，又错过了多少呢？而这些还是在智能手机、社交媒体和云计算出现之前。每年人们产生的数据都要比之前的整个人类历史产生的还要多。过去需要 10 年才发生的变化现在仅仅需要几个月甚至几周就会发生。当世界变化得如此之快时，你又怎能预测到以后会发生什么呢？

在中国，微软创建了一个名为"小冰"的聊天机器人，她的程序行为就像一个 17 岁的女孩。她目前有超过 6 亿个朋友并在超过 16 个频道上与人们互动。她是一个名人，有为她开设的电视节目，她会写诗，可以通过电话与人交谈，并能预测你接下来会说些什么。她记得你每一次来访的对话，这样你和她就可以建立一种虚拟的关系。实际上，甚至有人都向小冰求婚了。我提到这个是为了说明人工智能领域的进步有多快。在 5 年前,谁能想象出会发生这样的事情呢?

所以在谈到预测人工智能对就业市场的影响时,所有人都在猜测。即便如此,许多工作岗位仍将被取代。据估计,被替代的岗位将约为 20%。例如,卡车运输将会越来越自动化。这些货运卡车需要一遍又一遍地行驶相同的路线,所以为什么不让它们自动驾驶呢? 工厂也会发生改变,印度已经不断涌现很多的混合动力工厂。人工智能的使用不是专注于一个单一的行业,而是可以在一个地点为多个行业提供服务。

想象一下:你可以让一家工厂以 10 倍的效率工作,这意味着你的工作效率增加了 10 倍,从而使成本降低了 10 倍。这就完完全全地改变了游戏规则。就像互联网在 1990 年创造了人们无法想象的产业一样,人工智能也将创造我们今天无法想象的就业机会和职业。最后,我提到的这项研究同时也指出了人工智能可以创造的新工作岗位的比例同样是 20%,所以最后对就业的影响应该是零。我认为人工智能最后对就业的影响是积极的。生产力很可能会飙升,我们最终将变成一个更富裕的社会。

这就是人们所说的第四次工业革命,对吧?

基于普华永道和 CBInsights 的研究成果,我认为人工智能对人们有两个影响:帮助人和取代人。在帮助人这方面,我们的人工智能可以提高人们的工作效率,协助人们完成任务和做决定。在取代人这方面,我们的人工智能可以完成自动化任务,如自动驾驶服务,取代曾经需要人来做的司机工作。这将极大地改变经济模式,并通过提高生产力、个性化服务、混合人机交互和提供更高质量的产品或服务的方式,在未来 12 至 15 年内实现 20 万亿美元的全球财富增长。

麦肯齐公司(Mckenzie)是一家以帮助企业优化运营而闻名的商业组织,

现在 58% 的工作可以通过一般人类水平的自然语言处理系统实现自动化。不仅仅是劳力工作，任何一种工作都可以利用人工智能。弗雷和奥斯本在牛津大学进行的一项著名研究列出了 72 个适合自动化的职业。2018 年，经济合作与发展组织（OECD）报告称，14% 的工作岗位可以实现高度自动化，另外32% 的工作岗位会由于人工智能的帮助而基本实现自动化。

当然，这不会在一夜之间发生。在适应新技术时，会有经济、法律、监管和组织等方面的障碍。最难以实现自动化的工作是那些需要在非系统化环境中进行感知和操作的工作。一个典型的例子就是外科手术，它通常需要快速的分析和创造能力，以及身体的灵活性。任何涉及创造能力或社交技能的工作都很难实现自动化，尤其是人工智能很难产生新的想法或进行社交互动的工作。

最终，很多年轻的非技术人员和老年人将面临剧变的风险，特别是那些制造业中的日常性工作。不幸的是，当人们对培训和再教育愈加抗拒时，这将会带来双重打击。

这就引出了我们的下一个问题。年轻人应该获得什么样的技能来为未来做准备呢？他们应该研究哪些领域来跟上科技的脚步呢？

我最近为一个名为人工智能先锋的组织做了一个关于这个主题的重要演讲。你可能听说过 STEM，它表示科学、技术、工程和数学。这些应该是那些关心未来的年轻人们应该了解的热门领域。但在过去的几年里，STEM 已经增加到了 STEAM。我们在原本的领域中增加了艺术，包括设计，因为这是人工智能很难超过人类水平的领域。

年轻人还应该专注于提高解决问题的能力、领导能力和情商等。情商与耐心有关，专注于情商你就不会冲动，能静下心来花时间研究和分析问题。它与社会参与、团队合作、关心他人、包容他人，当然，还有创造力有关。

灵活地与来自不同领域、拥有不同经历的人建立联系，将使你不会在人工智能的时代变得无关紧要。

我们应该在医学、军事和司法等领域给人工智能多少权力？我们在生死攸关的决定上能信任人工智能吗？

当然，这是一个非常值得关注的问题。我是国际计算机学会（ACM）的董事会成员，该组织在 2017 年提出了有关人工智能问责制、责任、透明度、公平和平等的原则，并在 2018 年更新了他们的道德准则，其中就有围绕人工智能的准则。欧洲议会通过欧盟委员会正式制定了这一领域的法律，以及针对机器人的道德规范。他们甚至还在讨论机器人的权利和责任。斯坦福大学已经就这个问题发表了几篇重要的论文，并且有一个由企业和非营利性组织组成的叫作"人工智能造福人类和社会联盟"（A.I. to Benefit People and Society）的组织，正致力于发展和实践人工智能技术。

所有的这些都在表明，人们是认真地在为人工智能建立基于道德的行为指导方针。其中一个最令人关注的点就是偏见。机器是由人编程的，他们的偏见和歧视往往就会隐藏在他们的指令中。在招聘方面，我们发现，基于过去的人事决定，人工智能们会更喜欢白人男性，而不是女性和少数族裔。在刑事司法方面，人工智能们也更倾向于建议对穷人和有色人种进行更严厉的判决。我们也在努力地解决这个问题。

另一个挑战是问责制。人们必须对自己的行为负责，所以智能机器不应该遵循同样的标准吗？必须有令人满意的解释说明人工智能是如何做出决策的。它们的系统必须能够解释其行为背后的原因，并确定所使用的数据的来源。系统还需要经过严格的测试和验证，这样我们才能确定其中的偏见已经被消除了，那时我们才可以相信它们做出的重要决定。我们需要让这些系统负责，也需要让它们背后的控制者负责。所有的这一切现在就在发生着，它还将贯穿我们所能看到的未来。

你是怎么看待人工智能对消除发达国家和发展中国家、富人和穷人之间日益扩大的差距的影响的?

我认为人工智能将会使这种差距消失,所以我的观点与流行的观点相反。目前,上网的人和不上网的人之间存在着代沟。但我们正在快速发展的技术是不一定需要接入互联网的。这种技术会直接安装在设备上,甚至直接安装在芯片上,而芯片的生产成本正在变得越来越便宜,很快芯片就会无处不在了。我们知道人工智能可能将直接带来数万亿美元的财富,或者通过提高生产率使 GDP 增加 50% 以上。12 到 15 年后人工智能对消费者的影响将会更大,全世界都将享受到它的好处。毫无疑问,世界上的每一个地区都将受益于人工智能。

你能给我们举一些人工智能被用来改善全世界人们生活的例子吗?

当然可以。让我们来看看农业方面。通过使用无人机和卫星成像进行预测分析,可以提高农业生产力。如今有近 50% 的作物是由于浪费、过度消费和生产效率低下而损失的,牲畜的生产损失率则接近 80%。人工智能可以帮助人们大大降低这些百分比,这将使每个人受益。

预防性医疗保健计划和诊断措施也将通过人工智能得到显著改善。目前,世界上有 100 多亿台移动设备,它们拥有分辨率不断增长的摄像头和大量的传感器,通过人工智能,这些摄像头和传感器就可以用于诊断常见的疾病,并为管理慢性疾病的远程护理提供进一步的建议。

其他人工智能传感器可以用于预测用水量,以改善饮用水质量和卫生服务。人工智能还可以让风电场更有效率。教育、环境可持续性管理、鱼类资源管理,你能想到的没有一个领域是人工智能不能产生重大影响的。

与神经科学、指数型技术和峰值性能创新专家史蒂芬·科特勒的对话

《纽约时报》畅销书作家**史蒂芬·科特勒**因其在"心流"领域的工作而闻名，这是研究人类意识状态的提升以及人类表现的提高的科学。2012 年，他与彼得·戴曼迪斯合著的书《富足》探索了像人工智能这样的技术是否让我们有能力解决诸如贫困、能源短缺和气候变化等重大的全球挑战。科特勒毕业于威斯康星大学麦迪逊分校的英语和创意写作专业，后来他获得了约翰·霍普金斯大学的创意写作硕士学位。

你已经写了很多关于指数级增长的技术的文章，具体是指什么类型的技术？

指数型技术是指任何能以指数型增长曲线加速发展的技术，即性价比定期翻一番。从本质上说，每当一项技术数字化（这就意味着我们可以开始用计算机代码的 1 和 0 来编程它了），它就会摆脱摩尔定律的限制，并开始定期翻倍。现在大约有十几种技术处在指数型增长曲线上，包括人工智能、机器人技术、网络、传感器等。所有这些都是目前世界上最有潜力的技术。

你把"心流"看作是人们的一种最佳的意识状态或人们在社会上的最佳表现。你觉得人工智能会对此有所贡献吗？

这个问题有两个解答。首先，通过生物传感器、神经成像和人工智能分析，我们应该能够开发出一个系统，这个系统可以帮助人们更容易地访问数据流。神经生物学标记心流为复杂的，也许已经复杂到只有人工智能才能理解它。我在心流基因组计划实验室努力进行一个关于识别部分心流诱因的研究。我们已经找到了大约 20 个诱因，但我们怀疑会有更多。在我们更好地理

解这一现象背后的神经生物学和生理学意义之前，我们不会确切地知道这个数字，而这就是人工智能将发挥巨大作用的地方。

我给你举个例子。10 年前，所有尖端领域的专家都是孤立的，他们为红牛、美国奥运代表队或其他类似的组织工作，他们所有的研究成果都是有专利的。现在，很多高科技领域工作者都在发布一些科普小视频。虽然有很多人都在做这个事情，但每个人仍然只是从个人的角度进行讲解。我们需要人工智能梳理所有这些视频播客，来获取数据，寻找他们的相似之处和一些重要的重叠部分。我认为这是一个伟大的项目，它将解锁大量关于高科技的数据。

你认为人工智能会产生创造力吗？计算机是否有可能会产生一种人工创造的心流状态？

除了一种新的识别模式，还有什么是创造力？人们研究创造力已经很多年了，虽然我们有关于它的神经科学的研究书籍，但是不同研究之间的"缝隙"大得连卡车都可以通过。我认为，人工智能变得越有创造力，我们就越能够解开创造力的奥秘，并将这些研究结果为人类自身所用。但至于电脑会如何经历心流状态，那我就不清楚了。

你能描述一下你所说的"指数级增长的技术可以使人类变得富足"的意思吗？

本质上来说，这意味着技术可以使以前稀缺的资源变得更加丰富。让我们来看看摄影技术的发展。在 20 年前，照片很难拍摄和冲洗，因此相当昂贵。你不仅需要一个大而笨重的相机，还需要其他昂贵的商品，包括胶卷、化学品和专门的纸张。

如今，我们的手机都能存很多照片了，多到我甚至都不知道该怎么处理它们。拍一张照片在现在可以说是免费的。我可以无限制地复制它们，然后免费寄给所有的朋友。或者，拿太阳能技术来说，目前，太阳能产生的能量最多只能满足我们10%的能源需求。然而，由于技术创新，我们建设太阳能的能力每18个月就会翻一番，就像摩尔定律预测的计算机能力每两年会翻一番一样。以目前的速度，在几十年后，我们甚至会有非常多的剩余能量，我们可能都不知道该如何处理它了。和照片一样，能源也将基本上是免费的了。而在一个发达的经济体中，能源就是一切。

　　我再给你一个看待这个问题方向。大自然为资源稀缺仅提供了两种解决方案。其一就是为日益减少的资源进行竞争和斗争。在工业革命之前，这就是我们管理稀缺资源的方式。而这种方式导致了战争、饥荒和大规模死亡。另一种方式就是合作和创造新的资源。如今的信息时代使这种合作在全球范围内成为可能，所以我们也开始能够通过合作来创造更多的新资源了。

最后一个问题。你能举一个例子，说明技术可以如何帮助我们解决看似不可克服的挑战吗？

　　让我们来看看气候变化的问题，任何一个气候学家都会告诉你，气候变化主要是由人类工业活动导致大气中的二氧化碳和其他化学物质快速积累造成的。很多公司现在正在开发"直接空气捕获"技术，它们可以将碳从空气中分离出，并将其转化为与发动机兼容的燃料。他们在一个产生零排放的闭环系统中进行着这样的实验。如今需要大约4万个这样的设备才能开始逆转气候变化的影响。4万个听起来很多，但这也是目前地球上正在运行的发电厂的数量。所以，如果你在每个发电厂都安装一个直接空气捕获装置，你就能开始解决全球变暖的问题。我并不是说这是最好的解决方案（因为我还看过保罗·霍肯的缩减计划），但这至少是一个解决方案，这就是令人惊奇的部分。

与工程师、医生、企业家，以及 XPRIZE 基金会的创始人彼得·戴曼迪斯的对话

彼得·戴曼迪斯（Peter Diamandis）出生在纽约州的布朗克斯区，父母是希腊移民，他从小就对太空旅行很着迷。他 12 岁建造了一个能够同时发射三枚火箭的发射系统，这使他获得了埃斯蒂斯火箭设计竞赛的第一名。在麻省理工学院就读期间，他与人共同创立了"太空探索和发展"的学生组织。后来，在哈佛医学院就读期间，他与人共同创建了太空时代基金会，这是一个致力于促进太空飞行的非专业组织。还在医学院就读的时候，他就担任过国际空间大学的董事总经理，同时也是一家国际微空间微卫星发射公司的首席执行官。

1994 年，戴曼迪斯创立了 XPRIZE 基金会，该基金会设计了一项奖金 1000 万美元的激励竞赛，旨在鼓励私营公司设计出能够使用的载人航天飞船。（该奖项最终在 2004 年由伯特·鲁坦的"宇宙飞船一号"获得。）在 20 世纪初，XPRIZE 基金会扩大了其奖励范围，以促进汽车、基因组学、健康诊断和环境领域的进步。难怪《财富》杂志称戴曼迪斯为"世界 50 位最伟大的领导人之一"。他不仅与未来主义者雷·库兹韦尔共同创建了奇点大学，以掌握那些以指数变化和创新的技术，他还创办了 20 多家不同的公司，探索风险投资、太空和寿命的极限，以解决人类最紧迫的问题。

关于人工智能的最大误解是什么？

首先，人们不明白目前人工智能的能力相当有限。如今大部分的人工智能都只是被用来做一项特定的工作。这些机器不能像人类那样"思考"。另一个很大的误解就是，人们低估了人工智能的普遍程度和影响力，这个技术不仅仅会出现在未来，而且是在不久的未来。我们将开始向我们环境中的几乎所有东西都注入一定程度的智能。这将改变我们生活的方方面面，从饮食和

睡眠方式到我们如何管理自己和抚养我们的孩子。

为什么有这么多人害怕人工智能?

恐惧是人类的天性。它根植于大脑的杏仁核,我们大脑的这部分被设计用来将变化(比如树叶的沙沙声)解释为危险的标志。这就是我们的古代祖先得以在大草原上生存下来的原因。问题是,我们倾向于将潜在的未知危险在我们的大脑中放大平均 10 倍。我们听到树叶的沙沙声或小树枝的折断声,首先想到的是"有狮子!"今天,如果你住在南加州,一辆重型卡车驶过,你首先会想到的是"地震来了!"因此,如果你看到一个栩栩如生的机器人的图像,你的杏仁核往往会超速运转。人们会尖叫:"它会杀了我们所有人的!"

当然,新技术也是会产生风险的。汽车很危险,而且危险还将一直存在。飞机也是如此。仅仅这两项发明就导致了数百万人的死亡,无论是偶然的还是有意的。但这并不意味着它们没有带来远远超过其负面影响的好处。在未来 10 年到 20 年里,要完全实现人工智能革命,我们需要从错误中吸取教训,同时开发保障措施,使技术成为解决这个星球上越来越多问题的有用工具。

企业家们用人工智能做的一些最新奇和最令人兴奋的事情是什么?

我在奇点大学任教时说过:"世界上最大的问题就是世界上最大的商机。"我最喜欢的另一句话是:"如果你想成为亿万富翁,先想办法帮助 10 亿人吧。"人工智能有能力处理重大问题,并扩大解决方案。人工智能将会在教育和医疗保健领域、在发展中国家消除贫困等问题上成为解决问题的关键。它不仅能够在世界的任何地方提供医疗保健服务,还可以通过教育提高人们的生活水平。坦桑尼亚的一个孩子能够拿起智能手机,获得与伦敦的教授或北京的商业高管相同的知识和信息,人工智能也可以根据他或她的智力、学习偏好、情绪状态和兴趣来定制一个教学计划。

你是怎么看待人工智能会改变人类本身的?

我们还处于学习人类基因组和 DNA 的结构和内容以及它每一部分的作用的早期阶段。在过去,人们有着相当粗糙的选择性生育方法。意思就是,如果一个高的、健康的、聪明的女人和一个高的、健康的、聪明的男人结合,他们未来的孩子可能也是一个高的、健康聪明的孩子。

有了人工智能,我们很快就能够有针对性地编辑特定的基因,以产生特定的结果。你想要一个精通数学和科学的孩子?或是下一个博尔特?你喜欢什么颜色的头发?什么颜色的眼睛?她应该擅长弹钢琴还是拉小提琴?有很多这样的问题,如果抛开道德和伦理,将不是一个会不会发生的问题,而是什么时候发生的问题。创新公司已经在致力于开发和突破基因限制,以帮助人类变得长寿和减少疾病,这些都是我们想要控制的事情。而其余的改变将不可避免地随之而来。

让我们多谈谈长寿这个问题。你认为人工智能对人的寿命会产生怎样的影响呢?

有些种类的鲨鱼、鲸鱼和海龟可以存活 200 年,有些则可以存活 500 年。它们是怎样做到的?为什么我们不行?为什么我们人类的生命如此短暂?我们该如何延长平均寿命,同时保持最佳的身体状况和认知能力?这些问题让我很兴奋。在短期内,我和我的团队专注于让人活到 100 岁如同活到 60 岁那样轻松。利用人工智能方面的突破,我们希望能再给人们 20～30 年的优质生活,这样他们在 100 岁的时候就能有和现在 60 岁一样的活力和能力。在第 1 期、第 2 期和第 3 期的临床试验中,有许多技术可以用于控制健康状况,包括胎盘干细胞技术和老年药物。最棒的是,通过多活二十多年,你将可能遇上一系列新的科技突破,到时候将进一步延长你的寿命。

众所周知，我们有许多解决重大问题的办法。然而，部落主义、政治分裂和陈旧的思维障碍削弱了我们的合作能力。你认为人工智能可以缓解这种僵局吗？

阻碍清晰思维的最大障碍可能是认知偏见。我们的大脑不是为处理感官带来的大量信息而设计的，所以我们通常会走捷径。例如，我们更倾向于信任那些长得和我们自己很像的人，我们更重视最近的信息，我们也更重视负面信息。人工智能对我们来说是有益的，因为它有潜力帮助我们理解和对抗这些偏见，使我们有能力在不存在认知偏见的情况下处理大量的信息（如果它的编程是正确的话），并提供可操作的解决方案，以打破旧的习惯。

我真的相信智慧社会将会是一种和平的社会。如果你研究人类历史，你就会意识到，国家在战争中的时间比在和平时期的时间更多。比如说罗马帝国在其存在的时间周期中至少有 50% 的时间都在进行战争。美国在其短暂的历史中，大部分时间都在参与各种武装冲突事件，无论是在国内还是在其他地方。与此同时，令人鼓舞的是，1945 年以来，欧洲的主要大国之间一直都保持着和平。那里已经有 75 年没有发生过大型武装冲突了。他们是怎么做到的？就是通过教育与合作。

尽管人类都有进行战争的倾向，但我相信我们正朝着一个我所说的元智能的未来前进。在未来，我们作为人类在一定认知水平上相互联系。你可以把它想象为《星际迷航》中"博格人"的一个更友善、更温和的版本。当我们将我们的大脑皮层与云连接起来时，我们将开始融合人类的意识。这将创造人与人之间更紧密的相互依赖的关系，无论他们是生活在美国、中国、俄罗斯还是立陶宛。这种深刻的联系最终将引领我们走向一个更加和平的世界。

所以，人工智能是否可以在一个许多人感到比以往任何时候都更加原子化和脱节的时代，有让人们保持联系的希望？人工智能可以帮助我们在各种生活各种经历中找到更大的意义吗？

当我们还是孩子的时候，我们会有梦想。也许我们会梦想成为体育明星或宇航员。随着年龄的增长，我们会有新的梦想：成为医生、发明家甚至是企业领袖。但对我们大多数人来说，我们总是在忙碌之中。也许我们没有住在一个有最好的学校的地方，或者我们的父母无法赚到足够的钱给我们买电脑或乐器。也许我们背负着健康问题或是有着身体残疾的负担，又或者我们只是没有能力通过身体或智力来实现那些我们想象的事情。我认为人工智能的最终目标就是给我们实现梦想的力量，无论它们看起来多么有野心。人工智能一定会成为人类的伴侣（我们所拥有过的最好的伴侣）。通过使用它，我们可以更容易地做我们梦想的事情，它将使我们的梦想成真。

与人工智能城市的创始董事克里斯托夫·奥尔威尔斯巴赫的对话

克里斯托夫·奥尔威尔斯巴赫（Christoph Auer-Welsbach）拥有金融、策略和艺术智能方面的背景。他是 IBM 风险投资公司的合伙人，推动了 IBM 与风险投资生态系统的战略合作，他对人工智能特别感兴趣。作为众多初创科技企业的顾问，奥尔威尔斯巴赫还与人共同创立了全球领先的人工智能公司。

让我们从讨论人工智能城市开始吧。它是什么时候成立的？它到底是什么？都有谁参与了？它的使命是什么？

人工智能城市是一个管理由世界各地人工智能生态系统构成的分散化网络的非营利性组织，目标是分配知识和资源，以便人们能更好地使用人工智能技术框架。我们在积极努力地培养人们对人工智能的认识并提供人工智能教育，以使人工智能城市的设计、开发和使用更加广泛。我们看到了关于人工智能发展的科学的讨论和关于这项技术可以对人类做什么的哲学的讨论之间的缺口，所以在两年半前成立了人工智能城市。

　　这个缺口，就是我们所说的"人工智能的应用"：人工智能是如何开发的，它是如何投入生产的，它产生了什么价值，我们必须分享哪些经验教训以实现不同的应用，然后让更多的人利用它？我们需要让每个人都可以用到人工智能，这就是人工智能城市的使命。

你的网站上经常提到"人工智能生态系统"。什么是人工智能生态系统，它的含义是否会因背景而不同？

　　我们把人工智能生态系统称为一个位置或区域，其中所有重要的参与者和活动都与开发与应用人工智能相关。这需要来自大学或其他组织的科学和研究活动，以及一个有初创企业、投资者和人才的技术环境，还需要有积极的人工智能利益相关者分享经验教训，他们可以来自企业或初创企业，但他们必须拥有在人工智能应用方面深厚的专业知识。

"普及人工智能"是指什么？好处是什么？如果无法普及会有什么弊端呢？

　　弊端我们已经经历过了。为了设计和开发人工智能的技术框架，需要不少的资源，这些资源通常是由政府或大型组织提供的资本、知识和可用技术。这意味着这些组织和机构都会遵循自己的特定议程。关键的不仅仅是应用，更重要的是需要开放设计和开发，就像任何的基础研究一样。当我们发现这些可获取的资源正在流失时，我非常担心权力正在进一步转移到更少的人手中。

　　所以我们需要做的是为人工智能创造一个基本的技术框架，让它可以被用来解决人类最紧迫的问题或至少提供这样做的机会。目前人们看待人工智能的眼光更像是看待一种奢侈品而不是一般商品，这是错误的看待方式。除了治疗疾病外，人工智能还可以做其他很多更有效率的工作，从降低基本需求的成本和生活开销到减少贫困等。如果我们将人工智能的技术框架大众化，它将更有包容性，这也能从侧面反映使用它的人的文化和背景，并最终消除"人工智能会统治我们所有人"的风险。

就目前来说，哪些行业最有可能从人工智能中受益？从长期来看又会怎么样？

我们的零售和消费品、金融服务、医疗保健、媒体和娱乐、旅游和交通等行业都在受到人工智能技术的影响。它还可以支持社交网络、在线搜索引擎和其他免费的大众服务。虽然无论是在勘探、能源还是制造业，自动化已经处于相当先进的水平了，但我们看到，很多机器学习的应用都没有面向消费者。

不过，我们还只是处在人工智能的初级阶段。智能系统将使那些提供基本需求的服务变得广泛可用，并降低生产和分销成本，同时使这些服务变得对人类更安全，使我们的环境变得更好。长期的影响应该是积极的，但同样存在挑战，例如，人工智能是一个可能大规模滥用遗留系统的技术框架，这在人类历史上是前所未有的。当然，这也是由于在现在这个越来越互联的世界，数字服务取代了包括各种资产在内的物理服务。

人工智能的主要优势是为人类提供更好的答案和选择。但人们如果不想接受人工智能认为的最佳建议时会发生什么呢？例如，如果人工智能得出为了活得更久、更健康，每个成年人每天都必须吃半磅球子甘蓝这样的结论，我们需要像改变机器那样改变人吗？这时我们又该怎么做呢？

"更好"是一个非常主观的说法。机器学习的应用应该是基于量化的统计答案来提供更准确的答案，而作为一个人，我可以用这些答案来调整我的决策。

人们每天都在变化，不管是变好还是变坏。他们在早上会决定吃白面包还是黑麦面包，喝橙汁还是无糖茶。而他们的决定会长期地影响他们的健康。机器学习擅长利用历史数据和统计数据来预测未来最有可能会发生什么。

人类通常不善于思考当今的行为和选择对未来的长期影响。所以由人工智能驱动的智能系统技术框架可以以顾问的形式帮助他们将自己行为的长期影响和变化可视化。人工智能推动了生活效率（以准确性的形式）的提升并降低了一些事情的成本，这在过去，只有私人教练才能实现。如今，我们可以使用智能设备和应用程序来监控我们的行为，并时刻监控我们的健康状况，这可以帮助我们在身体和精神上变得更健康。这种监测技术是完全可以实现的。但是，我们必须做私人教练所建议的事情吗？不，选择权最终还是在我们自己的手上。

人类仍然要为自己的行为负责，因为我们是人类。当然，我们也可能被欺骗，人工智能的技术框架可以被很多组织和机构大规模使用来欺骗我们。这是一种风险，我们需要找到一个方法来保护我们这个社会在过去几个世纪里建立起来的价值观。

你认为哪个国家目前正在研究的人工智能最令人兴奋？他们又在做哪些其他国家没有做的研究？

世界上有许多机构在机器学习、数据科学相关领域都做着出色的工作。欧洲的大学在逻辑和推理领域有着较高的地位，而亚洲的监管框架使收集和使用必要的个人数据以开发更长远的人工智能技术框架更容易。以硅谷为首的美国在为大众市场构建数字产品方面有着强大的科技基础，为大规模应用机器学习提供了便捷。

而对于我在前一个问题中的讨论，一个国家尤其需要在新技术中找到平衡，一方面提供足够的自由来促进创新，另一方面需要保护其人民和环境免受新技术滥用和长期的负面影响。人工智能技术框架的影响比我们以前使用过的任何技术都要大得多，如果我们搞砸了，我们就无法预测它的影响了。

因此，今天我们在全球范围内看到了很多关于道德标准和其他规范的讨论，虽然有些很好的框架，但是坦率地说，很少有人真正做出行动把这些改变带到社会中，或者让它们被一些组织采纳。这一点必须要改变，而人工智能城市的使命就是通过强化意识并提供教育来支持这一改变。

你曾说过，企业家需要对他们的技术造成的破坏负责。怎么负责呢？如果你赚了数百万或数十亿美元，但扰乱了人们的生活和生计，那么你需要对那些被你扰乱的人民或社区承担什么义务呢？

如前所述，人类通常不善于长期思维。人工智能只是一个技术框架，一个工具，我们只需要确保它能被正确地使用。从科学的角度来看，我们已经可以确立它的科学意义了，但作为一种工具，它还是相当新颖的。此外，它在不停地进步，对我们的生活产生着巨大的影响，但它的使用方式又是通过操纵人类行为实现的，所以我们也无法预测它的影响。

我们需要开放的研究，使知识、实践和必要的研究资源更容易被获得。我能理解人工智能技术往往是一种竞争优势，但我们需要问自己，机会成本是多少。现在看来，这个成本似乎太高了。因为所有的这些专家，他们现在不是在为公众进行基础研究，而是在为私营企业进行基础研究，这些研究所获的知识将失去被后代获取和利用的可能，甚至失去成为后代研究基础的机会。如果所创造的创新和带来的专业知识不再广泛面向有前途的专家，并且这些资源不能免费使用，这就是我们十多年后将面临的严重问题。

此外，我们似乎被困在了技术层，而没有专注于监管人工智能技术的潜在影响。但我们仍需要规范它的使用方式，而不是限制整个技术框架。我们禁止使用核武器，但又同时利用核技术来发电。"人工智能"的好与坏，在于人们和企业用它来做什么。我们必须停止用它来压制和操纵其他人。

但这又引出了另一个问题：人工智能的技术框架会加速我们由于发展和其他创新导致的社会和经济面临的挑战。我们的商业驱动型社会和增长型经济从长远来看是不可持续的。这与机器学习本身无关，但这会使得与它相关的问题变得更大、更明显，并在更短的时间内对更多的人产生影响。

人工智能城市参与了哪些最令人兴奋的项目？

我们刚刚于2019年在伦敦启动了我们的数据科学日。这个项目旨在帮助数据科学和相关领域的硕士和博士毕业生根据他们研究内容的商业适用性和影响，在职业道路上做出更好的决定。

人工智能城市的大使网络还在建立一个开放的知识中心和教育培训平台，使人们能够在全球范围内收集和分享人工智能相关主题的信息，从而使更多的人能够获得最好的知识和实践。如果愿意的话，我们会最先衍生出伦理流（Ethics Stream），它将会把伦理框架付诸实践并为研究提供资源。

人工智能城市的大使网络参与的另一个令人兴奋的项目就是生态系统测绘工作。我们正在围绕人工智能创建一个如维基百科一样公开开放的平台，所有访问我们网站的人，包括各种利益相关者和该领域活动的参与者，都可以使用它作为一个指南来认识并加入世界其他地区在同一领域工作的其他人，并可以相互结盟、协作和分享。

人工智能与法律

为什么说法律也是一系列的算法呢？经过编码的指令，这些算法就可以禁止做什么或不做什么，如果某事发生了后面该怎么办，哪些行为会被限制。

法律还会规定违法行为的惩罚。因此，人工智能会对社会治理机制产生巨大影响。

正如我们在 LegalMation 的案例研究中看到的，在自动化技术影响就业岗位时，法律也受到全面的影响。一些专家预测，人工智能将在未来 10 年内取代大多数律师助理和法律研究的职位。辩护律师的职位可能不容易被取代，他们可能会比人工智能表现得更好，因为他们的个性、个人魅力和能够使陪审员产生同理心而让他们不可或缺，至少目前是这样。尽管如此，许多律师可能很快也会发现自己将被人工智能超越。我们采访了该领域的专家，了解了更多关于人工智能的信息，比如人工智能对法理学领域可能产生的影响。

与著名的民事诉讼律师托马斯·文森特·吉拉迪的对话

2017 年，**托马斯·文森特·吉拉迪**（Thomas Vicent Girardi）被国际顶级专业人士协会评为"十年中最杰出的律师"，他最著名的案件可能是作为首席律师参与太平洋天然气和电力公司的工业污染案。这场争斗成为 2000 年由茱莉娅·罗伯茨（Julia Roberts）主演的奥斯卡获奖电影《永不妥协》的背景故事。在此之前，1970 年，吉拉迪成为加州第一个胜诉并获赔 100 多万美元的医疗事故案件的律师，此外他还赢得了几起针对洛克希德航空公司、洛杉矶大都会运输管理局和好莱坞七大电影公司的有名的案件。作为 Girardi & Keese 的创始合伙人，2003 年，吉拉迪在洛杉矶被列入加州律师协会的审判律师名人堂。

人工智能技术已经被用于帮助法律官员更高效地进行责任调查、法律研究和账目计算。你认为人工智能目前为行业带来最大的好处在哪里？

首先，我只想谈谈关于民事应用方面。在这方面，我想说不使用人工智能已经算是法律渎职了。在审理民事案件时，通常会涉及大量的信息索引、组织和处理。在过去，我们公司会使用私家侦探来获取所需的信息，但这通常都不便宜。如今人工智能几乎什么都能做到。任何不使用人工智能的公司将会处于巨大的劣势。这就类似于一个律师还在徒手做他的所有工作，而不是用电脑。

当然了，人工智能也不是什么都能做的。在许多情况下，获得信息的唯一途径是通过证人宣誓作证。但假设反方传唤一名专家证人，而人工智能可以告诉你这个证人作证的每一个案件，他或她的意见是什么，以及陪审团的反应，想象一下，当需要进行交叉讯问的时候，拥有这些信息将会带来多大的优势。

你对人工智能技术会影响到一些特殊的法律工作怎么看？

我能想象人工智能会取代许多较低层次的职位，但我认为高级职位根本不会受到影响，除非人工智能能够代表它们的客户获得更多更好的信息，因为我们就是干这个的。说到底，律师的工作就是以尽可能快、廉价的方式解决问题。而人工智能就像上天给我们的宝物一样。它能让你更快、更廉价地得到更好的信息。即使双方都使用了人工智能，它仍然对我们是有帮助的，因为当两方都掌握了他们需要的所有信息时，他们就都可以更快地解决这个问题了。

你认为人工智能在选拔陪审团人员方面会发挥怎样的作用？

将有极大的作用。假如今天有个事实性的问题：医生是否切错了腿？这个问题，可能在庭下就解决了，可能都不用等到开庭审判。审判涉及问题的辩护和解释。比如，医生是否进行活检的时间等了太久？她是否做了错误的判断？因此陪审团的组成很重要。

不幸的是，大多数法官几乎没有时间挑选陪审团。只能通过一些基本的是或不是的问题进行挑选。然而，有了人工智能，我们就可以很快获得每个潜在陪审员的信息。比如，他们以前担任过陪审团的职务吗？如果当过，判决结果是什么？他们在政治上活跃吗？他们捐款的原因是什么？他们曾被卷入过什么事故中吗？人工智能可以获得这些信息，并在几秒钟内评估一个潜在的陪审员是否会帮助或威胁到一个案件的判决。

同样，分析面部表情和肢体语言也可以很好地了解一个陪审员对一个问题的看法。当我提出一个问题时，在陪审员回答之前，他们的眼睛就可能会以某种方式移动，他们的表情可能会有轻微变化，他们的肢体动作可能会改变，产生一些新的情绪反应。人工智能同样可以把这些反应解释为对我们有益或有害的迹象。法官会允许进行这样的分析吗？请记住，大多数法官都坚持追求公平，他们想排除成见和偏见。因此，我相信法院会欢迎任何可以加快审判过程和促进正义的技术。

除了辩护律师，法律中还有哪些领域可以利用人工智能？

当然是商业法。如果我要和某人签订一份大合同，我就想知道与我合作的人或公司相关的所有业务。比如，有针对他们的诉讼吗？如果有，是多少？又是出于什么原因？依靠人工智能获得的这些信息将大大有助于决策过程。

人工智能的处理速度和效率是否会减少一家律所的可计费时间？

或许吧。但律师不可能只处理一个案件。如果一个律师可以用人工智能更快地赢得一场官司，那么你觉得下次客户会选择哪位律师？通过使用人工智能，一家公司现在可以处理 12 个案件，而在此之前，它仅能处理 3 个案件。通过这种方式，虽然赚的钱和以前一样（因为他们是以时间计费的），但人工智能极大地扩展了它的客户名单。发展一份持久的工作说到底就是建立一个长期的合作关系。

你觉得当人工智能有能力代替人类法官时，我们会让它们裁决案件吗？

不。我不认为这会发生。人工智能能做的是为司法系统提供更多更好的信息，来使审判过程更快。让我们回顾一下，在100年前，打字机的发明是一个巨大的技术进步。40年前，计算机的出现也是一个巨大的进步。现在，人工智能就是一个更大的进步。最终，一些公司将比其他公司更快地采用这项技术，而它们将获得商业优势。在那之后，其他公司也将开始竞相追赶这种差距。一个好的律师工作的重点应该是尽可能让客户满意。客户和律师之间的任何关系都是非常特殊的。尽管人工智能会成为一个非常好用的工具，但它永远也不会取代律师。

与加州大学欧文分校法学院荣誉院长和无意识偏见专家L. 宋·理查德森的对话

2018年1月，L. 宋·理查德森（L. Song Richardson）成为加州大学欧文分校法学院的院长，成为唯一一位领导世界排名前21的法学院的有色人种女性。在该校的创始院长欧文·切梅林斯基离职后，她曾担任过该学校的临时院长。

作为一名一流的教师和学者，理查德森在学术研究中使用了认知和社会心理学来探索人们的感知、决策和判断。作为法律实践和刑事司法系统的专家，她的文章《警察执法与第四修正案》被全国刑事辩护律师协会选入"必读"清单。她是2011年美国法学院协会德里克·贝尔奖的获得者，以此来表彰她通过教学、学术研究和指导对法律教育做出的非凡贡献。

你是如何对人工智能领域感兴趣的？

通过对无意识偏见的研究，我对人工智能产生了兴趣。人们通常认为人工智能和算法是客观的，而没有仔细考虑机器学习过程中使用的数据的来源。

有偏见的数据将导致有偏见的人工智能。在为法律专业的法学生进行教学时，他们必须了解人工智能是如何工作的，以及人工智能将如何影响法律。

今天的法律系学生如何接受培训，以应对即将到来的人工智能世界？

法学院的工作仍然是训练学生像律师一样思考，这包括培养他们的批判性思维和分析能力。那是因为人工智能是不会取代律师这个职业的。学校还必须让学生准备好解决人工智能将带来的法律、伦理和政策问题。例如，当自动驾驶汽车发生事故时，谁该为此负责？是车主吗？还是汽车制造商？或是自动程序的软件设计者？这些都是律师必须准备好解决的问题。

所以，你不认为人工智能会取代律师的职位是吗？

人工智能不会取代律师，但它会影响律师的工作。事实上，未来对律师，尤其是好律师的需求将比以往任何时候都要大，但人工智能并不会取代律师这个职业。这些技术创造了一系列关于隐私、偏见、责任和道德的新的法律问题，以上这些只是众多问题中的一部分。法学院在教授学生、律师、法官和政策制定者有关人工智能的知识方面发挥着至关重要的作用，因为这里是让他们具备深思熟虑地解决即将出现的许多新的法律问题的能力的地方。

目前，一些法院正在利用人工智能通过判断人的行为模式来确定潜在的弃保潜逃风险，以决定哪些人有资格获得保释，而哪些人没有。这通常是法官来做的事情。你认为当人工智能有能力胜任法官的工作时，会有人工智能取代人类法官的那一天吗？

我不认为人工智能会取代人类法官。而且人工智能也不该取代人类法官。我担心的是，法官、律师、政策制定者和其他人将会过于依赖人工智能的建议，而不能充分注意到这些建议是如何做出的。任何人工智能输出的信息和它被输入的信息质量都是一样的。因此，我们不应该盲目地相信任何一个自动化系统得出的结论是公正和公平的。不管人工智能发展得多么成熟，它都不能也不应该取代人类的决策。

一些人工智能的专家认为人工智能会是更好的医生，因为他们永远不会出现宿醉或分心的情况。对于律师和法官也可以这么说。因为无论我们多么努力地去做到理性和客观，人们还是会把他们的主观情绪带到工作中。

这种说法确实存在。然而人工智能也会给工作带来负担。人工智能系统会从数据和经验中学习。如果用于训练系统的数据是有偏见的，那么人工智能所做的决定也同样会有偏见。此外，社会偏见影响着我们当前的现实，而我们当前的行动将会影响人工智能系统的学习内容和它们能够得出的结论。例如，在 STEM 这些领域工作的女性就没有男性那么多。因为人工智能从目前获取到的数据和经验中学习，所以它可能会错误地得出结论，即女性在 STEM 领域的工作能力不如男性。

可以想象在很多情况下，人工智能都能提高人类的工作水平。例如，客户可能会更诚实地回答由人工智能提出的问题，因为他们不太担心被人工智能评判。如果这是真的，那么就可以由人工智能系统来对客户进行初步面谈，而律师则可以花时间来发展与客户的信任关系。一旦有了信任的基础，律师就可以提出后续的问题了。在此期间，她还可以根据该系统收集到的信息采取行动。

我们的法院系统在各级都有大量的案件积压。一些人主张将不那么严重的案件外包给人工智能来缓解这种情况，加快积压案件的审理。你对此有什么看法？

我认为这是对技术的滥用。为什么一个人会成为一名律师？为什么一个人会成为一名法官？他们当然不会是为了变成司法系统工作的齿轮。我们有大量的积压案件，导致未能给予这些案件的人们应有的个性化关注，这一事实告诉我们，我们的司法系统出现了根本性的问题。利用人工智能来对这些积压案件进行大规模处理并加快案件的处理速度，这可不是问题的解决方案。

这与我们所追求的正义恰恰相反。我们需要的是利用这个系统来单独评估每个案件的独特之处。当我与法官、辩护律师和检察官们交谈时，他们很担心刑事司法系统马上会不堪重负，并得出这样的结论——他们根本没有时间单独考虑每个案件，这真的让我非常失望。我们应为那些重要的事情留出时间，并给予人们应得的个性化关注，这对我们司法系统的合法性至关重要。

你认为最终人工智能技术会对法律行业产生的影响是积极的还是消极的？

人工智能技术与其他任何技术一样，它的好坏取决于人们如何使用它。就像之前的工具一样，从打字机到电脑，我认为总体上的影响将是积极的。律师和法官们的工作成效取决于他们得到的信息的质量，有了人工智能的帮助将有可能显著地提高他们获取的信息的质量。但正如我之前所说的，信息永远不能代替良好的判断力。

与法律采购专家西尔维亚·霍奇斯·西尔弗斯坦的对话

作为 *Legal Procurement Handbook*（《法律采购手册》）的编辑和出版商，**西尔维亚·霍奇斯·西尔弗斯坦**（Silvia Hodges Silverstein）对法律市场和法律行业变化中的采购决策进行过很多的研究、指导和演讲。她是购买法律委员会（合法采购的国际贸易组织）执行董事，哥伦比亚法学院律师管理事务所的兼职教授。

你已经写了大量关于技术对法律职业影响的文章。今天的律师们可以期待未来5～10年会发生哪些变化呢？他们的工作会因为新技术的加入而变得更令人满意，还是会让他们过时？

技术变革是包括美国在内的许多国家的劳动力市场趋于恶化的关键之一。一些研究预测，到2030年全世界将会有多达8亿人失业，我相信法律行业也将受到自动化、人工智能和低成本劳动力持续被替代的深远影响。

但请记住，技术和自动化并不一定就能取代所有的工作岗位。我认为我们会看到许多工作岗位将会被拥有不同技能的人所取代。这意味着他们需要对自己的技能进行180°的大转型，才能获得这些新工作。否则，他们就会永远失去这份工作了。举个例子，我想今天的大多数律师可能都不知道如何编程，他们也不会在法学院学到这样的技能，但在10年后，甚至更早，他们可能就需要这样的技能了。我相信法律行业的转变已经开始了，技术让我们可以自由地去做更高层次的任务，包括为客户提供建议、交易谈判和在法庭上辩论。

我不知道我理解的是否正确，你刚刚是否说你认为律师将来也必须知道该如何编程？

当然。我认为他们需要学会编程，就像很多其他从业者一样。现在有很多有研发团队的律师事务所以这样或那样的方式使用法律技术的例子。但总的来说，一些公司的工作模式仍然像是手工作坊。我的确认为了解编程或者使用这样一种应用技术，将会以客户在未来所期望的方式为其提供服务。

人工智能技术最可能影响到法律行业中的哪些领域？哪些可能会超出人工智能的范围？

人工智能通常用于对文档的发现与评审，进行我们所说的预测编码，对公司的交易进行尽职调查，还能用于法律文件的分析、法律研究、自动搜索和进行实时数据分析。而很多真正需要进行人际接触的任务则超出了人工智能的能力范围，比如人际交往技巧，社交互动等。保持头脑敏锐，提供人工服务等这些你认为是人类才能做到的事情就不会被人工智能所取代。而其他那些人工智能可以做好的工作，在可预见的未来就有被取代的风险。

我不认为在未来 5 ～ 10 年内会发生这种情况，但超过这个范围的话情况就很难说了。我确实相信，某些类型的法律案件可能会受益于所谓的"机器人正义"。我也可以想象某些类型的案例会出现被自动判决的情况。

你能描述一下人工智能如何对小型的甚至是个人的法律公司产生影响？人工智能能让小型法律公司做到哪些他们以前无法做到的事情？

人工智能完全削弱了一个律师事务所拥有大量员工的重要性，尤其是在一场诉讼中。直到最近，很多小公司还一直受到传统的劳动密集型、人类行为驱动的法律实践的阻碍。但是自从需要专业知识的领域自动化以来，我就相信人工智能技术一定能改变这个状况。人工智能将使小公司更容易地承担他们以前不可能承担的案件。

法学院需要做些什么来让未来的律师为人工智能时代做好准备？

我们的行业正在从劳动密集型的交付模式向更支持技术和流程的模式过渡。我相信，即使是最顶尖的法学院也必须重新考虑他们的教学方法，让学生为这个新市场做好准备，因为只会有越来越少的法学院会以传统的方式进行法律实践了。

法学院的课程、教育工具以及它们提供知识的方式都需要做出改变，以匹配未来所需的新技能和能力。我发现，市场的需求和大多数法律毕业生所拥有的能力之间的差距是惊人的。直到几年前，当我问学生们关于电子资料档案查询的问题时（现在电子资料档案查询已经有非常标准的流程了），他们甚至都不知道电子资料档案查询是什么。而这是当今市场所不可接受的。

如今的律师，尤其是那些可能已经执业了几十年的律师，必须做些什么来利用这个新兴技术？

如果我是一个 60 多岁的人，我可以选择我是否成为这个发展浪潮的一部分。然而，20 多岁的人却不会有选择的余地。即使是那些 40 多岁的人，也没有太多的选择，他们必须学习和使用这项技术。

他们需要问自己，他们是想与新技术抗争，还是想与它合作？传统主义者可能无法想象他们的工作怎么可能会被与之竞争的科技取代。但随着时间的推移，最初可能只能解决一些简单问题的技术，将会到达"食物链"的更高层。随着技术覆盖范围的扩大，所谓的传统律师所能做的工作将会越来越少。在我看来，更好的选择就是与未来同行，让技术来为你服务，以提供更好、更快、更有效的解决方案。

根据你自己的经验，你认为人工智能能对一家律师事务所产生最令人兴奋的影响是什么？

世界上有许多公司都在做一些非常有趣的事情，他们创造了虚拟助理来帮助团队做出更快、更好的决定；提出了如果没有人工智能就不可能被提出的建议。几乎每天都有新技术在法律中被应用的例子出现。这是一个非常令人兴奋的市场，在任务自动化和行为分析等领域都提供了突破性的研究。这种创新实际上改变了法律各个领域的现状。

你认为人工智能应该在个人法律实践之外的法律范围中使用吗？它在司法系统中又该如何运用呢？法官应该使用人工智能吗？

有些人相信人工智能将有助于减少人类的失误，甚至减少或消除司法系统中的偏见。然而，为了开发一个人工智能算法，实际上需要有很多的数据集。信息必须被收集并提供给人工智能来使其做出的推理更加人性化。我不相信这将消除偏见。我们创造的人工智能可能会认为自己是没有偏见的，但它仍然可能存在这个问题。

当我们在谈论司法系统时，我不愿意把控制权交给技术部门。除非我们真的了解并能够控制算法，否则我们必须在某种程度上对技术持保留态度。就现在而言，信任这项新技术的风险太高了。直到我们知道它是如何做出选择以及该如何控制的时候，我个人是并不相信人工智能的。即便我们能完全了解这项新技术，但如果它落入了坏人手中，那将会造成很可怕的后果。我不想生活在一个科技公司能够掌控我们的自由和权利的社会里。

在最佳的情况下，到 2050 年，我们的法律体系会如何因人工智能而改进？美国会成为一个更公正的国家吗？

我喜欢一个更公正的系统来提供平等获得正义的机会。即使这就目前来说还不可能，我们也仍需要继续努力。这将会是由法律服务的客户们所推动的一场革命。我希望这将意味着更少的失误，更少的无价值的工作，和更多的工作成果。

我完全希望美国能成为一个更容易获得法律权利的国家。在某种程度上，人工智能可以是一个伟大的均衡器。就像我们使用过的任何工具一样，它有可能会带来很多的好处。但如果它落在坏人的手中，也会造成很大的损害。我们需要继续这一科技探索的旅程，但我们也需要在这个过程中的每一个阶段问问自己：对于一个如此庞大的体系来说，我们做的是正确的吗？

人工智能与语言

《圣经》中描绘了一个全人类都说同一种语言，可以大规模合作的时代。巴别塔（Tower of Babel）是这一合作的终极象征，旨在到达天堂。但是这座塔冒犯了上帝，上帝使人类分裂，让人们说着数百种语言，使人们无法相互理解，混乱地统治着这片土地。这个古老的寓言旨在解释人类对部落主义和民族主义战争的直觉。但在 21 世纪，人工智能可能最终会克服这个古老的诅咒，让人们能彼此理解，无论他们的母语是哪种语言。

与 Lingmo 集团的创始人和人工智能语言翻译的先驱丹尼·梅的谈话

澳大利亚人**丹尼·梅**是 Lingmo 集团的首席执行官兼联合创始人，该公司是人工智能语言翻译领域的全球领导者。你可能还记得，我们在第十四章中采访了非技术人员丹尼·梅，描述了他是如何使用自己拥有的人工智能为他的新翻译项目进行变革的。他最初是一名水管工，在 2014 年创立了 Lingmo 集团，2013 年在中国创立了 Muscit Industries 的社交网站，同年他还创立了 Global Creations（全球创造），这是一个帮助外国公司在国际上扩大业务和销售的组织。自创立 Lingmo 集团以来，他就不断在《商业内幕》和《每日电讯报》等出版物上露面。2017 年，它的旗舰产品 Translate One2One，一款能够实时解读 8 种不同语言的耳机，在日内瓦举行的联合国商业智能峰会上亮相后上市了。

你是如何创立 Lingmo 的，它与其他语言翻译应用又有哪些不同？

这一切都要从我的一次出差旅行说起。当时我的护照丢了，而我需要去找领事馆。我不知道领事馆在哪里，于是我就去找一名警察寻求帮助。当我意识到他不会说英语时，我下载了一个流行的翻译应用程序到我的手机里，并试图用它来寻求帮助。

在回悉尼的航班上，我就一直在琢磨这件事。我一回到家，就开始做一个市场调查，我发现即使是最好的语言翻译应用程序也仅有 50% 的准确率。但这是为什么呢？正如我后来发现的那样，每个应用程序关注的问题都是翻译方面的，而真正的问题却是语音识别。首先，如果一个应用程序不能清楚地理解你在说什么，那么它怎么能提供准确的翻译呢。语音识别就是我决定关注的方向。

你的专业背景并不是人工智能方向的，能告诉我们你是怎么进入这个领域的吗？

我确实没有这方面的背景。我曾经是一名水管工。在创立 Lingmo 以前，我需要花大量时间通勤。但自从有了丢失护照的经历之后，我决定把我的时间和 10 万美元的毕生积蓄都投入我的理想当中。我也是一名企业家，我知道如何与合适的人联系，并提供必要的技术专长，这对我的企业来说很有帮助。

IBM 的"沃森"在翻译这个行业中扮演着怎样的角色？

"沃森"这个人工智能有两个功能。第一个就是机器学习：在语音识别中学习关键词，从而加快学习的过程。第二个就是它会在不同的语言中学习分辨细微差别和方言。"沃森"不会进行逐字逐句的翻译（很多人都知道，这可能会导致各种各样的废话），它会停下来思考所说的内容，然后尽可能用听众的语言贴切地传达所翻译内容的意思。这样，听众才能真正理解它所说的内容，而不是仅仅得到一些关键词。

你会用怎样的方式来训练"沃森"?

一个最可行的方法就是看带字幕的电影。它不仅仅是把人物讲的话和字幕翻译进行比较,它实际上是在看电影中的其他角色对他们所说的话的反应。这就是它如何捕捉语言的细微差别和人物情感的诀窍。它还有助于克服有关同义词混淆的问题。例如,如果"沃森"听到"FLOW-er"这个音,并看到一张蛋糕的图片,它就能理解别人说的意思是"面粉"(flour),即你用来烤面包和糕点的物质。如果它看到一种彩色的植物,它就会知道别人说的是"花朵"(flower),即一种开花和有气味的植物。

Lingmo 如何处理不带有字面意义的俚语、习语、单词或短语,就像"已成往事"这句话这样?

这一直是一个挑战,但这也证明了为什么人工智能有如此高的价值。人工智能所做的就是通过反复试验来学习。这是一个缓慢的过程,但这一过程产生的结果,是计算机仅仅使用字对字的翻译永远无法完成的。

Lingmo 能检测到讽刺语气吗?

同样,这只是一个训练的问题。当你在讽刺的时候,你说话的音调和语调都会发生变化。"沃森"正在学习如何捕捉到这些变化,并识别出讽刺。

你如何处理涉及小组内使用不同语言进行对话的大型对话?

我们目前有一个可以通过文字和语音信息工作的系统。如果你用英语留下了一则留言,一个在中国香港的人就能以普通话收到这则信息,另一个在布宜诺斯艾利斯的人则可以以西班牙语接收到这则留言,而第三个在莫斯科的人则能以俄语收到这则信息。我们正在努力的第二步就是使实时通话和

Skype 风格的视频会议成为可能。无论一个人说的话是哪种语言，接收者都能以他们的母语听到它。

你的系统的准确率是多少？

当我们在 IBM 测试时，它的准确率通常是 95% ～ 97%，保守估计也至少有 85% 的准确率。我们还在研究方言、俚语和所有其他我们尚未完全研究明白的事情。

人与人之间的实时交流呢？你是否在努力开发一种能让说不同语言的人面对面交谈的技术？

是的。一开始，我们尝试使用蓝牙耳机为使用者提供翻译，但有一个问题就是，如何让对方把蓝牙耳机也放进他们的耳朵里。事实证明，这件事可能会非常尴尬。所以我们又选择了智能手表。你对着手表说话，它的扬声器就会为你的听众提供正确的翻译。

除了旅游业，哪里还可能是人工智能翻译的市场？

这个市场是相当大的。让我们来看看联合国。正常来说，许多的专业翻译一次只能工作 20 分钟左右，因为他们的工作非常紧张。而人工智能则可以给这些人提供一个极大的解脱。报纸可以用它来创建面向非母语语言者的版本。出版商可以用它来快速、准确地将书籍翻译成各种语言的版本。

我们正在与需要和国际乘客进行交流的航空公司合作。人工智能对于在营销网站上需要使用聊天机器人与外国客户沟通的公司来说，也是一个真正的福音。在法律领域，准确的翻译在起草合同时也是至关重要的，尤其是对那些被控在外国犯罪的人来说。

你认为这项技术最终会以怎样的方式呈现出来?

我一直都梦想着,去外国旅游的人都能戴着我们研发的小耳机。其中的人工智能可以立即识别出当地使用的语言,并为使用者提供准确的实时翻译。当然,如果其他人也都戴着这套装备,那么每个人就都能进行实时交流了,无论他们来自哪里。

比如《星际迷航》的通用翻译,或者《银河系漫游指南》中的宝贝鱼?

是的,只是这些技术不再仅仅存在于科幻小说中了,它们将成为现实。

人工智能让社会更美好

有很多人担心人工智能对社会的影响,无论是被机器人取代导致的失业还是终结者主导的世界末日,但也有很多人认为它是一种有益的力量。该领域许多主要的专家都认为,人工智能将开创一个繁荣的新时代,并能缓解经济的不平等和解决资源的短缺问题。许多创新者都致力于以某种形式来利用人工智能使乌托邦成为现实,或者至少建成一个最接近于这个理想的社会。他们已经开始产生看得见的结果了。

与区块链领航者、机器人设计师和通用人工智能概念的提出者本·戈泽尔的对话

本·戈泽尔是奇点网络集团的创始人兼首席执行官,他们开发的是一个基于区块链的人工智能市场,他同时还是汉森机器人公司的首席科学家,机器人索菲亚的创造者。本·戈泽尔可以说是一名神童,他在 10 年级时毕业离开高中,进入了西蒙洛克学院(位于马萨诸塞州大巴林顿),在那里他获得了

量化科学学士学位，22岁时在天普大学获得数学博士学位。他是通用人工智能协会的主席和奇点大学的顾问，他对人工智能具有改善世界各地人民生活的伟大能力持乐观态度。

索菲亚可能是目前最著名的机器人了。培养她的目的是什么？

我们在汉森机器人公司的商业目标之一就是创造出新一代的服务机器人。我们正在与中国合作建立一家工厂来制造它们，它们首先用于商业，然后会为普通消费者服务。现在，索菲亚既是一个研发平台，也是一个"对话机器人"。但我们的长期目标是让服务机器人就像台式电脑、电话和汽车一样无处不在。

我指的是我们可以很容易地与之互动，他们是能在日常生活中帮助我们的类似人类的机器人。几十年来，这一直是科幻小说的主题，但我们没有理由不去利用现有的技术实现这种新技术。但需要记住的一件事是，驱动这些机器人的智能是不在机器人身体之内的，它将分布在一个巨大的、分散的计算机网络中。

你一直是通用人工智能的大力推动者，而不是我们现在看到的更普遍的狭义人工智能。这是为什么？

几十年前，当人们想到人工智能时，他们想的都会是通用人工智能，一台能像人一样思考的机器，它能够处理各种问题。但当人工智能技术发展起来后，人们发现狭义人工智能更容易实现。你可以创建一个人工智能，它可以为你提供最好的方式掌控交通服务，识别人脸或写音乐。但狭义人工智能是有局限性的，因为它不了解信息背后的意义。例如，这样的一个人工智能可能会知道我是谁，但不会明白我是一个人，以及我是人这件事这到底意味着什么。

所以，从某种角度来说，为了使狭义人工智能达到最佳的状态，它必须从各种各样的来源获取更多的信息，并整合所有的这些信息，做出与收到的信息相匹配的判断。我们很快就会有通用人工智能了。当我在 2004 年或 2005 年首次引入通用人工智能一词时，人们并不能真正理解通用人工智能和狭义人工智能之间的区别。或者他们认为真正的通用人工智能过几千年都不会实现。但现在很多研发集团明白了，通用人工智能不仅是可以实现的，而且是必须实现的。

当我们真的有了有知觉的机器人时，谁将拥有它们呢？人们能"拥有"其他有知觉的生物吗？如果我们不能在法律意义上拥有它们，那么我们建造它们的目的是什么呢？

我觉得这个问题有点令人困惑。我有几个孩子，我抚养他们长大，但我不"拥有"他们。我们也需要以同样的方式来看待通用人工智能，这些机器人将会如我们的孩子一样。还有，他们的意识很可能与我们非常不同。我们几乎无法破解人类意识本身的奥秘，我们将不得不在这个领域做更多的研究，以理解我们的智能机器是什么以及它们是如何"思考"的。

你也是超人类主义的坚定支持者，该理论认为，人类可以通过技术超越其目前的身体和精神的限制。你认为在我们这一代的有生之年能看到这种技术的产生吗？

在某种程度上，这种技术已经在发展了。看看我，我戴着的这副眼镜，如果没有了它，我的视力可能就不会像现在这样好了。还有许多老年人都佩戴的电子助听器，以及我们用汽车来作为代步工具，让我们能从一个地方更快地到达另外一个地方。

我们现在都离不开智能手机了。如果你到香港去看看，你就会看到每个人都在看自己的手机，而不是他们周围的街道。目前，我们在智能设备接入大脑这方面还没有什么技术飞跃，研发这一技术还需要一些时间。但我们对它还是在一刻不停地研发着，而一旦它研发成功了，就会很快在全世界流行起来。我的意思是，当你十几岁的女儿在学校的朋友都能凭借无线网进行心灵感应来交流的时候，你的孩子还能安坐吗？她也会要求做个植入手术的。我们都会的。

人们认为，至少最初阶段，这些技术工具将是相当昂贵的，因此只有那些超级富豪才能承担得起。这应该是一个合理的假设吧。如果是这样，这将如何影响世界贫富之间的差距呢？

我不认为这种增强技术工具只会提供给超级富豪。它将主要面向社会上层人士和中产阶级，这大约占世界人口的 20%，所以这仍然是一个问题，但这就是现在的情况。我的意思是，智能手机的开发花费了数百万美元，但现在你和比尔·盖茨却同样使用着智能手机。万艾可的研发花费了数十亿美元，但现在每个人都能买到同样的蓝色药丸，无论他们的地位如何。亿万富翁们可能会乘坐私人飞机四处飞行，但它们也并不一定就比商用的波音 747 快一点，只是乘坐起来会稍微舒适一些。拥有一艘私人游艇是一件很美好的事，但拥有一艘游艇并不会带给你真正的经济优势，其次，乘坐私人游艇可能也不一定就比和朋友在当地的公共游泳池开派对更有趣。

这些技术工具也一样。能让它们扩大盈利的唯一方式就是使其规模化，使它们得以面向大众。而真正的挑战将是把这些新产品带到非洲等服务设施不健全的地区。在这些地方，有很多我们目前的社会经济体制不愿解决的问题，因为我们正面临其他问题，比如石油战争等。

你认为 100 年后的生活会是什么样子？

显然，这是不可能被准确地预测的。如果你让 1920 年的人描述 2020 年的生活是什么样子，他们的描述可能会与现在的生活偏差很大。我只能告诉你我希望看到的未来。我希望可以看到人们可以把他们的思想上传到一个全球大脑中并成为其中的一部分，这将涉及放弃你的个人身份和你作为一个人类的意义，但能获得一个能远远超出个人思想可以理解的伟大的联盟并且得到与其他思想交流经验和想法的能力。

　　我也希望看到人们有能力在保持人性的同时摆脱身体和精神的疾病。想象这样一个世界，在那里，日常生活中乏味的必要工作由狭义人工智能来完成。在这个未来，机器人会很乐意为你清除垃圾，为你做晚餐，并能 3D 打印任何你想要的东西。而我们就可以有很多时间去读读书，演奏乐器，爬爬山和进行社交了。

　　与我们现在相比，未来的人们将会有更好的生活体验，因为我们现在太在意物质资源的积累了，并在避免死亡的同时一步一步地往社会更高层爬。当我们解决了物质短缺的问题，拥有"资源"不再成为一个人存在的全部目的时，我怀疑 95% 的人都会选择把 95% 的时间花在某种虚拟现实中（如果让他们选择的话）。不过，我很可能不会是他们中的一员。我渴望享受到先进的虚拟现实功能带来的一切，但我仍然对在现实世界中构建东西非常感兴趣。

与人工智能伦理学的先驱克里蒂·夏尔马的对话

　　克里蒂·夏尔马（Kriti Sharma）出生于印度拉贾斯坦邦，是印度在人工智能领域的世界级领导者，她专注于研究将机器学习技术和聊天机器人应用于社会。她被《福布斯》杂志评为 2017 年 "30 个 30 岁以下的杰出人士"，是一家总部位于英国的社交企业 AI for Good（促进人工智能良好）的创始人。她是数据伦理和创新中心的董事会成员（由英国内阁大臣任命），是联合国顾问和奥巴马基金会峰会的参与者，她从圣安德鲁斯大学获得了工程学士学位和高级计算机科学硕士学位。2010 年，她被谷歌公司授予印度女性工程卓越计算机科学奖，以表彰她在促进科技行业多样化方面的工作。

你能给我们介绍一下关于你在人工智能行为准则领域方面和在 AI for Good 工作的细节吗？

我从小就一直参与技术的研发。作为一个在印度长大的人，我认为科技是一种能有效帮助解决社会问题的手段。它可以被用来解决当今地球面临的一些最紧迫的人道主义挑战。例如，我目前就正在使用人工智能来帮助那些遭受家庭暴力和虐待的人、那些无法获得性健康和生殖健康服务的年轻人，以及那些无法获得一般医疗保健服务的年轻人。我觉得这一切真的非常非常令人兴奋。

你能更详细地介绍一下人工智能在解决家暴问题方面的帮助吗？

好的。我的一个朋友就是家暴的受害者，这让我对这个问题做了广泛的研究。我了解到，印度有三分之一的女性都会在她们一生中的某个时候遭受到家庭伴侣的虐待。并且大多数受害者非常不愿意谈论那种经历或寻求帮助。她们害怕被评判。

所以，我就在想，如果这些女性可以不用和其他人谈论这件事，而是对机器人倾诉，这会改变现在的状况吗？我去了南非的约翰内斯堡，那里杀害女性和暴力侵害妇女的比例是世界上最高的，对经历过这种虐待的妇女做了一些测试。一开始，我担心这些女性对和机器对话会感到困惑甚至不接受，或许她们需要一个活生生的人的同情。而事实证明，情况恰恰相反。这些女性很喜欢和一个公正的、没有偏见的机器人交谈。她们真的敞开了心扉，开始寻求帮助了。我们的用户参与度非常高，就在那时，我看到了人工智能巨大的潜力，特别是在那些认为性虐待受害者是严重的社会耻辱的国家。

你能描述一下与你合作的组织，它们是如何通过人工智能帮助服务设施不全的地区的人的吗？

我与南非的一个很不错的社会司法研究所一起工作过。他们已经在这个领域工作了几十年。他们有很多与受害者沟通的专业知识和经验。他们知道怎么样才能推动受害者做出行为上的改变。我们将他们的方法融入了我们的新技术。例如，他们发现影响行为改变的最有效的方法之一就是讲故事。人们喜欢听与他们有类似经历的人的故事。

而我们的机器人 rAInbow 就能够做到这样的事情。它会收集关于受害者处境的关键线索，然后利用各种场景，包括既定的角色，提供一个最有利于后续进展的指导性故事。这是在一个非常个人的层面上完成的。例如，rAInbow 会说："我想告诉你一个关于我的朋友阿曼达的故事。"然后你就会被带到阿曼达的故事中了。

在哪些关键时刻需要激励她开始采取行动？这对她的孩子们会有什么影响？

虐待是一个很复杂的问题。经常会有酗酒，甚至乱伦的问题伴随着它。这对受害者来说非常折磨，尤其是那些经历了自我怀疑的人。人工智能可以把这些不同的组成部分编织成一个个性化故事，这个故事对经历创伤的人来说是有治疗性的。

人们真的能很舒服地和机器人交谈吗？

通常，不熟悉这种体验的人需要几分钟才能适应。但很快就会进行得相当顺利。有很多被压抑的需求都可以通过这种方式解决。在许多文化中，这种虐待不仅是常见的，而且被看作是很正常的。但碍于传统，很多妇女都不敢把这种事说出来。但这样做通常会使她们面临进一步的危险。所以，一个安全的、不带有评判性的全天候机器人就是一个她们急需的避难所。

你能为我们介绍一下人工智能伦理学的详细情况吗？

在我的工作中，我们更倾向于从多种角度来看待算法。也许最重要的是数据集。它们真的是客观和公正的吗？让我告诉你一个有趣的故事。我正在研究一个人脸识别系统，而开发者在开发其人工智能的过程中遇到了一个困难——他们难以识别非白人女性。我问他们用了哪些数据集来识别印度女性，其中一名开发者回答我："宝莱坞电影中的那些。"

不幸的是，我就看起来不像一个宝莱坞女演员，大多数印度女性也都不像。那些女性都是有着理想容貌的人。当一些大公司使用人工智能招聘高级管理人员的时候，也会发生类似的事情。大多数公司都有雇佣年长白人男性的历史，而人工智能会根据过去的决定，在选择时不成比例地偏向于过去的选择。

如果人工智能真的要做这项工作的话，拥有一个尽可能广泛和多样化的数据集是很重要的。在大多数情况下，这种歧视并不是有意的，这只是多年来的习惯造成的结果。一个种族主义、性别歧视的数据库将会产生一个种族主义、性别歧视的人工智能。但如果我们意识到了这个问题的存在，我们就可以解决它。

你被选为联合国的年轻领导人之一。联合国正在做哪些事来改善世界，你在其中又扮演了什么角色？

联合国列出了一份希望到 2030 年能实现的 17 个可持续发展目标。这些都是非常广泛、大胆的目标，比如终结全世界的饥饿、贫困和疾病。我们知道，如果我们要解决这些问题，我们就必须应用我们最先进的技术。我希望能使用这项新技术为全球谋利益，而不是去获得更多的广告投资。

你能给我们举一个例子来说明人工智能是如何用来实现这些目标的吗？

当然。让我们来看看医疗保健方面。在印度，我们正在推出全民医疗保健服务。目前，有 5 亿人都没办法看医生或得到医疗保健服务。这个国家的资源有限，而且几乎没有足够的医生或其他受过训练的医务人员来照顾每个人。

而这就是人工智能可以起到作用的地方。我们已经开发出了效果惊人的诊断算法，甚至可以远程识别疾病和其他健康问题。这样，我们就可以快速、有效地识别出需要立即注意的病例。人工智能还可以为在现场的工作人员提供信息和指导，以指数级的速度提高他们的效率。

另一个就是教育领域。有了人工智能，我们就可以为个人定制学习项目。这将有助于鼓励更多的女性进入科技领域，特别是那些对传统教学方式感到不适应的人。我发现，当年轻人开始理解和掌握这项技术时，他们就会立即看到用它来解决社会问题的方法。他们不只是对创造电子游戏或制造杀手机器人感兴趣，还会用它来帮助有需要的人。

这需要得到更多媒体的关注。我们总会听到关于人工智能将取代我们的工作或是挑起第三次世界大战这样的说法，很少听到人工智能被用在好的方面的消息。而那些好的方面才是我们现在真正需要宣传的。

现在很多人都在说，对年轻人来说，学习编程是多么重要。我认为这是一个误区。很快，计算机就能够自己编码了，人类只需要做自己想做的事情了。这些事情才是人类愿望和创造力发挥作用的地方。想想人类特有的技能——情商、解决问题、推理、同理心、人际关系，这才是人们应该关注的问题。我们可以用机器来做所有的其他事情。

与联合国人工智能造福人类倡议的领导人伊拉克利·贝里泽、弗雷德里克·沃纳和莱因哈德·肖勒的对话

伊拉克利·贝里泽（Irakli Beridze），**弗雷德里克·沃纳**（Frederic Werner）和**莱因哈德·肖勒**（Reinhard Scholl）是联合国促进人工智能良好（AI for Good）倡议的重要思想领袖。由国际电信联盟（ITU）和 XPRIZE 基金会联合举办的人工智能造福人类全球峰会旨在利用人工智能解决全球最紧迫的问题，如贫困、医疗保健和环境问题。

伊拉克利·贝里泽是联合国区域间犯罪和司法研究所（UNICRI）人工智能和机器人技术中心的负责人。2014 年，他发起了联合国的第一个人工智能和机器人项目，将来自世界各国的代表聚集在一起，订立培训、教育和监控协议，以管理人工智能的发展来为全人类谋福利。他一直在为人工智能的和平和合法地发展而努力，帮助利益相关者寻求新的发展机会，同时识别和降低风险。

弗雷德里克·沃纳是国际电信联盟战略策划部的负责人。他曾担任了全球 IT 电信协会 ETIS 的通信和项目总监。他帮助电信行业创建了一个由网络安全专家组成的泛欧洲共同体。他目前负责国际电联电信标准化局的联络和成员关系，并在创建具有里程碑意义的人工智能造福人类全球峰会中发挥了关键作用。他还通过他创建的许多信息和通信技术行业的项目和活动积极参与了技术创新、数字化转型、金融普惠、5G 和人工智能等。

莱因哈德·肖勒博士是国际电联秘书处（TSB）的副主任。他曾在位于德国慕尼黑的西门子公司和欧洲电信标准化协会（ETSI）工作过。他拥有伊利诺伊大学的物理学博士学位，并在 ICANN（互联网名称和号码分配公司）的董事会任职。

你能为我们讲解一下人工智能造福人类全球峰会的背景吗?

弗雷德里克·沃纳: 它源自 IBM 公司机器人"沃森"的 XPRIZE 挑战,这是一个旨在激励人们去创建和竞争人工智能解决方案的具有高度激励性的挑战。这次峰会广泛汇集了来自联合国各机构以及工业界和学术界的人士。人工智能专家们可能会告诉你,这项技术太重要了,以至于不能只留给"专家"来研究,这就是为什么我们试图让尽可能多的人参与到这项研究中来。

我们邀请了来自硅谷的人,来自哈佛大学、麻省理工学院、斯坦福大学和牛津大学的主要研究人员,以及来自红十字会和其他组织的代表,他们对一些存在于社会底层的问题有着很好的见解。重要的是要让人们认识到,这不仅仅只是一个讲坛或是小组讨论,我们正在寻找实际问题的实际解决方案。2030 年已经不远了,所以我们现在必须开始行动。

莱因哈德·肖勒: 联合国公布了一份希望到 2030 年能够实现的 17 个可持续发展目标的清单。因此,峰会的大部分注意力都集中在解决从贫困、教育到健康、环境领域的问题。

你能解释一下人工智能存储库是什么吗,有哪些人会参与它的建设?

莱因哈德·肖勒: 其实它很简单。这是一个开放给任何想提交他们认为可以使用人工智能实现可持续发展目标相关项目的描述简短的数据库。就像开源软件一样,我们正在收集各种想法来扩大我们的知识库。因此,我们鼓励公众贡献他们的想法和解决方案。

你认为人工智能的发展是否会类似于冷战的军备竞赛或太空竞赛,各个国家都竞相成为第一个研发出通用人工智能的国家?

伊拉克利·贝里泽: 我一直都在参与防止核武器扩散的工作,努力控制涉及化学、生物、放射性和核武器的大规模杀伤性武器的扩散，所以我知道军备竞赛是什么样子的。基于这个经验，我可以肯定地说，不，现在不会再发生类似的事情了。当没有人知道终点会是什么样子的时候，就不会有人参加竞赛了。确实，各国都正在努力以最大限度为了他们自己的利益研发人工智能，但这和第一个制造原子弹或让人登上月球的竞赛却并不一样。每个国家都有自己的需要，并正在制定适合自己的发展和适应这项技术的战略。

弗雷德里克·沃纳： 联合国代表着 193 个国家。它们都有相同的看法，这就是为什么它们都支持人工智能造福人类全球峰会。我们举办峰会已经有两年了，我认为我们有很强的合作感。

莱因哈德·肖勒： 人工智能造福人类全球峰会在努力尽可能地具有包容性。我们正在鼓励尽可能多的国家，以及私营公司和学术界的参与。我们目前有超过 30 个联合国组织作为合作伙伴，以及 XPRIZE 基金会和美国计算机协会。在未来的会议上，我们希望能有更多来自中国、日本和韩国等国家的演讲者。我们在俄罗斯和拉丁美洲的参与者还不是很多，但我们正在努力改善这一点。我们还需要竭尽全力地接触更多的发展中国家。我们同时也在努力让更多的女性参与进来。在 2018 年的第二届峰会上，大约三分之一的演讲者都是女性，这对于一个技术会议来说是相当不错的。

发达国家和发展中国家之间的差距已经在扩大。人工智能会加速这一趋势吗？会让富裕的国家变得更富有，而穷的国家变得更穷吗？

伊拉克利·贝里泽： 是的，不能排除会有这种可能性。拥有科技和金融资源的国家很可能会首先发展出更先进的人工智能，并以此来获取最大的利益。这就是为什么我们必须努力确保这些优势不被集中在少数群体中，而是能被全世界所共享。

弗雷德里克·沃纳： 实际上，能从人工智能中获得最多利益的反而可能是最不发达的那些国家。但如果我们不为人工智能制定一条负责任的发展与实施道路，它们的损失就会最大。联合国正在努力保障人工智能的发展具有包容性和透明性，并确保人工智能将平等地帮助社会的各个阶层。

为了使人工智能的工作更有效，它就需要考虑尽可能多的数据点。而这需要访问大量的个人信息。你怎样看待人工智能发展所需的海量数据和人们对保护个人隐私的渴望之间的平衡？

伊拉克利·贝里泽：这是国际社会目前正在努力解决的一个问题。没有人愿意生活在持续的监视之下。幸运的是，有一个越来越主流的思想流派表明，人工智能可能并不像最初认为的那样需要依赖于大数据。毕竟，一个孩子不需要看1000万张猫的照片才能学会如何识别一只猫。当人工智能系统达到了足够的知识水平时，不必窥探整个人类的私密行为也可以很好地运作，所以人工智能的发展可能并不会和人们的个人隐私冲突。

弗雷德里克·沃纳：隐私和监管是我们从认识到现在一直在尝试解决的问题。如果现在我们采取观望的方法，那么在10年或15年后，我们可能会说，我们之前真应该考虑这个问题的。实际上，我们已经认识到的一个大问题就是，尽管存在着大量数据，但大部分都是私有的。那些数据是我们不能使用的。其中很多都是有价值的知识协议或知识产权，而它的所有者是不愿意分享它们的。我们面临的挑战是合并来自不同机构和相互信任的人的数据集，他们可以匿名共享数据，以便在一个沙箱环境中测试不同的算法，看看哪种算法的效果最好。

联合国制定了17个希望在2030年之前实现的可持续发展目标。你认为哪一个会受到人工智能最积极的影响？

伊拉克利·贝里泽：我相信人工智能将在为全世界提供医疗保健、提供高质量教育和结束饥饿的方面特别有用。我可以很容易地想象出人工智能能分析大量的医疗保健数据、加快科学突破，这在以前可能需要几十年的时间才能实现。通过分析趋势，它可以预测疾病的暴发，以更好地控制大流行病的暴发。

通过使用人工智能，偏远地区的人们将能够获得医疗专家的帮助和其他以前无法获得的医疗服务。人工智能可以以虚拟导师的形式进行教育，并且针对学生个人的发展制定更有效的学习计划。在结束饥饿这个问题上，人工智能的预测分析能力可以极大地提高农业生产力，也可以帮助我们更明智、更有效地将食物分配到那些最需要的地方去。

弗雷德里克·沃纳：我认为人工智能很快就会对医疗保健产生重大的影响。有了人工智能，我们就可以用手机来检查皮肤癌甚至被毒蛇咬伤等情况。现在已经有了一款可以分析可疑皮肤生长的应用程序了。但人工智能的这些用途并不局限于发展中国家。

这在发达国家中也会很有帮助，比如英国，那里可能会需要一年的时间来预约皮肤科医生。我看到了人工智能的很多可能性，它们可以帮助人们更早地发现健康问题，从而在小问题变成大问题之前得到治疗。我们可能会看到很多人关注可穿戴技术，这些传感器可以提供心率、血压、血糖等实时读数。这些将被用来激励人们追求更健康的行为，从而降低整体医疗成本。

莱因哈德·肖勒：让我们来看看一个人工智能被用于消除贫困问题的例子。第一步是发现那些最贫穷的人真正生活在哪里。这看起来很简单，但实际上是一项艰巨的任务。旧的方法是挨家挨户地观察，但这种方法是耗时、昂贵的，而且常常伴随着危险。一种更现代的方法是使用带有夜间图像的卫星图像，但这不能让你区分不同的贫困程度。

然而，最近斯坦福大学利用机器学习技术证明，白天的卫星图像在监测贫困方面比夜间好得多。理论上，他们的模型可以通过分析白天的卫星图像来做出预测。

许多未来主义者担心人工智能将导致大规模失业，特别是低收入、重复性的工作岗位，因为机器人可以完成更多的工作。我们该如何处理这些问题？

伊拉克利·贝里泽：很多人都在担心这个问题，也不是什么秘密了。我们经常看到预测人工智能的报告说它们将会取代 20% ～ 70% 的工作岗位。不仅仅是卡车司机和工厂工人，还有会计师、律师、医生和其他高技能的专业人士。但后来我也看到了很多关于人工智能的报告说人工智能也将创造比它们所取代的更多的就业机会。人们只是换了一些不同类型的工作罢了。无论如何，人工智能导致的失业是一种我们无法忽视的风险。

我认为人工智能很可能会扰乱世界各地的就业类别，并造成数以百万计的经济难民。这将影响到发展中国家的社会稳定。这就是为什么我们现在必须采取行动，制定政策和战略以应对这一不可避免的动荡。

人工智能会加大犯罪的风险，比如，人工智能可能会使网络攻击的破坏性比今天大数千倍。人工智能也可能被用于政治攻击，如用作模仿、制作假视频、面部交换和其他的欺骗工具，旨在破坏政治人物的可信度。然后就是罪犯或恐怖分子使用人工智能发动物理攻击的威胁，比如使用自主无人机攻击一些目标甚至是个人。

最后，还有我们经常在科幻小说中看到的存在主义的危险。我们可能不再是地球上最聪明的物种了。我们已经看到了超级智能出错的例子，以及它将如何对人类构成生存威胁的例子。这就是为什么我们现在就必须开始制定预防政策。

为了解决人工智能导致的失业问题，目前基本上正在讨论的有三种解决方案。其中最受欢迎的一种是推行普遍基本收入。这将包括针对人工智能的某种税收和对整个人口的财富再分配。这个解决方案同样带来了许多问题，因为没有人知道这些财富到底是如何产生的。除此之外还有许多令人困惑的问题，比如你将如何分配它？如果人们对社会没有真正的贡献，那么人们还会感到快乐吗？这几乎与地球上每个社会的价值观都相悖。正如法国哲学家伏尔泰所说的：“工作避免了三大罪恶：无聊、邪恶和欲望。”

第二种解决方案涉及了劳动力的再培训。但这种解决方案的问题是，我们真的不知道 10 年后人们将需要哪些技能，我们也没有资源来持续进行大量成年人的再教育。对一个四五十岁的中年人来说，这就变得更加困难了，他们会发现在中年时更难获得一套全新的技能。

第三种解决方案就是减缓技术变革的步伐，这样社会就能够逐渐适应它了。在这三种解决方案中，这可能是最不现实的。因为说到创新，没有人会放慢脚步，因为这样的话其他人就会很快赶上来的。但无论我们做出什么选择，总是不能让每个人都满意的。

莱因哈德·肖勒： 讽刺的是，我认为机器对需要高度同理心的工作会比人类做得更好——比如医生、护士或治疗师。人类是很容易受到打击的。当他们忙碌的时候，他们就会分心，他们会感到不耐烦。电脑则可以更好地集中注意力，它们从不会分心，也从会不发脾气。电脑也可能比人类更有道德。因为只要我们给它们设定一套规则，它们就会遵守。它们最终会在你选择职业道路、去哪里上学、和谁结婚的问题上给你更好的建议。我想你将会很难找到一个人工智能比不上人类的职业了。

随着我们越来越相信人工智能，我们目前的政治机构以当前的形式留存下来的可能性有多大？当人工智能可以为我们做出更好的决定时，为什么我们还要依赖不完善和腐败的人类领导人呢？

伊拉克利·贝里泽： 我不能代表全世界的想法，但如果我们真的发展出了一个能比我们做出更好的决定的通用人工智能，我认为我们会适应它的。

关于这个问题，现实中也有过先例。以证券交易所为例，我们已经不再使用交易所经纪人了。人工智能能在一秒钟内做出买卖决定，这让所有人都很高兴。飞机上的自动驾驶仪也是如此。我们已经不再真正地质疑这些技术了。

理想情况下，由所谓的世界政府来确保人类的繁荣、幸福和健康也并不是一个坏主意。但在现实中，我并不觉得我们会转向一个中央集权的世界政府。相反，我设想的是一个各国政府寻求人工智能来帮助做出决策，然后在当地采取行动的情况。希望我们能建立某种国际合作，以便我们可以使用人工智能提高目前世界上一半人口的地位。

莱因哈德·肖勒： 事实上，信任正在成为人工智能面临的一个主要社会问题。就如人工智能可以用来做很多好事一样，它也可以被用来做很多坏事。我们已经知道，电脑可以被用来窃取身份、抢劫银行账户，并挟持数据以换取赎金。人工智能的情况会比这更糟。它很快就能发展到让你不能相信你在互联网上看到或听到的任何东西的地步。人工智能已经被用来制作假视频了，比如让别人在视频里说我们想要他们说的话。我不知道这种乱象将如何结束。

一个流氓组织率先创造出通用人工智能并利用它来实现某种经济或政治统治的概率有多大？

伊拉克利·贝里泽： 创造像通用人工智能这样强大的东西，或者说，超级智能，是需要大量的资源、大量的科学突破，以及超过单个国家或组织的能力才能获得的计算能力。更有可能的是，一些富有的、受过教育的联合群体会在流氓组织或个人决心进行独裁之前将其研究出来。

当人工智能为医疗保健、饥饿和气候变化等问题提供解决方案时，这些解决方案将如何实施？

伊拉克利·贝里泽： 这个问题的本身就是一个问题，必须有政治意识和意愿才能做出这些改变。除此之外，我们还需要可用的资源和资金以及技术来证明这些解决方案确实有效，而且它们是可持续的。幸运的是，如果这些解决方案能够在小规模内发挥作用，它就可能会引发多米诺骨牌效应，使其他地方对这些解决方案需求激增。

弗雷德里克·沃纳： 最大的问题是需要建立一种大规模国际合作的形式。数据不仅需要进行共享，而且还需要以一种公共的格式进行共享。我们需要创建一个强力、透明而又稳定的标准。因为你可以拥有来自数百个数据源的数据，但如果它们都不是相同的格式，那它又该如何交互和链接？技术创新正在呈指数级速度发展，但瓶颈将永远是我们该如何共享数据。这是一个巨大的挑战，而这个挑战还远远没有得到解决。

莱因哈德·肖勒： 人们正在谈论的另一个问题是模型的测试和批准。假设你的公司是一家刚刚研制出了一种新药的制药公司。你的药物必须得到你所在的国家的医疗保健管理局的批准（比如食品及药物管理局）才能让它上市。

这可能需要数年的临床实验时间，我们对模型也需要有相同的过程。国际电联和世界卫生组织（WTO）在第二届人工智能峰会上启动了一个项目，旨在开发一个基准框架，以便对人工智能进行标准化和透明的评估。想象一下，你是一个拥有新模型的初创公司，政府有一个专门的部门来对模型进行测试。如果你遇到了问题，你的公司可以继续为后续的测试提供新的模型。这种反复的测试让以后的成品能有更高的效率。因此，基于标准化基准测试的分数，模型可以被像药品监管机构如食品及药物管理局（美国）、欧洲药品管理局（欧洲）、国家药品监督管理局（中国）或印度中央药品标准管理局（印度）这样的机构认证。

你认为由人工智能带来的 2050 年的世界，对于普通人是什么样的？

伊拉克利·贝里泽： 因为我们不知道人工智能的主要发展趋势会是哪个

方向，所以很难做出这个预测。但我相信，2050 年的世界将比我们现在的生活更美好。是的，有些问题可能仍然会存在，但我认为大多数人都能在人工智能的影响下享受更快乐、更长寿、更健康的生活。

莱因哈德·肖勒：我想我们将会依靠人工智能来为我们做出越来越多的决定。很多人都在谈论自动驾驶汽车，但这个领域很难实现让科技变得可靠。传统电信网络的可用性为 99.999%，即该网络每年可能的停机时间约为 5 分钟。我认为人们会对自动驾驶汽车的要求更高，毕竟，在这个问题上犯错可能会是有害甚至是致命的。

因此，花费的研发时间会比人们想象的要长得多。总的来说，人工智能的发展将是一个持续的过程。这不会在一夜之间发生。年轻人很可能最快地适应改变。如今，智能手机伴随着孩子们的成长，对他们来说，人工智能可能再正常不过了。他们并不会感到害怕。

人工智能与情感共鸣

人工智能机器人、机器学习技术，人们很自然地认为这些技术是冷冰冰的、善于计算的、没有情感的。在《终结者》中，穿越时空的战士凯尔·里斯告诉女服务员莎拉·寇娜说："你和它是没有谈条件的余地的。你和它是讲不通道理的。它也不会感到怜悯、悔恨或恐惧。并且它绝对不会停止对你的追杀……永远不会……直到它把你杀死。"同样地，对那些看似冷血或冷漠的人，一个常用的贬义词就是称他们为"机器人"。

尽管众所周知机器是缺乏情感的，但人们围绕人工智能的看法可能会随着时间而发生改变。这似乎很牵强，但如今的开发者正在创建的算法不仅需要检测人类的情绪状态，而且还要做出适当的反应。一个能够表达同理心、同情、关心甚至是幽默的人工智能的巨大市场正在出现……而它不会表现出愤怒、不耐烦和沮丧这些人类的负面情绪。也许，在不久的将来，人们对医生、护士或社会工作者最大的赞美将会是：他们的行为就像一台机器一样。

与情感植入人工智能的商用的先驱者斯科特·桑德兰和托德·班希迪的对话

斯科特·桑德兰（Scott Sandland）是 Cyrano.ai 的联合创始人兼首席执行官，这是一家在商业环境中结合了情感植入人工智能的公司。他们的算法允许机器和客户进行自然的对话，能实时识别和响应客户的情绪、投入程度并进行实时交流。桑德兰是一名南加州的企业家，是一位世界著名的催眠治疗师，同时也是一位有成就的创新者和企业家。他积极参与了多个软件平台的开发和定制，重点致力于继续教育和专业网络的发展。

托德·班希迪（Todd Banhidy）是 Buy It Installed（购买安装）公司的创始人兼首席产品架构师。该公司使用了专有的技术架构和称为人工情感的先进的人工智能，提高了网上购物购买率，同时减少了购物车废弃、产品退货和保修索赔的问题。托德也是一位南加州的企业家，有着超过 30 年的国际现场服务经验，曾就读于加州州立大学洛杉矶分校。

在当代人工智能领域，你是如何定义情感共鸣的？

斯科特·桑德兰：很长一段时间以来，计算机都拥有良好的语音识别能力来理解人类的话语。但字面的使用仅仅是我们语言使用的冰山一角。一句话的意义可以通过语气、语境和文化等多重因素来表达。例如，如果我邀请你参加我的超级碗派对，你回答我说"我尽量去"，可能你真正的意思是："谢谢，但是我可能去不了。"

你很有礼貌，而我能通过观察你的社交情况来了解这一点。我们现在所做的就是教机器学习分辨正在传达的信息和潜台词之间的细微差别。计算机可以寻找的各种各样的线索，如反应的时间、所选单词的类型和种类，来确定一种反应是肯定的还是否定的、同意还是不同意，以及这句话是否存在欺骗的情况。

为了训练我们的系统，我们使用了实际销售中的通话记录来帮助其寻找语言线索，使我们能够预测销售结果。一旦我们确定了这些结果，我们就可以对它们进行分类，然后使用它们来创建一个实现某种功能的算法系统。可以肯定的是，该算法肯定没有100%的准确性。但它会使用加权平均值来确定你可能在说什么，做出什么反应可能是最好的。随着时间的推移，以及机器与人的互动和学习，这个预测的成功率会增加。

托德·班希迪： 人工情感和人工智能非常相像，因为它们都有自己的认知能力。我们用同理心（人类行为中的非行动部分）来分辨一个人的感受，第二步就是你该如何处理这些信息。有了人工情感，计算机就可以模仿人类共情或与他人分享感受。这意味着电脑可以确定一个人的感觉，其能力就类似于那种人类也有的能力。

让我们来看看你的共情能力。当你遇到一个人时，你会立刻感受到友善或威胁。而你是怎样做到的呢？你可以找到一些线索，比如他人的面部表情、身体姿势、语气，等等。你的判断在很大程度上是基于你小时候的个人经历。你脑子里记得那些有爱、愤怒、欺骗或讽刺的人，包括他们看起来的样子和说话的声音。我们对电脑也在做同样的事情。人们在产生同理心时可能会使用数千甚至数百万的数据点，我们试图让计算机识别、分析这些数据，然后让它们拥有同样的能力。

到目前为止，计算机在这个领域的表现如何？

斯科特·桑德兰： 实际上，我们的西拉诺算法甚至在我们都不知道的情况下找到了共情的线索和模式。这就像阿尔法围棋一样，这款自学电脑在比人类开发者更擅长之前就学会了下围棋。西拉诺算法在预测基于对话交流的结果方面变得比我们更好了。

我们认为这是真正的创造力的标志。在机器"大脑"内部正在发生的事情，我们无法看到或解释。为了使你理解我的意思，考虑一下这个类比可能会有帮助。你就把创造力想象成一堆乐高积木。有创造力的人（比如艺术家、喜剧演员、作家等）比普通人拥有更多的乐高作品，因为他们可以以普通人想不到的方式把一些积木拼在一起。罗宾·威廉姆斯（Robin Williams）就是一个很好的例子。他可以把一些看似不相容的想法联系到一起，从而构建出一个精彩的喜剧剧本。这也是现在最好的算法所能做到的。我们给它们的数据越多，它们可以用的乐高积木就越多，它们能够生成的连接和组合也就越神奇。而且，就像一个好的单口相声演员一样，它们工作得很快。

托德·班希迪：我们发现有情感的人工智能在进行客户服务时非常有效。在电话里，聊天机器人可以通过词语的选择和语调来识别客户的个性类型。打电话的是喜欢聊天的人，还是只是想赶紧把事情解决了的人？还有，他们是从哪里打来的电话？与田纳西州相比，和来自纽约的人怎样说话最适合？人工智能可以了解这些因素，并比人类客户服务人员更灵活地交谈。

培养有感情的人工智能在销售环境中的优势是什么？

斯科特·桑德兰：人工智能能够从一个比人类销售人员更广泛的角度来思考问题。大多数销售人员都是目光短浅的人。他们的目的是促成一个直接的结果，而不是为客户考虑终身价值。同时，一个熟练的人工智能可以创造出与客户需求和意图相协调的销售体验，而不是与销售人员相协调的销售体验。

托德·班希迪：我们在所谓的"安装销售"行业中使用了人工情感。这个行业包括了产品的销售和安装服务，如门窗和屋顶。它更像是一个横向的市场，而不是一个独特的行业，因为它跨越了许多不同的行业，比如家居改善或商业改善。

有了我们的人工智能，人们就不需要人类销售人员，他们通过网络直接与销售机器人交流。到目前为止，我们的研究结果一直非常令人鼓舞。我估计，同样的技术会在一切需要强有力的人与人沟通的行业中广泛应用，比如抵押贷款，因为在其整个过程中，客户往往会感到焦虑和不安。大多数的销售流程都需要在销售结束前进行大约 5000 个步骤。如果这些步骤中的任何一个存在误解或信息的错误传达，那么销售就会失败。这就是为什么有情感的人工智能更有潜力来提高销售的效率，它不会像人们那样分心或错过线索。

你相信有情感的人工智能会演变成机器人治疗师吗？

斯科特·桑德兰： 是的，我认为这是有可能发生的。可能不会是明年或后年，但最终一定会朝着这个方向发展。让我们想象一下，以后的治疗师都是训练有素的，它们能记住一切，并能时刻关心我们。这是一个从未发生过的最佳情况，但假设它发生了，人类的自尊也可能会影响到患者的治疗结果。随着时间的推移，人类的观点可能会僵化，这些观点可能是狭隘的。即使是最好的治疗师也会感到疲倦、饥饿或是想出去度个假。有时候，人类治疗师也会经历糟糕的一天。

但到目前为止，人类仍然比机器做得更好，因为这个技术还没有成熟。但当它成熟时，一切就会改变了。人们不需要再去办公室寻求帮助，他们可以在家里、手机、电脑或类似 Alexa 的设备上寻求帮助。人们已经在向脸书群组和电台谈话节目寻求安慰了。他们转向人工智能寻求帮助，而不是人类治疗师也不是不可想象的事情。

托德·班希迪： 我认为人类与带有情感的人工智能机器之间的互动会比与人类进行情感的交流更好。为什么呢？因为人们会把他们的注意力分给他人和他们自己的自我提升上，人都会首先关心自己的需求。

但同理心在于给予。你必须关闭你的思维，你必须让镜像神经元在你的头脑中"燃烧"。但你真的能理解对方的感受吗？我认为，人们充其量只能把30% 的精力集中在另一个人身上，但是电脑却可以百分之百地集中精力。一台计算机的知识库也将远远超过受教育程度最高、最有经验的人类治疗师。而且机器永远不会评判一个人，当害怕被别人评判时，一个人是很难把自己的所有经历都告诉别人的。

这些在理论上听起来都是积极的，但是假设这样的力量被用于邪恶而不是善呢？

托德·班希迪：任何技术都可以被武器化。如果你愿意，你可以把一锅沸水作为武器。现在，人们可以使用人工智能作为一种有说服力的工具，来诱导人们以某种方式行动。我想你可以称之为人为操纵。但我认为，一项技术真正的力量在于去正确地使用它、让人们更好地理解彼此、建立信任和合作、说服人做一些对自己和他人有益的事情。

人工智能可能会变得有意识或有灵魂吗？

斯科特·桑德兰：这就引出了一个新的问题，它们的意识会存在于哪里？在它们身体里的电流中，还是一些更大的东西里？我认为机器将能够模拟意识。例如，它们将能够避免火灾，即使他们永远也不会真正经历身体上的疼痛。它们将能够表现得快乐、悲伤，甚至愤怒，但它们永远无法体验到快乐、悲伤或愤怒这些情绪和感觉。就像俄罗斯的一句老话所说的："经常假装做一个好人，你甚至会愚弄到上帝。"这句话的意思是，如果你一直以某种方式行事，那么每个人都会这样看待你。最终，这是唯一重要的事情。即使是算法也是这样。

与前难民和网络希望青年难民项目的负责人莱拉·托普利克的对话

莱拉·托普利克（Leila Toplic）本人也曾是一名难民和难民学校的教师。她在网络希望（NetHope）领导了两项"科技向善"项目，这是一个由 50 多个全球非专业技术组织组成的非专业技术联盟。新兴技术工作组是将人工智能和区块链整合到人道主义、发展和保护工作中的全行业方法。"不会失落的一代"技术特别工作组汇集了人道主义响应专家（联合国非政府组织机构）和私营部门的专业知识和资源，以解决难民儿童和青年的需求，包括教育、就业和保护。

在网络希望成立之前，莱拉是两家社会企业领导团队的领导人之一，这两家企业都专注于利用技术将人们与美国和国际上的教育和工作接轨。她在微软和 Adobe 的科技行业工作了 13 年。

你能为我们介绍一下关于网络希望的信息和它的使命吗？

网络希望是一个由 57 个全球非政府组织组成的非专业技术联盟，与数十家不同的科技公司都有着合作。我们将那些最大的非营利组织与技术创新者聚集在了一起，专注于解决人道主义、发展和保护领域的一些具体问题。网络希望联盟成立于 17 年前，其中包括一些最大、最著名的人道主义、发展和保护的非政府组织，如国际救援委员会、乐施会、拯救儿童会、美慈组织、无国界医生组织、自然保护协会和世界野生动物基金会。

我们会以四种方式支持我们的成员：第一就是支持我们所说的实践创新。我们专门帮助非政府组织评估、设计和实施有技术支持的应对措施，以改善他们的工作。因此，无论是在救灾还是难民教育方面，我们认为技术可以帮助我们做得更好。第二，我们简化和现代化了技术的利用。我们以廉价和简单的方式使技术更容易被发现、购买和集成。我们还可以在我们的成员之间分享这些好的经验。第三，我们会直接与非政府组织的技术团队合作，以建立组织能力，特别是通过帮助我们的成员理解技术的价值，以及教他们如何最好地将其整合到他们的规划中。第四，我们通过学习技术工具、方案设计和评估框架鼓励全部门的变革和全部门的共享，共同学习，更好地完成工作。

你有哪些背景？它是如何支持你目前在网络希望的工作的，特别是解决教育问题？

我曾经是一名来自波斯尼亚的难民。波斯尼亚爆发战争时我刚刚 14 岁。我一直待到 18 岁那年，因为我们希望战争早日结束然后我们就不需要离开我们的家了。没有人想逃离他所知所爱的一切并成为一个难民的。成为难民是因为已经别无选择了。

在 1995 年夏天，考虑到波斯尼亚正在发生的所有可怕的事情，人们清楚地看到，我们需要找到一个拯救我们生命的办法。我们乘坐公共汽车穿过了在战区设立的人道主义走廊，最后来到了匈牙利。联合国难民署把我们带到了匈牙利南部的一个难民营。

我与技术的第一个重大联系就是在这个难民营里。在那里，我第一次从事了计算机工作，这也最终促使了我在韦尔斯利和麻省理工学院媒体实验室学习计算机科学、媒体艺术和科学。这也是我能在 Adobe 和微软的科技部门工作的原因。我对了解技术可以解决什么问题以及如何实现这些解决方案非常感兴趣。

经过了 13 年在 Adobe 和微软的工作生涯后，我决定结合我作为一个难民的个人经历和我对技术的热情以及私营部门的工作背景推动人道主义组织和私营部门之间的合作，并专注于为受到冲突影响的儿童和青年提供技术支持的项目。

我生活中的主线一直是科技。技术是我在网络希望与"不会失落的一代"

的技术工作组和新兴技术工作组所做的工作的重要组成部分。这两个工作组都将人道主义响应专家与技术专家（来自科技公司和学术机构）聚集在了一起，探讨如何利用技术帮助我们解决从自然灾害的应对和恢复、疾病暴发、贫困到对数百万难民的教育等问题。

为什么人工智能对网络希望的成员们来说如此重要？有什么例子可以说明人工智能能帮助解决人道主义、发展和保护方面的挑战吗？

根据网络希望的非营利组织数字中心的研究，非营利组织在提供国际援助方面发挥了 400 亿美元的作用。与此同时，我们看到在非营利部门越来越捉襟见肘的可用资源和日益增长的需求之间的差距正在日益扩大。所以我们要有效地将技术整合到人道主义、发展和保护项目中，无论是网络连接、硬件还是人工智能和区块链，还是强大的监测和评估系统，这可以增强美元预算的影响，以帮助我们缩小差距。要知道，非政府组织部门的效率每增加 5%，就意味着增加 20 亿美元的全球影响。

而人工智能有望帮助我们做得更好，但它在国际发展中的应用仍然处在初期阶段，这就给我们的成员提出了很多与人、过程和技术有关的问题。人工智能的发展方向不能，也不应该仅仅由科技公司和商业部门来把控。非营利组织、决策者、学术界人士以及难民等最终用户的积极参与，将确保我们关注的问题（或案例）是包括一些最应优先的需求、目标和原则的。我们如何定义、设计、实施、扩大和维护技术解决方案，对人们的生活有着道德上的影响。非专业人士有义务充分了解这些技术可以做什么，以及对他们的工作和他们所支持的人群的影响。

人工智能在对难民儿童和青少年的教育中扮演着怎样的角色？

我们正处于社会核心部门应用人工智能的早期阶段。目前有许多应用人工智能的例子，在我们的行业中，我们正处于 POC[○] 阶段。在网络希望 2018 年年度峰会的人工智能造福人类会议中，我们讨论了几个例子，包括：

- 预测马拉维的粮食不安全状况
- 检测需要被删除的在线仇恨言论内容
- 数字信用评分和农业投入贷款
- 墨西哥地震的早期预警系统
- 识别美洲寨卡病毒的宿主

我一直致力于使其变成产品并扩大其最终规模的一个 POC 的重点就是让服务不足的地区的人群，比如中东的数百万难民青年能广泛获取在线教育内容。该地区的年轻人看到并了解这些教育内容，将使他们能够获得数字化相关的工作，并以积极的方式为他们的社会做出贡献，成为解决他们的社会面临的问题的教师、医生或企业家。

虽然有许多免费的教育资源可用，但地球上那些最困难的人却并不容易发现和获取它们。首先，发现什么是可用的和我们需要的就是很麻烦的一件事，这需要很多时间。这对于年轻人来说是一个障碍，因为他们的时间要用来养活自己和家人，而且他们的网上连接访问也是有限的。其次，要想真正从访问内容中获益，还需要以他们的语言来提供内容。在中东和北非，阿拉伯语是一种主要的语言，然而，很多学习资源都没有阿拉伯语的版本。

这就是具有自然语言处理能力和实时翻译的人工智能非常有用的地方。网络希望与我们的成员之一——挪威难民委员会、微软和都柏林大学学院合作，在莱罗研究所的支持下，开发的名为 Hakeem 的聊天机器人使年轻人能随时随地地发现和访问包括语言、创业、编码、营销和设计课程等学习内容。

我们正在使用人工智能以及 Skype 中可用的其他功能来解决与发现、访

○ Proof of Concept 的缩写，意思是为观点提供证据，可用于论证团队和客户的设计。

问教育内容相关的问题，同时利用了年轻人已经习惯和喜欢做的事情——在Skype、脸书、WhatsApp 或 Viber 上聊天。会话 UI 可以引导年轻人从一个广泛的学习类别，如商业，到一个特定的重点领域，如创业，再到一个精确的课程——就像一个虚拟的学习同伴一样。此外，它还通过相关内容和通知提供了一种比网站更具有互动性和定制性的体验，这是迄今为止我们从测试中看到的。这迫使年轻人能一次又一次地回访，增加了产生终身学习者的可能性。

你可以把它看作一个虚拟的学习伙伴，帮助年轻人发现在他们生活的环境中可用的和与他们相关的东西。这些聊天机器人不需要花数小时在互联网上搜索这类内容，就可以快速地将他们连接到正确的学习资源上，这样他们就可以只把时间花在学习上了。

我们可以做些什么来确保技术（比如人工智能）的创造真正能惠及所有人？

只是构建这项技术并不等于它是合适和可用的，并且对每个人都是可行的。同样，将这些技术解决方案是如何创建的知识掌握在硅谷或西雅图等地的一些专家手中，也并不能让所有人都成为受益者。具备相关技术（如人工智能）方面的知识不能仅仅是科技公司和研究机构的一些专家的专利，很多人，包括人道主义组织工作人员和受其影响的社区人员也需要了解，这样他们才能成为积极的参与者和解决方案的创造者，并能更好地了解人工智能驱动的产品和服务可能会怎样影响他们的工作和日常生活。这可以通过培训或通过共同创建人工智能解决方案的过程来实现，并告诉人们技术可能会如何发展，以在不同的环境中满足不同的需求。

此外，虽然技术是一个强大的工具，它可以成为一个均衡器，但它永远都不是做好事的起点。我们做好事的起点不会从如何使用人工智能或者一个聊天机器人开始。首先，了解目标受众在其生活环境中的需求是至关重要的。另一件重要的事情（这也是避免技术在人道主义机构消失后变得无关紧要的最好方法之一）就是从一开始就和受影响者居住的社区共同设计此技术对社区的最终用途。

例如，我们从青年组织和联合国非政府组织在中东和北非地区开展的研究开始。青年在开发一个既吸引人又与他们工作相关的聊天机器人角色方面起到了重要作用。他们给这个机器人起了个名字：Hakeem，他们认为给它塑造一个哥哥或姐姐的形象，而不是家长或老师的形象是很重要的。他们还在不断地对机器人的内容和功能提供反馈。与年轻人共同设计有助于我们确保产品是高度相关和引人注目的。有了他们的亲自参与，无论人道主义机构或他们的父母告诉他们是否使用它，他们都会推荐给他们的朋友。

你觉得 2030 年在教育领域人工智能会发展成什么样子？

个性化服务是我希望能很快看到的一些变化之一。不是像教师传播知识那样一对多的模式，我们将过渡到更高层次的定制和个性化学习，在这种情况下，机器可以帮助策划（跨多个来源）和支持定制学习的途径，使终身学习可持续并且能够吸引更多的人参与。我认为 Hakeem 机器人是个性化体验中的重要的一环，它让在任何地方、任何时间都能获得高质量的学习成为可能，特别是在教师和导师稀缺或没有学习机会的地方。

未来，个性化学习的另一个方面就是进行情感计算，即机器可以识别和解释人类的情感（情绪），并将其应用于支持个人的学习经历。假设有人在研究数学问题时遇到了困难，机器可能就会调整学习计划，以使其获得更积极的学习结果。

我也看到了我们在学习检验和学习评估方面有了很大的改进。学习效果检验目前仅限于在正规教育或一些如 Udacity 的在线学习平台上。然而，学习效果检验是抓住未来诸如就业或继续教育等机会的一个关键。虽然在学校、网上、图书馆、公园里学习无处不在，但我们目前并没有捕捉到在正式环境之外的学习。而有了人工智能和其他工具的帮助，我们应该能够在任何场景下捕捉学习经历，评估它，并记录它。

技术专家（公司、学术机构）可以做些什么来支持网络希望的成员呢？

除了支持我上面提到的教授知识外，非政府组织探索人工智能并将它们纳入他们的编程中还需要一些资源。人们可以以赠款、员工志愿者、产品捐赠等各种形式来支持我们（例如：Azure 积分）。

让人道主义专家参与人工智能的开发、应用和使用。虽然非专业人士需要了解人工智能，但技术人员也需要了解需要解决的社会问题、它们存在的环境，以及通常没有享受到新兴技术红利的人群的需求。

人工智能应该向外部提供服务，像微软这样的公司已经开始研发他们的专业服务了，这使人们能在微软的平台上建立自己的应用程序和业务。

让像 Hakeem 这样的技术驱动的解决方案在所有人所处的环境中都可以访问和使用的必要条件是什么？

在设计、实施和维持技术支持的解决方案时就应该考虑到一些客观条件。我可以举几个例子。某些资源和基础设施对于使其他服务成为可能是必要的，网络希望多年来一直致力于为世界上一些最偏远和最受破坏的地方提供网络连接。网络连接使当地社区以及那些为它们提供服务的人能够获得让他们赖以生存的信息。网络连接可以使约旦的一个青少年能够真正使用 Hakeem 聊天机器人。还有一个对有技术支持的解决方案至关重要的条件就是需要有包容性的设计，这需要我们拥有所支持和代表的人口的数据背景。目前全世界还有 39 亿人没有连接到互联网上，这也意味着我们对他们的生活、需求和行为的理解会是有限的。

还有一个条件是身份。全世界有超过10亿人没有具体的身份认证信息，这使得他们很难获得在教育、医疗保健和其他等方面的服务。

因此，首先我们必须集中力量解决一些已经存在了几十年的基本问题。解决这些问题的关键方法之一就是使用一个集体影响的行动模型。为了产生即时但持久的影响，通过协作来协调干预是很重要的。对人道主义机构来说，这意味着从作为一个单独的非政府组织单独行动转变为与所有机构合作（孵化）并分享工作。例如，我们正在为30多个联合国非政府组织机构和挪威难民委员会孵化机器人项目。对于科技行业来说，与其他科技公司和人道主义机构合作意味着确保干预措施是互补的而不是重复的，是多重的而不是单个的，是合适的而不是浪费的。

技术可能不是解决所有问题的办法，但它的确是我们的一个重要工具，一个让世界变得更美好的工具。我们的技术人员和人道主义专家需要有集体责任意识来确保我们建立的那些东西、建立它的过程，以及能够参与到技术的创造和使用当中的人是包容的和经过授权的。

与非洲的天主教救济服务机构合作者詹姆斯·坎贝尔、史蒂夫·海伦和欧文·克尼彭贝格的对话

詹姆斯·坎贝尔（James Cambell）是非洲南部地区天主教救济服务机构（CRS）的监测、评估、问责和学习技术顾问。他拥有20多年的工作经验，并有很强的领导能力，能加强组织、员工和合作伙伴的能力，以设计和实施有效的监测和评估系统。他曾在航空航天工业担任过系统工程师，曾任发展中国家的当代公共卫生和生物医学问题应用的研究员，并在赞比亚大学的社会医学系担任讲师。坎贝尔拥有土木工程学士学位和生物统计学硕士学位。

史蒂夫·海伦（Steve Hellen）拥有环境科学和政策硕士学位、工程科学

学士学位和地理信息系统（GIS）的研究生证书。凭借拥有超过 20 年的 IT 工作经验，他于 2012 年加入了天主教救济服务机构（CRS），在那里，他领导了该机构的 ICT4D（信息和通信技术促进发展）和 GIS 实践。2016 年，他领导了 CRS 的 ICT4D 的战略更新，让其重点关注于数据分析、规模、支持项目与合作伙伴。在加入 CRS 之前，海伦曾在约翰霍普金斯大学担任 IT 总监。他在洛约拉大学教授计算机科学课程，在约翰霍普金斯大学教授本科 GIS 课程。

　　欧文·克尼彭贝格（Erwin Knippenberg）博士是库珀 / 史密斯公司的首席经济学家，这是一家总部位于华盛顿特区的初创公司，他们利用数据来推动公共卫生和食品安全方面的创新。克尼彭贝格拥有康奈尔大学应用经济学博士学位，在那里，他写了一篇关于气候变化背景下环境的复原力和粮食安全的论文。作为世界银行的顾问，他使用机器学习算法提供贫困目标的信息。他在米拉（MIRA）项目上的分析工作是他正在进行的研究的基石。在康奈尔大学任教之前，克尼彭贝格是利比里亚财政部的海外发展研究所研究员。他帮助建立了发展协调小组，与捐助者密切合作，使项目与国家优先事项保持一致。克尼彭贝格拥有牛津大学发展经济学硕士学位（2012 年），乔治城大学外交学院联合学士 / 硕士学位（2011 年）。

你能描述一下人工智能是如何帮助天主教救济服务机构向马拉维和马达加斯加的人民提供必要的人道主义援助的吗？

　　詹姆斯·坎贝尔： 与我们合作的两个国家的大多数家庭所面临的最大问题是高度贫困，再加上粮食缺乏和营养不良造成的长期问题。气候变化的影响更破坏了我们所服务的人民的生计，从而加剧了这种问题。

　　我们正在利用人工智能技术帮助我们更详细地了解阻碍家庭走向繁荣的因素。人工智能使我们能够识别在冲击下某些结果产生的条件。更具体地说，它解释了从一系列冲击导致的结果中恢复后产生的变化，这些冲击包括粮食安全和贫困。

2016 年，我们在马拉维开始了一项导致 25 万户家庭流离失所原因的研究。我们想确定一些项目活动对家庭从这种巨大冲击（主要是天气、干旱、飓风、气旋造成的）中恢复过来的影响有多大。我们正在使用机器学习来预测某些结果，并明确地预测家庭该如何从这种冲击和其他类型的压力中恢复过来。

史蒂夫·海伦：我们在马拉维的工作还使用了机器学习算法，在单个家庭的层面上预测了他们应对这些外部压力的可能性。与通常可用的一些工具相比，在更大的地理区域内，对特定的家庭有这样的预见性是一个巨大的改进，它提供了一种发现漏洞的机制。实现更精确的预测可以成为改善干预措施的有效工具。

你是如何创建你的预测模型的？

詹姆斯·坎贝尔：为了确保我们收集的数据是完整和准确的，我们还为这项研究开发了一个社区参与的组件。该组件每月会从马拉维 2200 户家庭和马达加斯加约 600 户家庭中收集数据。

一旦数据被同步并上传到服务器上，我们的团队就能审查它的准确性和完整性。如果有任何不一致或不清楚的地方，团队就将与数据收集人员和社区成员联系，纠正错误并验证相关信息。我们与这些社区密切合作，并试图让他们获得该系统的所有权。我们还与由社区参与的村庄发展委员会进行了协商，这些委员会将负责制定缓解计划。

我们与他们分享结果，而他们又会与其他社区成员、领导人以及地区一级的人分享他们的结果。我们希望当地公民拥有所有权，因为如果他们看到这些信息确实是有用的，而不是外界强加给他们的时，我们认为这些积极的结果将会持续下去。

欧文·克尼彭贝格：我是康奈尔大学的博士研究生，我今年 5 月毕业了。我的论文就是以这个项目为基础写的。我对数据收集做出了很多贡献，并且我也设计了很多分析方法。这个想法是开发一个基于相对稀疏数据的预测模型，因为我们知道收集信息是困难的，而且可能很昂贵，特别是当你需要每月收集一次的时候。

我希望能看看我们是如何根据一套有限的指标，来最好地预测未来的冲击和未来的粮食安全的。关于代理均值检验的文献越来越多，而这会衍生出这样一个问题：如果你只能选择 10、15 或 20 个指标来预测贫困，那么你该如何确定最好的 15 或 20 个指标是什么呢？

传统上，更多的是使用线性回归算法，但越来越多的组织和个人，如世界银行和各种研究人员，已经开始使用包括 lasso、随机森林和神经网络等更复杂的算法了。我们希望利用我们在马拉维实地收集的数据，确定粮食安全和贫困的最佳预测指标。我将算法的使用缩小到了两种最适合我们需求的算法，lasso 和随机森林，它们基本上兼容了我的数据，并在一年的前 10 个月左右计算了第一组观测数据。然后，我们推断了一年中随后几个月的预测能力，看看与实际结果相比，我们对未来的预测效果如何。这让我们能将关键指标减少到 10 ～ 12 个，其中一些指标比较明显，比如人们住在哪里，他们拥有多少牲畜，但有些则不那么明显，比如人们需要走多远去取饮用水。

你的预测模型的结果与实际情况相符吗？

詹姆斯·坎贝尔：它们出奇地相符。该模型没有提供社会网络、社会凝聚力和特殊的家庭收入，以及它们可能如何影响家庭层面的抗冲击能力等一些其他的数据。虽然我们确实在调查问卷中包含了这些问题，但它并没有真正反映在预测模型中。其中一些信息很难获取，尤其是在资源贫乏的环境中，比如收入（这些人中的大多数都没有收入），你就必须考虑查看生产资源，但这些资源的情况各不相同。他们是物物交换系统，而这个系统又很难反映到模型中。

你是否认为贫困国家的领导人最终会使用人工智能模型来帮助自己，而不是依赖于像 CRS 这样的国际机构和团体的慷慨支持？

史蒂夫·海伦：是的，当然。如果我们关注一下人工智能在哪里会是最常用的，我认为是在工具中。人工智能或机器学习在幕后工作，它们对最终用户来说是完全模糊的，比如像谷歌翻译和 Alexa 这样的消费工具。我认为像人工智能这样的应用程序工具被广泛应用时，援助和发展部门将能更迅速地采取行动，这意味着没有深入专业知识的用户也能更容易地获得它们了。

在这个领域，我认为微软正在做的一些工作将会有非常乐观的发展。多年来，他们一直在所谓的 Azure 认知服务中使用着人工智能工具。他们现在正在更进一步地发展这些工具，并将这些工具嵌入到一个名为 PowerBI 的数据可视化产品中。这将把图像识别、文本分析和关键驱动程序分析等技术普及到更多人的生活中去。

话虽如此，在当前的状态下，人工智能仍然需要大量的定制来满足特定的需求。我们在马拉维所做的事情也并不像直接复制粘贴其应用模式到马达加斯加那么容易。我们必须弄清楚在马达加斯加的预测因素是什么。在这些工具变得更加成熟之前，仍然需要大量的定制来将它们应用到特定的情况中。

一切都必须适应使用环境。从一个国家的政策角度来看，拥有一个有效的机构，有一个完备的教育系统，可以让公民能够做好利用这些工具的准备。地球南部的一些大学确实有一些令人印象深刻的研究，例如，在乌干达的麦克雷雷大学，一个专注于人工智能和数据科学的研究中心已经在做一些令人印象深刻的工作，以满足这个特定国家环境的需求。

詹姆斯·坎贝尔：正如我之前提到的，大多数我们工作的地方都是资源贫乏的。当地只有有限的基础设施，而且可能会没有公路或电力。还有一个问题是在某些情况下没有网络覆盖，尽管这个问题在过去的 7 ～ 10 年中已经有所改善了。此外，识字也是这些地区的一个问题。所有这些都表明，在我们所服务的社区中可以引入的技术类型受到限制，因为我们的目标是需要让人们使用这些他们可能没有的资源。

许多人工智能专家都预测这项技术最终会（也许迟早会）导致全球人们生活水平的普遍改善，而发展中国家很可能会收益最大。你认为非洲急需人工智能吗？如果是的话，你认为科技发展的成果会被平均分配吗？

史蒂夫·海伦：我是一个乐观主义者，所以我对这两个问题的答案都是肯定的。你要知道，当我刚开始在援助和发展部门工作时，真正让我震惊的是，尤其是在迅速增长的年轻人群中有着绝对令人难以置信的动力和抱负。

坦白地说，新一代拥有前所未有的信息获取渠道，现在他们渴望使用所有可用的工具，比如人工智能，来提高他们的生活水平。任何的创新，最后都会产生积极和消极的结果。对此，我们可以参考互联网。我认为，在获取知识和沟通工具方面的积极结果已经超过了它们造成的负面影响，如信息泡沫和数字鸿沟。我们需要不断努力解决这些问题，但不要试图阻止这种创新去达成更大的整体目标。

我认为人工智能就是一个用来创造自动化的工具。如果我们以史为鉴，人们就可以意识到自动化带来的好处是多于缺点的。但缺点也确实存在，那就是研究成果可能并不会被平等地分享。在某种程度上，我会将大部分原因归结于人类的贪婪。但它对人类现状的总体改善还是积极的。那些与公共利益相冲突的贪婪或自我主义的想法会一直存在于我们的思想中，但我们应该选择站在正确的一边，支持公平，支持包容，并维护人类的尊严。

人工智能与教育

在一个日益要求参与者专业化的经济体中，教育是个人成功和整体社会福祉的关键。随着高薪的制造业工作成为一个遥远的历史，至少拥有学士学位是现在追求美国梦所必需的。与此同时，传统的教育方法已经不再适合大部分人了。据估计，现在 50% 的小学生和高中生都不能达到他们需要达到的标准水平。更糟糕的是，如今有 20% 的青少年甚至不会去上高中。在每年上大学的 200 万大学生中，有超过 54.8% 的人会在获得文凭之前就辍学。

几十年来，专业的教育工作者一直在寻求一种能使教育更高效的方法。意识到并非所有的人都有相同的智力水平或是能以相同的方式或相同的速度学习之后，个性化学习被认为是 20 世纪改善教育成果的一种有前景的方法。但实现个性化教育是需要很多教师并且是昂贵的。而现在，人工智能出现了。它可能就是教育工作者长期以来一直在寻找的答案。

与人工智能教育的领导者杰伊·康纳的对话

杰伊·康纳（Jay Connor）是 Learning Ovations（学习动力）公司的创始人兼首席执行官，这家公司致力于通过技术解决当今的教育问题。2005 年以来，这家公司的学习评估软件 a2i 就在美国教育部、国家儿童健康与人类发展研究所（NIH/NICHD）的支持下开发、评估和发展。

他们在加州大学欧文分校、密歇根大学、亚利桑那州立大学和佛罗里达阅读研究中心开展了很多必要的研究。a2i 目前已经被全国数百所学校使用，其目的是提高学生的识字率。在 EIR 宣布会在 5 年中提供总计 1465 万美元的额外拨款后，Learning Ovations 集团就开始了 United2Read 项目的实施。EIR 将为那些已经被证明有发展前景和经过评估发现有创新性的项目提供奖励资金，而这些项目将会用于提高学生的个人成就。

众所周知，帮助孩子在小时候学会阅读是我们教育系统面临的主要挑战。你能描述一下这有多困难吗？

是的，这在美国的确是个大问题。只有不到 50% 的孩子能达到他们年级的阅读水平，而且如果你说的是高需求或高贫困的人口，这个数字甚至会低于 20%。如果你在 3 年级结束时还没有足够的阅读能力，那么你以后的生活可能就会比一般人落后很多了。根据研究，如果一个人在早期无法得到足够的学习能力，那么他的一生可能就会比别人少 25 万美元的收入。另外，你犯罪的可能性也会是其他人的 6 倍。在你的一生中，你的健康状况可能也会更差。在这个领域，我们的社会已经失败了 30 多年了。

那么你的人工智能会改变这一状况吗？

我们的 a2i 项目早在人工智能项目达到当前阶段之前就已经存在了近 15 年。我们在教育部和国立卫生研究院的合作和支持下扩大了观察儿童在课堂上表现的研究。我们的目标就是发现什么样的教学方式能让学生适应当前年级水平的阅读。

这使我们能够帮助教师，并对课程提出建议。人工智能能为我们提供的帮助就是让我们能以人为本地建立学习方案。以前我们是需要大量的人力和工作时间还有大量的数据才能让我们做出这样的决定的。人工智能在我们项目中的真正价值在于，技术是我们支持众多教师给学生定制教育的能力保障。

什么是"索引"？

索引意味着采用学校课程中已经存在的内容，就是那些学校系统已经投入了大量资金的项目，并以利用这些项目中的内容，让一个特定的孩子达到年级标准水平。每个人之间的技能差异显著，所以你需要能够响应每个人的需求。

我们的人工智能利用了学校现有的资源，如教科书和多媒体资源，并将它们进行二次加工，使它们能够个性化，而不是用同样的方式来教每个人同样的事情。当时我们是人工完成这个项目的，但这太耗费时间了，而且我们也无法充分利用资源，所以这种突破性的方法还没能达到普及全国所有学区的能力。而人工智能可以把我们需要一年才能做到的工作减少到几分钟。不过，需要澄清的是，我们并不是要求学校放弃他们已经有的或是刚开发出的所有东西然后从头开始。相反，我们正在向他们展示的是如何使用他们已有的资源做出更好的效果。

你开始行动了吗？

我们首先必须确保"沃森"能够真正学习到我们所有的研究方案，我们很确定它可以做到。下一步是训练它使用各种媒介。目前，我们只尝试过了PDF 文件，但也有视频和其他媒体，我们希望"沃森"能将这个方案应用于各种情况。这就是我们现在正在做的。而且我们已经非常接近成功了。

通过使用你开发的算法，你们已经取得了什么样的成绩？

我们与许多高需求的人群合作，其中只有 20% 的学生能达到年级标准阅读水平。但同样是这个人群，我们现在已有 94% 的孩子能达到他们年级的标准阅读水平了。他们的平均阅读成绩甚至达到了 5 年级的阅读标准。所以，现在所有在以前的教育下苦苦挣扎的孩子都能通过个性化的教育来进行自身水平的提高。

你们的项目有没有遭到过那些不想让别人对自己的工作指手画脚的老师的反对？

这种反对的声音在各个年级都出现过。一个当了 25 年老师的想法是不会在一夜之间就被你改变的。但大多数的老师都能理解我们的人工智能会成为一个有用的工具，能让他们更容易达到目标，并降低他们失败的可能。他们中的大多数人都还是很渴望加入这个项目。

你能用类似的系统来提高成人的识字能力吗？

在某种程度上，是可以的。我们可以偏向于帮助年纪更小的人或是年纪更大的人，但我们最终关注的是 K-3 阶段的孩子，因为在那个阶段我们能得到最好的结果。话虽如此，使用同样的思维过程，我们也可以使成人的读写水平比目前好得多。

相同的人工智能可以被用于其他的教育环境中，如私营企业或军队吗？

当它们被调整了之后是可以的。第一步总是要正确地描述出当前的情况，然后你就需要再描述出理想的情况，再然后人工智能就会帮助你达到你想要的理想情况。

你怎么知道你的技术会成功呢？

我们知道它会成功，因为这就像测试一种人工心脏移植一样。为了测试心脏移植，食品及药物管理局会坚持让你进行一些随机试验。我们与美国教育部和国立卫生研究院合作项目的研究成果也需要经历同样程度的严谨测试。更重要的是，这些数据本身就能表明一切。正如我所提到的，在同样的高危人群中，我们使新的识字率达到94%。我要说明，我并不是一个政治家，我这样做并不是想争取到政府的支持。我的组织只是专注于与当地的教师合作。

最近，我与纽约州北部的 40 名老师合作。过去，官方总是试图说服老师不要使用自己的教学方法，这只会对推广产生阻力。而我们现在用人工智能做些什么呢？"我们来让 IBM 的'沃森'决定吧。'沃森'会告诉我们，这个教学活动是否达到了研究的严谨性，所用的是什么标准，它将达到怎样的效果"。然后，如果该教学活动符合研究告诉我们的结果，你就可以选择是否要把它应用在你的课程活动中，或者是否要把它提供给全国各地的其他教师。

这会被接纳吗？我很高兴地告诉大家，这项技术被接纳的水平非常高。老师们感到十分的高兴。为什么呢？因为在那一刻，没有人会思考政治或教育理念。每个人都只专注于一件很重要的事，即一个让所有的孩子学会阅读。

与加利福尼亚州发现科学中心的负责人乔·亚当斯的对话

乔·亚当斯（Joe Adams）是非营利组织 Discovery Science（发现科学）基金会的首席执行官，也是位于加州洛杉矶南部圣安娜奥兰治县的 Discovery Cube（发现科学中心）科学中心的主席。他曾是华特迪士尼公司的主题公园设计师，从 2003 年开始，他为发现科学中心的扩建筹集了 2500 万美元。

给我们简要介绍发现科学基金会的历史和使命吧

发现科学基金会已经成立 30 多年了。我们一开始是一所小学的附属实践学习中心。大约 20 年前，我们在现在的地点上建立了一个永久性的研究中心，就在奥兰治县（O.C.）的 I-5 圣安娜高速公路附近。

当我 15 年前担任首席执行官时，我面临的主要挑战是如何开展展览和体验项目来支持学生在奥兰治县学校接受的教育。我们想帮助孩子们理解他们在课堂上学习的科学原理和概念。我们现在有三座设施：在圣安娜的发现科学中心，在洛杉矶的另一个发现科学中心，和在纽波特海滩的 Ocean Quest（寻找大海）。它们都隶属于发现科学基金会。

多年来，我们已经超越了仅仅支持课堂上学的科学的范畴，现在我们专注于关注我们周围世界所有的科学。我们现在非常重视环境科学以及追求更健康的生活的科学。我们还有一个针对还在成长时期的孩子们的早期学习项目。我一直相信，赢在起跑线上是以后在学校取得成功的唯一途径，这对所有种族背景的人来说都是如此。

我们有四个层次的课程。一级课程是在学习中心进行学习，当达到四级时，学生们就可以把他们学到的知识带进他们的家和学校了。例如，我们有一个四级保护项目，自成立以来，节约了 1.9 亿升水。

我们现在是一个由 200 多个社区科学中心组成的全国性网络的一部分，我们与各州和学区合作，建立下一代的科学标准，并促进在社区和家庭中使用健全的科学原则。我们的使命就是促进科学和文学的发展，使科学思维成为日常生活的一部分。

你是如何用人工智能作为你科学课程的一部分的？

目前，我们仍在努力找出应用人工智能的最佳方法。我相信我们可以用人工智能来使我们的展览更加有活力、更灵活，并让参观者们了解他们从未了解过的知识。值得注意的是，我们并不是一个以收藏为基础的博物馆。我们在这里不是为了回顾过去，而是为了关注未来。当然了，人工智能也是我们课程很重要的一部分。

中心的教育项目与传统的 K-12 教室教学的内容有哪些不同？

首先，我们的工作人员在制定新的科学标准时与加利福尼亚州政府合作了，所以我们是第一批在学校推出这些项目的人。除此之外，小学教师往往是什么都会一些。除了科学之外，他们还教授数学、历史和社会研究。我们的项目是纯粹以科学为中心的，所以与学生在课堂上学习的课程相比，我们的课程往往要深入得多。我们想让科学变得非常酷和令人兴奋，所以当孩子们回到学校时，他们就会比以往任何时候都更渴望学习了。

你的目标市场是哪些?

我们的目标人群是 6 年级到 8 年级的学生。到了中学,你已经足够成熟,能够掌握复杂的概念了,但又仍然足够年轻、可塑,有丰富的想象力。在 8 年级,一个深刻的、积极的、包括了技术和人工智能等如今的新兴工具的科学教育经验,可以对你的余生产生很大的影响。

这并不是说我们不关心给我们更年轻的访客留下深刻的印象,我们很关心。我们不仅想让他们对科学感到兴奋,我们还想教他们养成好习惯,让他们保持这些好习惯直到成年。例如,我们希望他们学会吃有营养的食物,并且思考他们的食物来自哪里,并考虑他们的行为会如何影响地球上的其他地方。

你是如何看待如今的年轻人与科技的互动的?

现在,孩子们在很小的时候就能与电脑、iPad 等设备互动了。到五六岁时,他们可能就已经很会用这些设备了。他们不怕按错键或其他类似的事情。当他们上中学时,他们就相当熟练了。他们将接纳人工智能,并能迅速将其看成他们生活中不可分割的一部分。这就是我们关注的重点是年轻人的原因之一,他们可以几乎没有阻力地快速地利用这项技术。

你的展品是怎么设计的?

最成功和赢得最多国家奖项的展览是那些我"亲自动手"的展览。它们不只是讨论一个话题,还需要使用你刚刚获得的知识来解决一个问题,实现一个目标,或者获得一个成果。因为当你使用一项技术时,你将可以了解它背后的科学原理,所以我们根据科学原理创造了这些游戏。

任何科学中心面临的真正挑战都是创造引人入胜的展览,传授能改变行为的知识，影响学生在学校和家里的行为方式，利用科学来改善他们周围的世界。

此外，关键是要明白，成功的教学并不总是意味着使用新的和独特的教学方式。有时，它只是以新的方式结合了现有的想法。当我在迪士尼工作的时候，我们开发了"飞越加州"项目。它运用到了一个 Imax 屏幕和一个摇摆式的屏幕，这都是已经存在了的技术，但是把它们放在一起，你就得到了一些新的、很酷的东西。我们可以看到虚拟现实（VR）和简单的环境模拟器（如风扇或空间加热器）也在做同样的事情，比如带人们去莫哈韦沙漠的一个太阳能农场，让他们感受一下在 100 米的高空使用风力涡轮机是什么感觉。通过结合人工智能与其他已建立的技术，我们就可以创建一个完整的令人兴奋的教育体验项目。

你觉得人工智能会怎样影响到你的学生的生活？

人工智能已经离我们不远了。从我们开车的方式，到我们购物的方式，再到我们消费和娱乐的方式，它将融入我们生活的各个部分。科学中心可以用来向今天的年轻人介绍几年后即将发生的事情，比如试用清洁机器人，感受一下坐上自动驾驶汽车。孩子们需要了解人工智能可以做什么、做不了什么、它是如何工作的，以及如何让人工智能为他们工作。

你觉得人工智能会怎样影响到整个社会？

我小时候如果想要了解信息，就会去看百科全书。当互联网出现时，它改变了这一切。突然间，我们能查到所有这些信息了。问题是，这些信息并没有以一种必要的、有深度的和有用的方式呈现出来。我认为人工智能将会改变这一点。

人工智能有能力以年轻一代可以理解的方式为其提供信息。它可以让学习变得有趣，并剔除那些不重要的东西。因为它有预测的能力，所以它可以从一个简单的问题开始，然后引导你走上一条更深入、更丰富的学习道路，而且仍然会与你最初询问的问题相关。

我们怎样才能让公众更了解人工智能，而不是害怕它呢？

我会从年轻人入手。如果他们看到人工智能可能会成为一些将接管世界的超级计算机，他们当然会害怕它。但如果孩子们认为这是一种友好和有益的东西，可以让他们的生活变得更美好和更无忧无虑，那么，他们会喜欢它的。

人工智能与体育

当你想到体育和电脑时，你的大脑可能就会联想到 2011 年的《铁甲钢拳》中的摇滚机器人，或者 20 世纪 70 年代的经典电视剧 *Six Million Dollar Man and Seven Million Dollar Woman*（《600 万美元的男人和 700 万美元的女人》）。但在当今的体育环境中，人工智能发挥着合理而重要的作用。从设计优化训练方案，到保持运动员代谢的实时数据，再到设计特殊的体育项目，人工智能有潜力培养出新一代的超级运动员。这一切都不需要植入钛四肢或超级远望眼。

与运动训练和运动成绩提高方面的专家安斗清的对话

安斗清（Yasuto Suga）是 Kadho 体育公司的联合创始人兼总裁，其总部位于加州欧文市。安斗清和他的团队开发了由人工智能驱动的软件，训练运动员能在高压情况下更好地看到、更快地思考和优化决策。Kadho 体育公司正在与美国排球队合作，为国家队球员开发了一个定制的排球训练平台，为运动员们提升了球场上的视觉识别和决策技能。

你能描述一下你的公司是如何利用神经科学来训练运动员使他们达到最佳表现的吗？

我们所做的工作最简单的解释是"运动员的大脑训练"，它的目标是负责增强高速、本能决策的心理区域。在过去的 100 年里，运动训练也遵循了类似的模式。重点是通过营养、重量训练和基于生理学和生物力学调整的方法，使运动员更快、更强壮、更具爆发性。但是很多从业者并没有改进他们的方法，他们在很大程度上还依赖于和 50 年前一样的方法，即用板书和口头的交流方式。

在 Kadho 体育公司，我们通过结合 50 多年来对运动员如何做出高速决策的神经科学研究，研发出了一种技术来帮助他们更快地提高这些技能，从而缩小表现差距。

我们的平台利用视频剪辑，为运动员重现了比赛时的状态。这就创造了对大量视频的特殊需求。这一过程目前是通过人们观看录像并将其分解来完成的，但我们相信，在一两年后，这一过程将通过一个基于机器学习的解决方案实现完全自动化。

在电影《赌王之王》中，马特·达蒙扮演的角色迈克·麦克德莫特说过一句话："听着，是这样的。如果你在一个地方找了半个小时还没找到那个最差的人的话，你就是那个最差的人。"我们相信人工智能会是正确的。如果你的公司不去使用人工智能的话，那么这股即将到来的技术浪潮就可能将你和你的企业吞噬。

你的平台是基于几十年来对运动时间决策进行的神经科学研究。你是如何将其编译成可操作的、能让运动员用来提高他们表现的软件的？

现在，很多精英运动员正在使用这个基于人工智能的个性化训练，而我们也能够收集到关于这些运动员如何做出决定的数据。《点球成金》这本书（也有同名的电影）引发的分析演变，以及它在体育界掀起的浪潮，确实超过了通过数字处理可能实现的极限。

尽管许多精明的人已经开始从实际的比赛中分解数据了，但在对特定运动员的优缺点的理解上仍然存在很大的差距。例如，在棒球中，我们知道球员 A 很容易在弧线球上出击，但这个分析不能告诉我们的是，球员 A 需要改进的是他的决策能力还是挥棒能力。一个是心理问题，而另一个则是身体上的问题。现在，教练们别无选择，只能尝试同时提高这两种能力。

通过我们的平台，运动员和教练现在就有能力用真实的定量数据来分析球员决策的优缺点了。这意味着我们现在可以发现是否有人做出了错误的选择，或者是做出了正确的选择，但因为运动员在摇晃所以没有做出良好的技术动作。

这为利用数据找到最适合帮助运动员改进的特定行动方案打开了大门。随着我们持续收集数据和调整我们的培训计划，我们相信人工智能将可以根据每个人的优势和劣势来预测他们的最佳训练课程。这的确可以更快地加速运动员在特定领域的发展和进步。

人工智能是否能教一个打得不好的人（或是一个从未打过球的孩子）打出一记快速球？

很遗憾，答案是否定的。这并不能像电影《永无止境》中的布拉德利·库珀一样，因为突然变得很聪明，就可以利用他看过的所有动作片来让他突然成为一个格斗专家。他们没有经历过足够的训练来教会大脑和肌肉该如何真正地挥棒或扔球。而肌肉记忆是走不了捷径的，大脑只有通过真实的学习和经验才能形成这个记忆。

你认为人工智能将以怎样新颖和不寻常的方式来改变职业体育的世界？

很难说人工智能将会在哪项体育运动中流行起来，因为体育运动是我们少有的认为越少的人工干预就越好的领域之一。我们喜欢看一个篮球运动员扣球，因为他们必须用自己强大的腿部力量来做到这一点。如果我们给每个球员都植入了人造腿，让他们都能跳到 6 米远，那看这些还有什么意思呢。

相反，在体育界的第一个转变可能会是微妙的、战略上的。足球教练可能会利用人工智能来决定使用什么样的阵容或让哪些球员首发。但会不会有这么一天，我们不再需要教练了，而是依靠人工智能来做教练的工作？我不这么认为，因为教练不仅仅是个战术家，他还要能激励球员，并且有创造力，同时还得是整个团队的领导者。我不认为人工智能未来会取代这些工作。

当谈到用增强现实（AR）和虚拟现实（VR）来为体育世界服务时，我认为 10 年后的粉丝体验将在许多方面得到很大的改善。我是很期待看到增强现实技术能做些什么来优化现实世界的性能的。运动员将能够戴着护目镜进行练习，从而对新水平的刺激做出反应，并以令人兴奋的方式发展他们的技能。这些想法还处于概念阶段，所以我们不能说得太具体，但我们对于将要到来的那一天感到很兴奋。

由于神经科学和人工智能技术的进步，下一代运动员将如何发展？

由于我们对大脑的理解的不断加深，21 世纪的运动表现将产生巨大的差异。这种结合了现代技术的理解将使运动员能以比前几代人都更快地提高他们的成绩。随着我们对大脑和认知表现的了解的提高，我们相信心理训练将像体育训练一样对现代运动员产生同样的影响。

我们一直认为训练是为了提高体力和耐力，运动员的心理方面在很大程度上被忽视了，而这正是我们的目标。在发展人工智能的同时，我们对人类智力和大脑的了解才刚刚开始，这将导致下一代运动员在训练和准备方式上与现在存在巨大差异。

随着人工智能等新技术的出现，你如何看待专业球探（以发现有天赋的球员为工作内容的专业人士）在未来会发生的变化？

球探也有一些与运动训练相同的内在问题，我们还没有适当的工具来衡量运动员的心理和它对运动表现的全面影响。我们可能知道一个运动员 40 米的冲刺时间和他的卧推次数，但我们不知道的是，他将如何应对压力、他将如何做出本能的决定，或者他能多快地适应一个赛程。

这就导致了数据和人工智能是否能永远取代人类球探的问题。我不是这两个领域的专家，但我认为，能够在定性和定量数据之间找到正确平衡的组织总是有优势的。人工智能和数据点的完美结合可能永远也不会带来最佳的挑选结果，但却可以无限接近于完美。我希望这最后缺少的一部分仍然可以归结为人类球探的直觉和感觉。

你认为你的公司在 15 年后会是什么样子的？ 50 年后呢？ 你认为人工智能将如何与未来融合？

我们认为，我们不仅可以使用移动应用程序让年轻一代对体育运动更感兴趣，而且还可以用其鼓励人们参与更多的户外活动。美国有很严重的肥胖问题，这在很大程度上归因于电子游戏和儿童很少做运动。通过我们的应用程序，我们可以利用电子游戏让玩家重返运动场，我们相信，通过激发他们的信心，能让他们再次进行体育运动。

尽管"体育"是我们公司的名称，但我们考虑的不仅仅是体育运动。就像投球或做出突然的技术动作一样，警察、消防员和急救人员每天都要做出快速的直觉判断，公众需要他们在高度紧张的情况下准确、快速地做出正确的决定。通过我们开发的用来帮助运动员改善他们的关键决策过程的技术，我们还可以帮助那些应急人员更快更好地做出瞬间的决定来拯救生命（包括他们自己的和那些依赖他们的人的生命）。

人工智能与金融

历史学家告诉我们，现存最古老的书面记录是苏美尔人的会计账本。现在看来，可以肯定的是，读写能力本身就是用来帮助人们追踪贸易和金融交易的。五千年后，电子计算机（最初旨在帮助破解军事密码和绘制弹道轨迹的）也在金融业获得了商业立足点，金融业需要计算机的速度和能力来存储和处理与储蓄、投资、贷款、销售和购买有关的记录。如今，金融业又成了最新技术前沿——人工智能的主要目标。

与企业家和商品价格预测专家利昂·科托维奇的对话

利昂·科托维奇（Leon Kotovich）是 TerraManta 的首席执行官。他的公司使用人工智能驱动的软件，可以通过分析公开的新闻报道和数据来预测大宗商品价格。通过结合对能源和货币的相关新闻、供应、需求、库存、分销和地缘政治驱动因素等基本因素的分析，TerraManta 公司就可以为大宗商品交易商、行业分析师和采购专家提供关键的建议。

作为一名经验丰富的软件主管和企业家，他曾担任了一家初创的后期软件公司的首席运营官，他还是 OpenText（打开文本）公司工程部的副部长和 agileSEQUENT（敏捷顺序）的首席技术官。他的职业生涯开始于科尔尼的战略信息技术实践和百事公司，在那里他第一次意识到了是大宗商品在真正掌控世界。

你是如何训练你的商品分析系统的？你是如何获取基础数据来开发你的技术的？

让我们从石油行业说起吧。石油价格基于四个标准：全球供应、全球需求、全球库存和用于交易石油的货币的状况，这些货币主要是美元。人类分析人员和我们的软件面临的是相同的挑战：如何将数百甚至数千个可能相互冲突的主题整合起来，并分别研究趋势。（在 TerraManta 公司里我们称这些为"主题"）。我们建立这个软件是为了做到三件事：

第一，分析所有与之相关的能源新闻、市场新闻，以及所有与直接或间接影响石油市场基本面和国际货币价值的事件有关的新闻。这意味着每天将要分析大约 4000 条新闻。例如，一篇关于石油输出国组织会议的新闻就可能会提到一项减产以稳定原油价格下跌的协议。与此同时，其他的重要事件可能会影响到中国的石油库存。

第二，搜集该行业所谓的关于供需库存、分配、出口、进口的基本报告，以及来自石油输出国组织和美国能源部等机构的报告。然后记录 WTI（西德克萨斯中质原油）油价的日收盘价格，这是主要的石油基准价格之一。

第三，利用这些信息，该软件可以预测三个月后可能影响价格变化的模式。它以月为周期学习分析这些信息。数据收集过程始于 2013 年 1 月 1 日，所以我们现在有大约 6 年的数据用来分析。这就是为什么我们认为我们走在正确的路上。

你认为最大的挑战是什么？

过度拟合。这指的是当你从一个错误的前提开始，并允许它进入你的学习模型时可能会发生的现象。比如混淆了因果关系和相关性，有些事件看起来是相关的，但只是巧合。我们开发了一个专门的程序来消除过度拟合的可能性，所以我们会得到一个市场会如何运作的准确模型。

除了大宗商品投资者，还有哪些人能从你开发出的这种软件中获利呢？

任何大型制造或运输公司都可以从中获利。无论是对于制造塑料和药品，还是对于运输成本来说，石油的价格影响着一切。为了避免风险，许多大公司，特别是航空公司，会提前几个月购买石油期货合约以锁定价格。

如果未来石油价格上涨了，买这些期货就是一件好事，但如果价格下跌了，你就只能支付比市场高的价钱，就不那么好了。仅仅是履行这些合同就可能是非常昂贵的，有些时候，这些合同涉及了数千万美元。因此，对一家公司来说，能合理准确地知道三个月后的油价将是一个巨大的优势。

当然，这个技术也不是完美的。中东能生产大量的石油，但那里的地缘政治不稳定。在这些地区采取的任何军事行动都可能突然对原油价格产生巨大影响。而这样的事情往往是完全不可预测的。

与此同时，沙特阿拉伯和委内瑞拉等大型产油国也希望让原油价格保持一定程度的不稳定，以保持油价的高位。而观察经济状况是如何迫使石油生产国和石油消费国做某些事情的是一件很有趣的事。这就是我们所说的"动态分析"，我们正在努力将其纳入预测模型中。

你的软件目前的准确性是多少？

提前 10 天预测的准确性有 70%。自 2013 年 1 月以来，我们的软件就一直在学习，因此它的预测能力一直在稳步改善中。

除了石油，你还想预测什么其他商品？

我们正在研究预测工业金属，如锂、钴、镍和铜。这些矿物对如今如特斯拉这样的电动汽车制造商来说都至关重要。随着宝马和梅赛德斯等其他公司进入电动汽车行业，深入了解工业金属价格对其长期盈利能力就至关重要了。另一个领域涉及糖和浓缩橙汁这样的商品，这对于可口可乐和百事可乐等软饮料制造商来说是必不可少的。这些商品的价格波动，使这些公司每年面临着数百万美元的额外成本。对于这些公司，以及任何跟踪这些商品的分析师来说，能够准确地预测大宗商品价格会是一个很大的优势。

不确定原则告诉我们，仅仅是观察一种现象的行为就会影响现象的结果。那你对其价格的预测是否也会反过来影响到它呢？而你的人工智能能够补偿其中的偏差吗？

现在，我们的预测对市场的影响还很小，所以我不认为这是一个问题。如果世界上的每一家公司都使用 TerraManta，而我们的准确率可以高达 90%，那么这时候就可能会成为一个问题了，但即使是接近这种情况也需要很多年的时间。即使是像巴斯夫这样的大公司根据我们的预测进行的重大交易，也可能被视为一个独立的交易，而不会是一种趋势。我们的目标是帮助企业控制风险，而不是让市场完全透明。

你所说的"透明"是什么意思？

在这个语境下，我指的是不仅能够从当前事件中提取信息的能力，而且能够考虑过去，从而形成稳固的相关性判断的能力。举个例子，多年来，尼日利亚政府向当地反政府武装支付了数十亿美元，让他们不攻击该国的石油运输基础设施。然而，新总统当选之后宣布不再会支付勒索。

武装分子们花了大约 6 个月的时间才意识到这个新总统是认真的，所以他们开始炸毁国内的石油管道。其结果是：2016 年，尼日利亚的石油产量降至 27 年来的最低点。如果人们对尼日利亚的政治和总统任期有足够的了解，他们可能能够预测到这一点，但很少有人能做到，因此他们没能预测到这件事的发生。而 TerraManta 可以，这就是它的区别所在。

我们知道你也在创建这样的软件来分析公司的季度收益电话会议。

是的。这些电话会议本应能为分析师提供足够信息，但在现实中，它们既能用来隐藏信息，也能用来提供信息。早在 2000 年和 2001 年创立的安然公司就是一个很好的例子。分析师们提出了一些尖锐的问题，但安然公司的首席执行官一直在巧妙地回避这些问题。

一个好的软件可以记住这些被回避的问题。它有很好的记忆力，可以识别出一个公司不断强调或避免的话题。就算一个新的首席执行官上任，它也可以研究和记住这个人过去的行为、这些行为造成的结果，并将这些信息与现在发生的事情进行比较。有了这些信息，一个好的分析师就可以从季度收益报告中获得更多可用的信息，而不仅仅是电话会议本身。

人工智能与辅导

在文学学者约瑟夫·坎贝尔的经典著作《千面英雄》中，他声称所有伟大的故事都会遵循类似的叙事模式，叫作"英雄的旅程"。在这个模式中，会有一个角色进行探索或冒险。在经历了许多挑战和挫折之后，他或她会取得最终的胜利，并成为一个英雄。像这种英雄的旅程在《星球大战》《哈利·波特》甚至《猎鹿人》的情节中比比皆是。坎贝尔还指出，在一个又一个的故事中会出现一些原型人物，其中的一个就是导师。亚瑟王让梅林做他的导师，哈利·波特有邓布利多教授做他的导师，卢克天行者有尤达和欧比旺·克诺比。如果没有斯普林特，又哪里有后来的忍者神龟呢？

今天，人工智能可以帮助学生与他们的导师联系起来，帮助他们完成自己的英雄的旅程。在不久的将来，各个年龄段的人都有可能会向人工智能学习，因为它本身就有着智慧和洞察力，而且可以提供道德指导以及基础教育。人工智能将成为人们眼中的大师，它可以向我们展示成功的道路、个人的成就，甚至可能是精神上的启迪。

与 MentorMint（导师制造）公司的创始人保罗·卢的对话

保罗·卢（Paul Lu）是南加州的工程师，后来成了企业家，他在 2015 年创立了 MentorMint（导师制造）公司。它们的产品一部分是大师课，一部分是互动性的 Ted 演讲，该公司认为他们创造产品的使命就是形成一个"由来自广泛行业和背景的学生、校友和专业人士组成的互助社区，他们会帮助彼此成功"。通过使用人工智能技术，MentorMint 就可以将各种领域的学科专家与学生联系起来。他们目前的入门产品是一个支持在线通话、实时聊天、网络分享和视频会议的在线平台。

你是怎么想出这种服务的？你看到了人们的哪些需求？

我和我的前搭档埃迪在大学毕业后就一直在努力地想进入我们所选择学科的行业中。我们意识到了建立一个网络是很重要的，但这该如何开始呢？你又该如何与可以帮助到你的知名专家建立联系呢？我们推出的这项服务帮助人们像在约会网站上一样配对，只不过这是在职业领域。

一开始，我们的服务开展得很慢，而且不是所有人都能参与进来的。我们是从圣地亚哥的荣誉基金会开始试行的，这是一个退伍军人组织。现在，我们正在与洛杉矶市的 STEM 项目合作，目的是让女性企业家与大学生们见面，并帮助大学生们走上职业道路。而且我们还正在与当地的学院和大学合作另一个项目。

这些互动会如何进行?

一切都是在网上完成的。他们甚至可以互相聊天交流,导师和学员之间交流着各种信息。他们还可以通过视频互相交流。

导师们会因此得到报酬吗?

目前还不会。现在,我们只是把软件卖给一些机构,这些机构会支付他们需要的专家。我们有一个网上付费专区,只有大学向我们付费之后,他们的学生和老师才能使用我们的平台。

它的使用不仅限于学生和教授吗?

没错,大学校友通常也能参与到其中。而我们软件的优势就是,导师不需要现场出席一个活动或会议就能参与到其中。学生们可以远程学习他们的经验和智慧,即使这些校友现在住在数千公里之外。

这种交流总是一对一的吗?

不是的。作为一个学生,你可以接触很多人来获取你所需要的信息和建议,你会有不止一个导师。你可以在你需要与其他导师联系的时候联系他们,然后在你不需要的时候断开联系。

你使用了IBM的"沃森"作为你们软件的人工智能。这为你带来了什么?

"沃森"可以做的不仅仅是识别你需要的信息或给你提供帮助。根据你的要求,它可以推断出你的性格类型和你的自信程度,判断你实际需要的指导水平,它还可以让你与一个或多个与你的性格最合得来的导师配对。然后,它可以监控你的交流并判断结果,确定这次交流是否有用,甚至建议在哪个阶段哪一位导师可能会更适合你。5 年前我们还做不到这种分析，因为当时还没有现在的这些技术。

你对未来有什么计划？

我们计划为人们提供一个让他们能在网上举办像 TED 一样的小型会议的平台。在那里，一个特定领域的专家可以与 30 或 40 个人交谈。每个观众都会有一个电子麦克风，这样他们就可以与主讲人互动了。而通过使用"沃森"，我们就可以监控每个观众的声音和面部表情以确定演讲是否成功，确定演讲者该何时以及如何吸引观众，并为未来的活动提供建设性的反馈。

你如何看待人工智能在未来 5 ～ 10 年对小企业的影响？它为创业者提供了哪些 10 年前不存在的机会？

这很容易。数据科学和按需市场研究将会成为一个重要领域。在过去，你需要一个庞大的研究团队来识别和分析你的市场。而有了人工智能的帮助，你就可以用小得多的团队得到更为准确的结果了。

你对即将创业的企业家有什么建议呢？

首先，选择一个正确的团队。企业有各种各样的类型和规模，而团队没有合作、无法相处是扼杀一个企业的主要原因，人是可以毁掉一个企业的。其次，去找所有可以为你所用的人工智能吧。人工智能会为你提供一系列成功的捷径，而且到那时这项技术也应该成熟了，你就不必从头开始了。

人工智能与计算

现在我们回到人工智能的基础——计算机，没有了计算机，人工智能也就无从谈起了。人工智能可以为计算机硬件技术的进步做出很多的贡献。在不久的将来，可能由人工智能驱动的计算机将能够设计甚至编程它们的后代，它们也许可以为下一代的机器提供超越人类能理解的运行速度和能力。就像一些人工智能专家们说的，真正的通用人工智能可能会是人类所创造的最后一个发明，或者，至少会往这方面发展。那么通用人工智能的未来又是什么呢？

与拉尔斯·伍德和丽莎·伍德的对话

拉尔斯·伍德（Lars Wood）是高性能计算和机器学习（获得过 8 项专利）、高频模拟混合信号集成电路及算法的先驱。20 世纪 80 年代以来，他通过硬件和软件系统的发明、开发和应用，解决了美国国防部和工业行业面临的很多棘手的挑战。

拉尔斯有着多样化的职业生涯，从人工智能、机器学习、新算法、量子物理、治疗小分子药物的发现，再到量子化学、脑癌基本机制的基础研究，以及微电子、光电子、超导和模拟混合超大规模集成电路的设计，和极低温和半导体固态物理，甚至是量子计算研究。他是 GTE 高级机器智能实验室的创始人和主任，并在 20 世纪 80 年代末负责了美国国防部的第一个大规模人工神经网络项目。

1993 年，拉尔斯设计并制造了第一台光电 FCCM 机器，并在第一届电气与电子工程师学会可重组计算领域会议上展示。他发表的论文被认为是 FCCM 计算行业的最佳参考文献。

丽莎·伍德（Lisa Wood）是拉尔斯的商业伙伴和生活伴侣，她是拉尔斯的长期支持者和早期资助者，他们的关系可以追溯到 20 世纪 90 年代中期。丽莎一开始是在一家大型商业媒体工作。

他们共同致力于开发新的超图灵模拟神经网络的半导体机器，它将超过目前所有的数字和量子计算机的能力。超图灵机将以数字机器和量子机器无法实现的方式进行计算。它会像人类大脑中的神经元一样进行计算。

人工智能自 20 世纪 90 年代以来最重要的成就是什么?

拉尔斯: 人工智能技术涵盖了许多方面,如图像和语音处理、语音和模式识别、博弈比赛、机器人技术和其他类型的自动化。到目前为止,人工智能最大的进步可能是在面部识别和语音识别方面。然而,基本的机器学习神经网络算法几十年来并没有发生实质性的变化。改变的是,由于半导体技术的进步,计算机存储器和处理性能都大大提高了,而且变得更便宜了,而这些才是关键。这使我们可以将机器学习算法应用于更大的问题。要知道,当前的深度学习网络等技术在几十年前就已经被研究出来了。我在 20 世纪 80 年代构建了一个获得过很多奖项的机器学习应用程序开发环境,它就是用一个深度学习网络实现的逻辑编程系统所编写的。几十年前的挑战是当时的计算机处理性能只有如今的一个零头,所以像今天这样利用深度网络和其他机器学习技术是不可能的。

我们对人工智能在过去的 30 年里的期望发生了怎样的变化?

拉尔斯: 狭义人工智能现在已经比比皆是了,然而,至今我们还没能建造出具有适应性的人工智能系统,主要有几个原因。第一,尽管数字机器有着非常高的精度,但从半导体的角度来看,它们的能源效率低、结构庞大。第二,处理器与计算机存储器是分离的。这与模拟真实的脑神经网络的结构和功能完全相反。第三,也是最重要的一点,就是数字机器的计算被限制在有理数范围内。在这种情况下,数字机器将永远无法实现真正的自适应能力并将被降级到只能支持很少应用程序的狭义人工智能。这些被约束了数字计算的人工智能以现代数字计算的创始人艾伦·图灵博士的名字命名,被称为"图灵限制"。

在你看来，实现自适应机器智能的发展道路是什么？

　　拉尔斯： 自适应智能的道路应该是开发新的模拟超图灵半导体神经机器。让我们来解释一下。目前的数字计算机和量子计算机（当前仍然无法拓展）都受到了上述的图灵限制，因为它们的功能是按位运算的，也就是说，它们都还是数字机器的形式。走向自适应智能机器的道路必须超越图灵限制。这就是所谓的超图灵模拟神经计算。在20世纪90年代中期，哈瓦·西格尔曼（Hava Siegelman）博士和爱德华多·桑塔格（Eduardo Sontag）博士描述了一个连续的计算模式，现在我们称之为西格尔曼–桑塔格假说。在他们的高等数学的论文中，他们证明了由生物大脑神经元实现的自适应智能一定超过了通过实数计算的数字计算机的图灵限制。他们称这种计算为超图灵计算，与其他所谓的超过图灵计算限制的超计算机架构（是不可构建的）不同，超图灵模拟神经网络机器是可能构建的。

　　直到现在，非硅模拟复合半导体技术还不足以支持实现超图灵机。超图灵机突破了图灵限制，使新机器具有自适应智能，能从经验中学习，而不需要从头开始重新训练（从头开始重新训练，这就是所谓的灾难性遗忘）。真正的大脑神经元及其循环的神经网络是不会受到灾难性遗忘的影响的，它们会不断学习。超图灵机的发展可以攻克自适应人工智能的这个挑战，这一点我们已经在前面讨论过了。

你认为我们在可预见的未来能够实现通用人工智能吗？

　　丽莎： 我们相信在使用了超图灵机的情况下是可能的。我们正专注于研发这种新技术，以实现生物大脑神经元及其网络的自组织实数处理功能。超图灵机将超过通过无线模拟神经网络进行实数计算的数字计算和量子计算，包括自适应神经处理。

与计算机科学的教授珍娜·马修斯的对话

珍娜·马修斯（Jeanna Matthews）是克拉克森大学（位于纽约波茨坦）的计算机科学副教授。她写了多本很受欢迎的书，包括《运行 Xen：虚拟化艺术指南》和 *Computer Network: Internet Protocols in Action*（《计算机网络：互联网协议实战》）。她的研究包括虚拟化、云计算、计算机安全、计算机网络和操作系统。在克拉克森，她领导了几个实践计算实验室，包括克拉克森开源研究所和克拉克森互联网教学实验室。珍娜于 1994 年在俄亥俄州立大学获得了数学和计算机科学学士学位，1999 年在加州大学伯克利分校获得了计算机科学博士学位。

你认为人工智能的下一个大转变会是什么？我们需要克服的障碍是什么？

我认为未来是人类和人工智能之间的合作，人类决策和计算机决策之间的合作。目前人们对计算机决策透明度的需求越来越大，无论是涉及医疗诊断、人员招聘、刑事司法还是自动驾驶汽车或飞机的决策。

即使是罕见的情况也需要透明度和正确性，而不仅仅是针对常见的情况。这会涉及什么类型的数据？答案并不像你想象的那么容易得到。算法是知识产权，它们的所有者并不愿意透露他们的机密。

计算机协会（ACM）提出了一套旨在促进算法透明的问责制度。它已经建立了允许利益相关者了解和改进人工智能系统的原则。

哪方面人工智能的应用最多？

在许多情况下，人工智能都被证明是非常有用的。例如医疗方面，有时，医生会遇到有特殊病情的病人。有些治疗方法对大多数人都有效，但不是对所有人。

人工智能就有潜力为异常的个体定制治疗方案。在另一个领域，资源管理也是如此。人工智能有比人类更善于管理能源的产生和分配的潜力，这有助于尽量减少甚至消除浪费。正如我们在拼车应用程序中所看到的那样，人工智能有助于交通，使乘客和司机相匹配。总的来说，人工智能将让人们可以获得他们需要的信息，以选择替代路径，并更好、更慎重地使用资源。

关于人工智能最大的误解是什么？

人们总认为人工智能不会犯错。这似乎是合理且公正的评价。计算机会从过去学习，尽管人们对人工智能有各种未来主义的看法，但这却是一种早就有了的技术。这里举个例子：你想雇用一位厉害的首席执行官吗？那你最好就去找那些曾担任过首席执行官的人。虽然根据历史来为你预测信息是有一定意义的，但它也会导致偏见的蔓延。

具有预测性的警务工作是另一个可能产生风险的领域。如果你在一个社区寻找犯罪行为，那么在相同的地方你可能会一次又一次地发现犯罪。这种预言可能成为一个自我实现的预言。人工智能要想真正变得高效，它就必须超越既定的限制，去尝试一下以前没有尝试过的东西。

人工智能会造成最大的危险是什么？

我担心人工智能的普及将导致人们缺乏个人责任感。当你在餐馆吃饭或吃从超市买来的食物时，你不太会想这些食物是从哪里来的，对吧？但如果食物是那些被屠宰的动物或者来自那些整天在地里流汗采摘水果的农民呢？

这些你都不会去考虑。我认为人工智能会引导人们这样做。"嗯，人工智能是这么说的，我就跟着做了。"人工智能会减轻人们对他们所做的决定产生的责任感。我认为这会导致不公正和不公平，特别是那些做出决定的人的利益通常不同于那些被决策的人的利益。即使在招聘、住房、信贷、医疗保健和刑事司法等受监管的领域，情况也是如此。我们真的需要关注问责制和透明度，以创造我们想要的那种公正和公平的社会。

你认为人工智能会引领出一个更公平的社会吗？

人工智能是有这种潜力的。然而，数据所有权的问题成了阻碍。控制人工智能的权利最终可能会集中在几个人手中，而这种权力可能会被用来压迫别人。我们需要更改数据所有权的模型，以便它们能将价值反馈给为其做出过贡献的人。人工智能的"黑匣子"是一个隐藏进一步控制、监视和压迫这样有危害行为的好地方。如果社会没有监督政府的意愿，不能让企业对他们正在建设的东西负责，我们就有可能从特殊利益集团那里失去我们的自由。

我完全赞成激励人们去努力工作和创新。但是，当创新依赖于对个人的监控时就完全不一样了。当人们为推动这些创新的技术做出贡献时，他们就理应得到公正的补偿。不只我一个人希望未来的情况将会比现在更好，但这种更好的情况只是一个假设。

与工业监督和监管人陈安迪的对话

陈安迪（Andy Chen）目前担任着电气与电子工程师学会技术与工程管理学会（IEEE TEMS）的当值主席，他已经在该机构工作了 25 年。他也是企业建筑专业组织联合会（FEAPO）的董事会主任，数字非洲全球咨询委员会的成员，以及金融圆桌服务技术咨询委员会的成员。

他因在信息技术和核设施网络安全系统方面的专业知识而得到了国际的认可。最近，他是由 XPRIZE 基金会和国际电信联盟在日内瓦举办的人工智能造福人类全球峰会的主讲人。他还被选为 2018 年世界 CIO 论坛和 2017 年金融科技创意节的杰出主持人，并担任了 2016 年数字非洲会议、2015 年世界计算机大会和 2014 年世界 CIO 论坛的主题主持人。

你能描述一下人工智能和计算发展过程中所谓的"三个发展阶段"吗?

第一阶段:优秀的人工智能(GOFAI),或者 DARPA 所说的"手工知识",那是旧的符号模型,而这个模型的失败是由于它低估了人类认知能力的实际复杂性。他们巨大的成功在于研发出了专家系统,甚至到现在还有一个名为 Lisp 的机器在运行……但也只有 Lisp 了。然后"人工智能的寒冬"就到了。

第二阶段:我们已经有一定的能力了,美国国防部高级研究计划局称之为"统计学习"的阶段。在这时,我们的神经网络已经有足够的计算能力来正确地消化大量的数据了。在游戏、自动驾驶、图像识别、文字转换语音再转换文字等有限的领域取得了巨大的成功。不幸的是,这些都是"黑匣子",你所需要处理的是一些数字矩阵。

第三阶段:语境,即美国国防部高级研究计划局反复提到的"语境顺应"阶段。它将能了解你来自哪里,能够将信息情境化,以便利用广泛的数据资料进行正确的推理。一个通用智能可以以前两个阶段无法达到的智能进行思考。"语境"就是我们的意识,它就如人工智能的中间名一样。

会有第四阶段吗? 如果有,那它会是什么样子的呢?

我们还不确定,但我认为这将涉及使用计算机来创造合成的现实,或利用它们来增强和放大人类的感官能力。

有些人视人工智能为人类的救世主,还有些人则把它看作威胁人类存在的新事物。电气与电子工程师学会在这个问题上的立场如何?

我认为支持这两种立场的人都会有一些。技术一直是一把双刃剑,任何技术都可以被用来做好事，也可以被武器化。我们在过去已经研发出了很多的科技发明了，我们也将会研发出人工智能。

你会对那些害怕人工智能会使他们失业的人说些什么？

人工智能只是一个工具。工具总是能让事情变得更简单、更容易。有了一些新工具的帮助，曾经需要 10 个人的工作现在可能只需要 5 个人了。而有了人工智能，可能只需要 1 个人了，但是我们总是会需要人来做一些工作的。一方面，有些人可能会面临被代替，他们必须去找一份新的工作。但另一方面，商品和服务也会变得更好、更便宜。而这是每个人都希望看到的，对吧？

为了保持人工智能的良性发展，需要在人工智能中建立什么样的道德规范？

显然，我们需要制定标准和法规。我们有管理食品、汽车和飞机，甚至是像烤面包机这样的家用电器安全的规则。我们都希望技术是安全的，所以人工智能也需要被以同样的方式进行监管。

我们知道为什么人类需要计算机。但是，当计算机不再需要人类时会发生什么呢？

这是一个很棘手的问题。在某种程度上，我们正在创造一个全新的种族。我们必须问自己，我们将如何对待它呢？但是，人工智能可能仍然需要我们来维持它们的存在，比如它们对电力的需求，所以我们永远也不会成为不被需要的一方。

在你看来，人工智能应用到哪些领域中能更好地改善人们的生活？

第一就是基础设施方面。如果没有基础设施，你就无法进行通信，你就无法改变任何东西了。因此，任何改善基础设施的创新都将带来巨大的好处。

第二是医学方面。人工智能将找到新的疗法和药物，以改善人类整体的身体健康。

第三是教育方面。人工智能可以帮助学校里的学生，也可以帮助不在学校的任何人，这是一种真正公平竞争的方式。正如我们已经讨论过的，工作是第四个领域。人工智能可以代替我们完成许多琐碎的工作，比如洗碗、清洁和收庄稼。我认为，它也将引导我们制定改善整体经济的政策。慢慢地，稳定的人工智能将会进入我们的日常生活。它会让一切都变得更容易，所以我们最终会把它看作我们生活中很平常的事物。

第十六章

明日世界如今已经到来了

　　这是我们的最后一章了。在离别前，我希望能以前所未有的方式为你提供一个人工智能对未来生活影响的展望。但比起仅仅为你介绍未来的企业会如何使用这种技术或如何在他们的运营中实现这种技术，我更想做的是在本书的末尾部分为你做一些宏观的分析。通过对两个案例的研究，向你展示人类未来将如何利用人工智能创造出充满机器人、预测分析和物联网的智能城市。这些拥有令人难以置信的数据量和强大的计算机处理能力的大都市（一个现在存在的、正在建设中的世界）乍一看似乎是从科幻小说中跑出来的，但其实这不是科幻，它们就存在于现实生活中，人工智能帮助我们在现实生活中拓展人类想象力和实践创造力的边界。

回顾整本书

　　一些人称中国的杭州为"人工智能城市"，也将它的运营模式称为新企业运营模式（NEOM），它是"世界上最雄心勃勃的项目：一块全新的土地，专门为一种新的生活方式而建造"。在我们去了解这座城市之前，让我们先来回顾一下前面几章我们所介绍的内容吧。在这本书的开头，我们从计算的里程碑开始，学习了人工智能的历史，如摩尔定律的制定、图灵测试、美国国防部高级研究计划局的项目、加里·卡斯帕罗夫和"深蓝"的比赛、肯·詹宁斯与"沃森"的挑战，我们看到了在短短几十年里人工智能发展的程度。

在描述了具有里程碑意义的创新和技术突破之后，我们又讨论了是什么使我们现在所处的计算阶段不同于以前的时代。你还记得它们之间有什么区别吗？前两个阶段的特点是更类似于处理器和计算器的大型、笨重的计算机，而不是如今的能够学习的预测性智能思维机器。为了更好地理解人工智能在现实中可以运用在哪些地方，我们研究了很多学者、心理学家和理论专家提出的主要意识理论，然后关注了目前正在发展的两种人工智能：通用人工智能和狭义人工智能。狭义人工智能是目前唯一在使用的人工智能的类型。

对智能的构成有了更好的理解后，我们揭示了人工智能的特征定义：现代计算机通过对基本规则的执行和大数据的处理，从冷冰冰的程序化反应成为对人类思想和感觉的模拟。由于教学和学习是携手并进的，所以我们为两者提供了人工智能基础知识，包括对自然语言处理的激烈讨论，这是一个包含了计算机解码人类用来交流的单词、短语和句子背后的含义的子领域。超越了第一阶段和第二阶段计算的限制，我们观察到今天的计算机不仅能理解语音，而且能够进行"机器学习"，这种"机器学习"就是计算机获得数据并理解超越其最初编程的方法。（想象一下：阿尔法围棋为了精通围棋，与自己对弈了数百万场。）

认识到这种前所未有的能力必然会引发对新兴技术的忧虑后，我们花了相当多的时间来解决人类对人工智能的改变恐惧症（对变化的恐惧）。此外，认识到机器人会取代人类工作的这个事实仍然是社会需要重点关注的，我们从包括历史、社会和政治的多个角度剖析了我们所感知到的威胁，以确定围绕人工智能的担忧是否都是有根据的，以及我们该如何更好地适应新技术。有了更深入的理解后，我们接下来认识到了人工智能不仅可以解放人类，让人类从事更多有创造性的工作，还能提供使我们生活更有效率和充实的新颖途径。

在我们将注意力转向企业使用人工智能的真实例子前，包括销售、供应链及物流规划、商业规划、农业、网络安全、度假村和赌场管理以及市场营销等多个领域，我们研究了两种最近改进的数字工具的重要性。数据存储能力和处理能力的增强让我们看到了人工智能技术真正的能力。与此同时，这两种技术成本的暴跌，加上适当的培训，会成为 21 世纪创新的前所未有的主要驱动力。同时，我们赞扬了人工智能限制从众思维陷阱的能力。(任何关于人工智能的正式讨论都必须包括讨论其可能产生偏见的风险，而我们在第二部分的多个访谈中都探讨了这一点。)最后，我们还想象了一幅人工智能在个人层面上使用的图景，比如作为一个"外包"的人工大脑，能够充当企业最亲密的伙伴。在我们结束之前，让我们看看人工智能能为大规模人口提供什么。

中国杭州、上海和西安

杭州

杭州位于长三角中南部地区，是浙江省的省会城市。近 1200 万人生活在这个古都。2016 年，杭州市市长张鸿铭与零售巨头阿里巴巴的技术指导委员会主席王坚、富士康科技集团创始人兼首席执行官郭台铭共同发起了"城市大脑项目"。

作为一个人工智能中心，城市大脑会利用大数据来帮助杭州做出决定（像人一样思考）。王坚在会议上的一份声明中说："城市大脑是一个前所未有的将人工智能引入城市管理的实验。城市大脑的核心将使用阿里云的 ET 人工智能技术，该技术可以对城市进行整体实时分析，自动部署公共资源，修正城市运营中的缺陷。"

正如我们在这本书中所看到的，人类可以从环境中合成大量可操作信息（这种能力是人类和其他的动物最本质的区别）。智慧城市的卓越之处就在于它们能够以超越最聪明的人类的能力，利用深不可测的数据流来做出决定。

根据 IFL 科学（IFL Science）网站上的一篇文章，这正是杭州这个大都市做得很好的地方。人工智能就像一个可以呼吸、活生生的人一样，它能搜集到"可以获得的每一份数据"。尽管杭州的运作方式似乎与西方不同，但它已经被科学界誉为人工智能技术在城市规划方面的巨大成功了。现代社会存在的很多问题，包括交通拥堵和犯罪已经在大规模监控和有效响应的帮助下减少了。

杭州的城市大脑项目为市民提供的服务具有很高的指导意义。林嘉杰（Chia Jie Lin）在 2018 年 7 月为全球内幕（GovInsider）撰写的文章中称，它使用了大量的"摄像头系统和传感器来实时收集路况数据，数据会被传输给人工智能，然后该枢纽就可以负责管理 128 个十字路口的交通信号，并帮助市政官员以更快的速度做出更好的决定"。与人类不同的是，城市大脑从来都不需要睡觉，它可以分析数百万辆汽车穿越街道和隧道的实时状况、考虑交通流量、在许多十字路口控制交通信号，如果没有这项突破性技术的帮助，没有人可以做到，即使是一群人都无法做到。

那么，需要进行隐私与这种新技术之间的权衡吗？全天 24 小时的人工智能监控和决策会为其公民带来更好的生活吗？既然美好生活是个主观的想法，我们就不试图回答这个问题了。相反，我们将列出杭州的一些支持者所指出的一些特点。只要附近存在危险，每个人的手机上都会显示警报，从而增强市民的人身安全。在健康保障方面，据报道，城市大脑会在救护车接近时将红灯转换为绿灯，从而让其能更快速地通过，这能将救护车的行驶时间减半。人们的通勤时间也会缩短，因为系统可以根据需要动态调整交通情况。据官方的说法，警务状况也有所改善。一个在人工智能的帮助下控制交通的中国交通警察郑一炯（Zheng Yijiong）说："城市大脑可以在一秒钟内检测到事故，从而让我们可以在五分钟内到达现场。"

良好的生活不仅仅需要消除交通不便和让人们感觉更安全，下面我们来看看杭州现代化的另一个组成部分，这座城市众所周知的好客可以为他们带来什么。如果我们回看第十三章的内容，我们会发现传统的酒店和度假村管理只是人工智能影响的一方面。考虑到这一点，让我们来看看杭州的 FlyZoo 酒店是如何服务客人的。在这个豪华度假村，游客可以在面部识别技术的帮助下登记入住，并享用由机器人提供的食物。事实上，大部分的"员工"都是机器人。在餐厅和酒吧里工作的都是机器人，而不是人类服务员。甚至所有的房间都有自己的机器人管家"天猫精灵"，它的能力能够满足住客几乎所有的需求。

毫无疑问，杭州为其公民提供了许多美妙的生活方式，虽然不间断的监控会让杭州成为一个更灵敏、更安全的城市，但同样也有很多地方令人担忧。除了这个大都市，其他的中国城市也在追求这项技术的可能性的极限，其中就包括了上海和西安。

上海

在一个拥有 2400 万人口的城市里，要解决停车的问题并非易事。事实上，找到一个可以停车的地方已经成为一个棘手的问题了，所以华为科技公司建立了一个智能停车网络，允许用户通过一个独立的智能手机应用程序找到、预订附近的停车位并支付费用。为了促进这项技术的使用，上海将智能芯片组放置在了整个城市 300 多个地块的地下，它们能汇聚所有停车场可用性的最新信息。

西安

为了应对当今世界上规模最大的迁移事件之一，中国的城市西安已经开始利用大数据了。通过分析，政府可以观察和跟踪从农村地区到这个拥有约 870 万人口的城市的人口流动。市政府官员认为，了解新市民的人口统计数据具有巨大的价值，这些数据包括了他们的年龄、民族、背景和职业，因为这些信息可以用来为公民决策提供信息，并更好地为充满活力、不断增长的人口提供公共服务。

沙特阿拉伯的 NEOM 新城

沙特阿拉伯是世界上最大的石油出口国。它们 87% 的收入都是来自石油出口。然而，近年来的一些执政党成员，特别是王储本·萨勒曼把目光放在了一个雄心勃勃的计划上，即大幅减少国家收入对石油的依赖的同时发展多样化的公共服务部门，这些部门包括了教育、旅游和健康等方面。该项目被称为"沙特愿景 2030"，其细节由本·萨勒曼于 2016 年公布，媒体的大量宣传刺激了资本的投资以及对该项目的广泛关注。

"沙特愿景 2030"中最有趣（当然也是最大胆）的尝试之一就是一个价值 5000 亿美元的大型项目 NEOM（代表着新的企业运营模式），该项目由沙特财力雄厚的公共投资基金和对外投资集团支持。据《阿拉伯新闻报》报道："NEOM 新城将作为一个独立的经济区，完全由三个国家的可再生能源提供电力，拥有自己的自治法律法规，并且这些法规都是为刺激经济而制定的。"

NEOM 新城目前位于沙特阿拉伯的西北角，与埃及和约旦相交，NEOM 新城就是一个世界上前所未有的未来主义的城邦。这里举办一系列高调的科技、商业会议，如"沙漠达沃斯"，这些会议都有来自世界各地众多的投资者、高管和官员的参加。

NEOM 新城将以 100% 的风能和太阳能供电，使其达到零碳排放，以表明沙特阿拉伯摆脱石油的决心。除了这一大胆的基础设施策略之外，NEOM 新城还计划成为一个新的科技中心。还是据《阿拉伯新闻报》报道："NEOM 新城旨在通过一个开放的政策平台来促进创新，我们将公开邀请世界顶尖的科学家来此让他们进行医学科学、人工智能和虚拟现实等领域的研究。""通过采用一个监管框架，根据最高的国际标准、指南和实践来促进技术进步，科学家把 NEOM 新城本身作为下一代基因组学、基因治疗、纳米生物学、生物工程和干细胞研究的科学试验场。"

在这个沿着红海海岸线绵延 1 万平方英里[⊖]的土地，本·萨勒曼似乎希望以其他有意义的方式将该城市与国家分开。它将独立于沙特阿拉伯的政府机构，包括其监管、税收和劳动法。他推进了一个类似乌托邦的议程来改善这个地方，议程重点关注增长和发展的关键行业，有能源和水利、交通、生物技术、食品、先进制造、媒体、娱乐、技术科学和数字科学等。为了通过大胆的目标和先进的技术吸引世界上最领先的科学家，彭博新闻社将它描述为"这座从零开始建设的城市将比迪拜更大，将拥有比人类更多的机器人"。

与中国的杭州一样，NEOM 新城也规划了一套新的方案，可以通过人工智能连接大量智能设备，同时提高其他形式技术的效率。正如本·萨勒曼所说的那样："一切都将与人工智能、物联网连接。"NEOM 新城希望通过自动驾驶解决方案来解决交通问题，包括使用自动驾驶汽车和无人机。他还把3D 打印视为制造业的未来，并利用机器人技术来开发复合材料和合金金属等

⊖　1 平方英里 = 2.589 99 × 10^6 平方米。——译者注

新材料。为了挑战食品生产的极限，NEOM 新城将培育其所谓的新兴技术的"国际创新中心"，包括海上和沙漠农业、气栽法和水培养。

你现在对 NEOM 新城感兴趣了吗？据《沙特公报》报道，作为未来的完美城市，它还打算追求更多技术目标：

- **下一代健康的生活和交通**。NEOM 新城将拥有以未来交通技术为基础的前所未有的基础交通设施。
- **自动化服务 / 电子政务**。NEOM 新城的政府服务将完全自动化，将更易于居民使用。
- **数字化**。NEOM 新城将提供一个"数字世界"，市民们可以免费使用最高速度的互联网和在线继续教育服务。
- **可持续发展**。NEOM 新城将完全由可再生能源提供动力，建筑都将达到零碳排放。
- **创新建设**。NEOM 新城将成为一个建筑技术和材料的创新实验室。

奔向我们人工智能未来的最后一站

适应新技术需要时间。如今，我们认为按需供电是理所当然的，但从 20 世纪初到 1950 年左右，我们花了近 50 年的时间才把电力带到美国的所有地区。类似地，尽管很多大公司在 20 世纪 50 年代中期到后期已经开始使用计算机进行数据处理，但直到 80 年代中期到 90 年代初，计算机才开始变得不可或缺，而且让人们都能负担得起。

正如我们所看到的，技术的创新和适应正在迅速发生着。想想看：脸书于 2004 年 2 月推出。它花了 4 年半的时间才获得了 1 亿活跃用户，而仅仅 5 年半之后就达到了 10 亿。2007 年 6 月，苹果公司推出了首款智能手机。不到

10年，全球就有超过20亿部智能手机投入了使用。同年，奈飞和葫芦网开始提供流媒体播放电视节目和电影的服务。10年后，超过70%的互联网流量来于视频流媒体。特斯拉在2008年推出了第一款全电动汽车。据相关预测显示，到2030年，电动汽车销量将从2018年的300万辆增长到1.25亿辆。

现在，人工智能大致就相当于计算机在20世纪50年代时的水平。这项科技的大部分好处都被谷歌、脸书、eBay和亚马逊等大公司分走了。但不要指望商用人工智能还需要40年的时间才会成为主流。目前，市面上就已经有无数种人工智能了，中小企业可以使用的应用程序非常丰富。随着技术的成熟和大规模的运用，人工智能压低了使用成本。我们期待更多的公司开始使用人工智能。事实上，许多企业都已经看到了人工智能的使用对他们的经济和生存所起到的重要作用。

有些问题我们以前谈到过，但它值得我们再次关注。如果你是一个企业主，对你的企业构成的最大威胁就是自满。如果你没有看到人工智能可能带来的好处，或者更糟的是，你害怕技术变革，那么你就会被那些更大胆、更有想象力、更容易接受改变的人超越。弗兰克·赫伯特在《沙丘》中说过这样的话："恐惧是精神杀手。"要想在未来10年蓬勃发展，你就必须接受人工智能，并积极寻求利用这一新兴技术学会从中获益的方法。

在我们结束之前，以下是你需要从现在开始对你的业务采取的6个步骤：

1. 自学。 除了这本书，你还应该了解人工智能目前的情况以及如何应用于商业。一个简单的谷歌搜索就能给你提供数十篇关于最新的商业应用的文章。通过继续调查这一科技，你会更好地了解正在不断发展的人工智能。

2. 从细节开始考虑问题。 正如我们已经讨论过的，目前还没有相当于人类水平的人工智能。通用人工智能（AGI）仍处在早期发展阶段，而且在我们的有生之年可能永远也无法实现。我们现在所拥有的是狭义人工智能（ANI），即旨在应用人工智能的算法和机器学习（ML）来解决具体的问题。为了让你的企业适应人工智能技术，你需要尽可能思考到每个细节。你到底需要人工智能为你做什么？你想解决什么具体的问题？你需要哪些问题的答案？你思考得越清晰，人工智能越能为你的工作增效。

3. 寻找现成的解决方案。如果你想用你的电脑进行文字处理、桌面出版、制作电子表格、照片处理、音乐编辑或网页冲浪，你不需要再出去雇用一个编程专家来设计一个定制的应用程序，已经有几十个现成的应用程序了，而且人们已经使用了很多年了，这种程序通常没有成本。同样地，一些有远见的开发人员已经提供了适合商业使用的基本的人工智能应用程序了。包括脸书在内的一些平台已经在使用复杂的人工智能作为他们的广告服务的一部分了，这允许你可以根据几乎无限多的因素智能地选择目标客户。预计现成的人工智能商业应用数量的增加将在未来几年呈指数级增长，而其价格也将相应地下降。

4. 进行成本收益分析。现在，大多数的人工智能应用程序并不便宜，它们的投资回报率也很难确定。在投资人工智能之前，你应该先对业务进行成本收益分析，平衡应用程序的成本和你所期望得到的潜在收益。要做到这一点，你可能需要外部顾问的帮助，他们了解人工智能、业务需求以及人工智能可能提供的效率。

5. 组建一个团队。如果现成的解决方案无法满足你的需求，那么你就必须设计自己的应用程序了。要做到这一点，你需要受过人工智能和机器学习方面训练的专家。（"团队"也可以根据需要来调整现有的产品以适应你的特定需求。）如今，这种专业知识是需要额外付费的。现在只有一小部分人接受过人工智能的培训，而且对他们服务的需求远远超过了目前的供应。（然而，随着越来越多的计算机工程师和程序员将他们的注意力转移到这个新兴的领域，这一空白将很快被填补。）

6. 准备好逐渐改变自己。就像新生儿的父母一样，你必须在使用的最初几个星期内照顾你的人工智能。就像一个婴儿一样，一个新生的人工智能也是一张白纸。它需要接受教育、训练和给予失败的机会。但人工智能的全部意义就在于它能够从自己的错误中学习，并随着每一次新的经历而变得越来越强大和高效。在几个月内，随着时间的推移，在大多数情况下，你的人工智能将从婴儿期成长到青春期，最后成长到成年期。

准备开始

那么，你准备好改变自己，来拥抱这场人工智能革命了吗？我们当然希望是如此，我们一直都试图把你领到这一步。改变即将到来，你可以掌控自己的命运，而不是被变革牵着鼻子走。我们希望你在未来的旅途中一切顺利。但是，为了确保你做好了迎接人工智能的准备，我们在书的最后一部分（后记）中提供了我们对人工智能革命的想法及其对未来和现在的预示。感谢你的阅读，并祝贺你迈出了改变你的企业的第一步，这将最终改变你的生活。

彼得·德鲁克说过："我们对未来唯一知道的是，它和现在有所不同。"他是现代企业的商业偶像、顾问和思想先驱。生活最吸引人的地方就是去体验我们所未知的未来。我们碰巧生活在了一个有趣的时代，这是个前所未有的时代。人类历史上从来没有过这么多的人、这么多的挑战、这么多令人难以置信的希望。

如今的一些新闻可能会让人们不高兴，他们蔑视这个时代。他们告诉任何一个愿意倾听的人，他们有多希望能回到更简单的时代。对他们来说，人工智能的崛起证明了我们的生活正在恶化——世界正在分崩离析，人工智能成了一个让人们愤世嫉俗，甚至是害怕的原因。

我希望，尽管围绕人工智能有这么多的负面报道，我们仍然能从不同的角度来充满希望地看待它的发展。此外，仔细思考德鲁克的话，引导我发现另一个真理：生活中唯一不变的东西就是变化。无论我们多么努力减缓地球的旋转，无论我们多么坚持熟悉的思维模式，我们都必须面对这样一个事实，那就是一切都在改变。

为了保证不落后于时代，跟上时代的脚步，甚至是领导时代的发展，我们必须做出内在的改变。生活美丽而多变的本质要求我们以同样的方式来改变自己，它需要我们以不同的方式来思考。这就是我们在整本书中试图传达的信息。从古登堡印刷机到互联网，我们很幸运地生活在这个时代。数字网络可以广泛地传播人们的想法、书本教给我们知识，这些都为我们提供了机会，我们比以往任何时候都能更快地学习更多的知识。

近年来，我们已经取得了如此大的进步，技术前进的步伐甚至有望加速我们对新事物的理解。我们现在已经掌握了很多深奥的知识：我们的环境、我们的太阳系、动物的活动方式、植物生长的方式。最终，我们可能会揭开最深刻的谜团——我们在哪、我们是谁，以及我们生命存在的意义。说到底，虽然这本书主要讲的是商业方面的应用，但它也让我们对我们的能力、局限性和未来进行思考。

以不同的方式思考这些问题是一种心态问题。个人或公司使用人工智能可能意味着这项技术将超越商业目的，影响到人道主义变革。在之前的内容中，我们也读到了一些创新公司，比如 Zinx 公司，它们正在采用基于机器学习和生物特征数据的新医疗方法，从文化角度促进人们向更健康的生活进行转变。同样，活动家克里蒂·夏尔马也让我们看到了人工智能可以被用于治疗创伤和虐待的受害者。我们还吸收了很多吸引人的现代科技先锋的哲学思想，包括彼得·戴曼迪斯、史蒂芬·科特勒、大卫·汉森和本·戈泽尔颠覆了传统的观念，这让我们开始思考机器时代。

基于他们的这些见解，研究和写这本书是一段令人难以置信的旅程。从一开始，我的目标就是帮助人们。虽然这本书不会消除每个人对于人工智能的担忧和恐惧，但它至少可以让人们有一些必要的了解。作为联合国论题专家（S.M.E.）和科技初创企业的顾问，我会经常接触到一些对人工智能感到困惑或好奇的人（通常情况下，人们的这两种情绪都会有一点）。然而，根据我的经验，靠我一个人是无法回答所有人的问题或缓解他们的恐惧的。相反，对人工智能的无知和各种纷杂的观点，往往会加剧已经非常有挑战的现状。

为了迎接我们所面临的挑战，无论它们是关于个人的、机构的还是全球的，我们都必须学习尽可能多的知识。如果这本书能帮助你预见即将发生的事情（以及现在已经在发生的事情），能够做到这一点，我就已经感到很满足了。

在这本书的写作过程中我学到了很多东西。思考每个章节都有助于更加明确我的想法，让我能够更好地以有意义的方式与他人分享知识。有趣的是，迈克尔和我写了很多关于人工智能的文章，其中很多内容涉及了"真正的智能"，包括人们是怎样思考的？意识是如何工作和影响我们生活的？

思考这些想法让我得到了新的结论。例如，虽然我们认识到机器处理数据或信息的方式与我们不同，但在某些方面，机器进行的"思考"可能会被我们有限的意识限制。为了证实这个想法，让我们来考虑一下开车这个问题。人们大多数的数据输入是通过视觉。然而，除了仅仅使用视觉之外，自动驾驶汽车还可以使用雷达、音频，甚至热传感器来导航。（特斯拉汽车的自动驾驶模式就是一个很好的例子，它除了可以使用摄像头外，还能使用雷达。）是否更多的感官输入会让驾驶员的操作更安全呢（无论是人类还是其他的驾驶员），如果是这样，那么（人工）意识还能获得哪些感官输入呢？

除了本书中提出的宏观的观点之外，本书战略层面的最终目的是寻求利用人工智能技术为企业提供指导。首先，你必须改变你自己，这样你才可能抓住这个机会并且改变你的企业。为了完成这一壮举，你需要记住这四个关键点：

- 人工智能不仅仅是专家们的专利。商业和其他领域的知识对于理解客户的需求也至关重要，这能使你开发出更有价值的解决方案。（参考：LegalMation 的法律软件。）

- 你需要有很多不同的想法用来利用人工智能的能力。除了你自己，没有人会帮助你。（参考：丹尼·梅推出 Lingmo 的故事。）

- 从大处着眼，从小处着手。人们经常关注那些"诱人"的解决方案，但这可能会非常复杂、昂贵且耗时。仅仅一个错误就可能让你所有的努力都白费。最后，你只要一直敏锐地把握契机就能获得最后的成功。（参考：TerraManta 缓慢而稳定的成长过程。）

- 恐惧是精神的杀手。为了避免它的影响，我们必须接受这样一个事实：机器是可以比人类做得更好的。（参考 Cyrano 的有感情的机器人。）

虽然人工智能可以以多得惊人的方式改变我们的生活，但它也不是灵丹妙药。因此，我们在考虑采用这项技术时应采取谨慎的态度。事实上，可能没有足够的附加证据来证明将其应用到业务中的成本和资源是合理的（仅现在而言）。这也是理解人工智能不是什么事都能做的关键。正如我们在书中详细介绍的，真正地使用这项技术是需要大量的数据做支撑的。人工智能确实可以改变游戏规则，也可以产生很多令人难以置信的结果，但它同时也需要一个强大的、统一的训练策略。

最后，我想说的是，我对未来几年世界将产生的变化感到非常兴奋。我兴奋的是，我甚至无法推测接下来会发生些什么，即使在采访了这么多伟大的思想家之后。特别是对于人工情感这个话题，我真的很感兴趣。不仅仅是因为它为人机交互打开了一个新的视角，还因为它迫使我们主动思考有情感、有情商、成为人类这些意味着什么。说到未来的工作，人们都非常注重发展 STEM 技能。然而，从我所看到的、读到的和我的经验来看，我相信我们迫切需要更多的哲学技能、批判性思维，当然，还有创造力。

在说再见之前，我给读者提出的关于如何改变自己和把握人工智能革命的最后的建议是：改变你的思想。不管我们想要与否，改变都会发生，这是不可避免的。而且它似乎发生得越来越快了。但我们有机会把握这样的变化。我们可以选择成为乘客，享受一生的旅程（但我们控制不了我们想要去的地方），或者我们可以选择成为驾驶员，塑造我们想要的未来。你不需要一个 10 亿美元的金点子，你不需要一个强大的改变游戏规则的工具。人们应该在思考大事时从小事做起，找到那些利用人工智能和创造价值的"小"机会，并且不断地寻找这些机会。到最后，一定会积少成多的。

——尼尔·萨霍塔

在太平洋的上空

2019 年 5 月

推荐阅读

宏观金融经典

这次不一样：八百年金融危机史	[美] 卡门·M.莱因哈特（Carmen M. Reinhart） 肯尼斯·S.罗格夫（Kenneth S. Rogoff）
布雷顿森林货币战：美元如何通知世界	[美] 本·斯泰尔（Benn Steil）
套利危机与金融新秩序：利率交易崛起	[美] 蒂姆·李（Tim Lee）等
货币变局：洞悉国际强势货币交替	[美] 巴里·艾肯格林（Barry Eichengreen）等
金融的权力：银行家创造的国际货币格局	[美] 诺美·普林斯(Nomi)
两位经济学家的世纪论战（萨缪尔森与弗里德曼的世纪论战）	[美] 尼古拉斯·韦普肖特（Nicholas Wapshott）
亿万：围剿华尔街大白鲨（对冲之王史蒂芬·科恩）	[美] 茜拉·科尔哈特卡（Sheelah Kolhatkar）
资本全球化：一部国际货币体系史（原书第3版）	[美] 巴里·埃森格林（Barry Eichengreen）
华尔街投行百年史	[美] 查尔斯R.盖斯特（Charles R. Geisst）

微观估值经典

估值：难点、解决方案及相关案例（达摩达兰估值经典全书）	[美] 阿斯瓦斯·达莫达兰（Aswath Damodaran）
新手学估值：股票投资五步分析法 （霍华德马克思推荐，价值投资第一本书）	[美] 乔舒亚·珀尔（Joshua Pearl）等
巴菲特的估值逻辑：20个投资案例深入复盘	[美] 陆晔飞（Yefei Lu）
估值的艺术：110个解读案例	[美] 尼古拉斯·斯密德林（Nicolas，Schmidlin）
并购估值：构建和衡量非上市公司价值（原书第3版）	[美] 克里斯M.梅林（Chris M. Mellen） 弗兰克C.埃文斯（Frank C. Evans）
华尔街证券分析：股票分析与公司估值（原书第2版）	[美] 杰弗里C.胡克（Jeffrey C.Hooke）
股权估值：原理、方法与案例（原书第3版）	[美] 杰拉尔德E.平托（Jerald E. Pinto）等
估值技术（从格雷厄姆到达莫达兰过去50年最被认可的估值技术梳理）	[美] 大卫T.拉拉比（David T. Larrabee）等
无形资产估值：发现企业价值洼地	[美] 卡尔L.希勒（Carl L. Sheeler）
股权估值综合实践：产业投资、私募股权、上市公司估值实践综合指南 （原书第3版）	[美] Z.克里斯托弗·默瑟（Z.Christopher Mercer） 特拉维斯·W.哈姆斯（Travis W. Harms）
预期投资：未来投资机会分析与估值方法	[美] 迈克尔·J.莫布森(Michael J.Mauboussin)， [美] 艾尔弗雷德·拉帕波特(Alfred Rappaport)
投资银行：估值与实践	[德] 简·菲比希（Jan Viebig）等
医疗行业估值	郑华 涂宏钢
医药行业估值	郑华 涂宏钢

债市投资必读

债券投资实战（复盘真实债券投资案例，勾勒中国债市全景）	龙红亮（公众号"债市夜谭"号主）
债券投资实战2：交易策略、投组管理和绩效分析	龙红亮（公众号"债市夜谭"号主）
信用债投资分析与实战（真实的行业透视 实用的打分模型）	刘婕（基金"嘀姐投资日记"创设人）
分析 应对 交易（债市交易技术与心理，笔记哥王健的投资笔记）	王健（基金经理）
美元债投资实战（一本书入门中资美元债，八位知名经济学家推荐）	王龙（大湾区金融协会主席）
固定收益证券分析（CFA考试推荐参考教材）	[美] 芭芭拉S.佩蒂特（Barbara S.Petitt）等
固定收益证券（固收名家塔克曼经典著作）	[美] 布鲁斯·塔克曼(Bruce Tuckman)等

推荐阅读

A股投资必读	（金融专家，券商首席，中国优秀证券分析师团队，金麒麟，新财富等各项分析师评选获得者）
亲历与思考：记录中国资本市场30年	聂庆平（证金公司总经理）
策略投资：从方法论到进化论	戴 康 等（广发证券首席策略分析师）
投资核心资产：在股市长牛中实现超额收益	王德伦 等（兴业证券首席策略分析师）
王剑讲银行业	王 剑（国信证券金融业首席分析师）
荀玉根讲策略	荀玉根（海通证券首席经济学家兼首席策略分析师）
吴劲草讲消费业	吴劲草（东吴证券消费零售行业首席分析师）
牛市简史：A股五次大牛市的运行逻辑	王德伦 等（兴业证券首席策略分析师）
长牛：新时代股市运行逻辑	王德伦 等（兴业证券首席策略分析师）
预见未来：双循环与新动能	邵 宇（东方证券首席经济学家）
CFA协会投资系列	全球金融第一考，CFA协会与wiley出版社共同推出，按照考试科目讲解CFA知识体系，考生重要参考书
股权估值：原理、方法与案例（原书第4版）	[美]杰拉尔德 E.平托（Jerald E. Pinto）
国际财务报表分析（原书第4版）	[美]托马斯 R.罗宾逊（Thomas R. Robinson）
量化投资分析（原书第4版）	[美]理查德 A.德弗斯科（Richard A.DeFusco）等
固定收益证券：现代市场工具（原书第4版）	[美]芭芭拉S.佩蒂特（Barbara S.Petitt）
公司金融：经济学基础与金融建模（原书第3版）	[美]米歇尔 R. 克莱曼（Michelle R. Clayman）
估值技术（从格雷厄姆到达莫达兰过去50年最被认可的估值技术梳理）	[美]大卫 T. 拉拉比（David T. Larrabee）等
私人财富管理	[美]斯蒂芬 M. 霍兰（Stephen M. Horan）
新财富管理	[美]哈罗德·埃文斯基（Harol Evensky）等
投资决策经济学：微观、宏观与国际经济学	[美]克里斯托弗 D.派若斯（Christopher D.Piros）等
投资学	[美]哈罗德·埃文斯基（Harol Evensky）等
金融投资经典	
竞争优势：透视企业护城河	[美]布鲁斯·格林沃尔德(Bruce Greenwald)
漫步华尔街	[美]伯顿·G.马尔基尔(Burton G. Malkiel)
行为金融与投资心理学	[美]约翰 R. 诺夫辛格（John R.Nofsinger）
消费金融真经	[美]戴维·劳伦斯(David Lawrence)等
智能贝塔与因子投资实战	[美]哈立德·加尤（Khalid Ghayur）等
证券投资心理学	[德]安德烈·科斯托拉尼（André Kostolany）
金钱传奇：科斯托拉尼的投资哲学	[德]安德烈·科斯托拉尼（André Kostolany）
证券投资课	[德]安德烈·科斯托拉尼（André Kostolany）
证券投机的艺术	[德]安德烈·科斯托拉尼（André Kostolany）
投资中最常犯的错：不可不知的投资心理与认知偏差误区	[英]约阿希姆·克莱门特（Joachim Klement）
投资尽职调查：安全投资第一课	[美]肯尼思·斯普林格（Kenneth S. Springer）等
格雷厄姆精选集：演说、文章及纽约金融学院讲义实录	[美]珍妮特·洛（Janet Lowe）
投资成长股：罗·普莱斯投资之道	[美]科尼利厄斯·C.邦德（Cornelius C. Bond）
换位决策：建立克服偏见的投资决策系统	[美]谢丽尔·斯特劳斯·艾因霍恩（Cheryl Strauss Einhorn）
精明的投资者	[美]H.肯特·贝克(H.Kent Baker)等

资本的游戏

书号	书名	定价	作者
978-7-111-62403-5	货币变局：洞悉国际强势货币交替	69.00	（美）巴里·艾肯格林
978-7-111-39155-5	这次不一样：八百年金融危机史（珍藏版）	59.90	（美）卡门 M. 莱茵哈特 肯尼斯 S. 罗格夫
978-7-111-62630-5	布雷顿森林货币战：美元如何统治世界（典藏版）	69.00	（美）本·斯泰尔
978-7-111-51779-5	金融危机简史：2000年来的投机、狂热与崩溃	49.00	（英）鲍勃·斯瓦卢普
978-7-111-53472-3	货币政治：汇率政策的政治经济学	49.00	（美）杰弗里 A. 弗里登
978-7-111-52984-2	货币放水的尽头：还有什么能拯救停滞的经济	39.00	（英）简世勋
978-7-111-57923-6	欧元危机：共同货币阴影下的欧洲	59.00	（美）约瑟夫 E.斯蒂格利茨
978-7-111-47393-0	巴塞尔之塔：揭秘国际清算银行主导的世界	69.00	（美）亚当·拉伯
978-7-111-53101-2	货币围城	59.00	（美）约翰·莫尔丁 乔纳森·泰珀
978-7-111-49837-7	日美金融战的真相	45.00	（日）久保田勇夫